Uwe Pook

Heimat an der „Zonengrenze"

Romanbiographie

2020

BOUVIER

ISBN 978-3-416-04070-9
©Bouvier Verlag, Bonn 2020

Alle Rechte vorbehalten. Ohne ausdrückliche Genehmigung des Verlages ist es auch nicht gestattet, das Werk oder Teile daraus fotomechanisch zu vervielfältigen oder auf Datenträger aufzuzeichnen.

Inhalt

Vorwort 5
Einleitung 7
Heimat und Heimkehr 8
   Die „Kopfnuss" zur Schulnote 12
   Von der Ablenkung zum Skandal 14
Erlebnisse aus dem Krieg 19
   Frühe traumatische Erinnerungen? 22
„Ausgebüchst" 25
Aufregender Tauschhandel 38
   Massenschlägerei? 40
   Ehrungen 44
Ein „Kribbeln" im Bauch 50
   Wiedersehen beim „German Frühlingsfest" 52
Vergangenheit kann schmerzen 56
Der große Brand und die Folgen 63
   Hilfe und Schamesröte 65
Trennungsabsichten mit Folgen 70
   Nur gut, dass wir die Zukunft nicht kennen 74
Das Schützenfest als tolles Ereignis 77
Ein denkwürdiges Denkmal 83
   Die Einweihung des Denkmals 88
   Feierlicher Akt und Offenbarung 90
Ein Weihnachtsgedicht 94
   Rache ist „süß", doch eigentlich auch „Mist" 96
   Es stinkt zum Himmel 98
   Die Strafe folgt 101
Der „Amts-Garten" und ein Schatz 106
Mit und ohne Folgen 112
Vorsicht, der Zirkus ist in der Stadt! 119
   Trostlose Vorstellung 124
   Manchmal sieht alles ganz anders aus 127
Der treue Freund 134
   Abschiedsschmerz 144
   Offenbarung 147
Die Wahl des Bürgermeisters 150
   Die Stadt wacht auf 151
   Licht ins Dunkle? 153
   Ein Verbrechen? 155
   Mühsame Recherchen 156
   Der entscheidende Hinweis 158
   Der Vorfall – die Strafe 160

Gerechtigkeit, gibt es die? *163*
Andere dürfen leben *164*
Puppenspiele und späte Taufe **166**
Ins Gewissen geredet *167*
Ein kalter Spätnachmittag *170*
Früh erfahrener Gesellschaftsunterschied **172**
Der besondere Film *176*
Wie man sich täuschen kann *178*
Wir sind wieder wer! **180**
Rot-Blaue Jacke und Freundschaft *182*
Veränderungen *188*
Anfang eines neuen, anderen Lebensabschnitts **192**
Eine Bahnfahrt in ein fast anderes Land *194*
Die Autoren **198**

Vorwort

Das „Dritte Reich" war gerade untergegangen, da erlebte der kleine Uwe seine Kindheit im Vorharz – in einer spannenden Gegend, die wie kaum eine andere für die Geschichte der beiden Teile des später getrennten Deutschlands stand. Der Schatten des Nationalsozialismus hing noch immer über der Region, personifiziert in einigen Protagonisten dieses Buches, die beispielhaft dafür stehen, wie der unselige Geist der Deutschtümelei nach dem Zweiten Weltkrieg zuweilen weiter gelebt hatte. Vordergründig wurden die Alliierten als Befreier gefeiert, hinter den Kulissen jedoch gab es Unzufriedenheit und ideologische Kontinuitäten, die der heranwachsende Uwe kritisch erfuhr und einordnete.

Manches hat sich ihm erst in der späteren Erinnerung konkretisiert – deshalb hat er dieses Buch geschrieben. Er lässt uns teilhaben an einem wichtigen Stück deutscher Nachkriegsgeschichte. Wir werden mitgenommen auf eine 'mal vergnügliche, 'mal ernste Reise in die Historie einer Region und eines Menschenschlages. Es ist der Bereich nahe der innerdeutschen Grenze, wo russische Truppen eine seltsame Mischung aus Dankbarkeit, Respekt und Furcht verbreiteten. Aus heutiger Sicht ist es kaum vorstellbar, vor welchen ungewöhnlichen Herausforderungen und Denkmustern die damalige Generation stand, die unseren Wohlstand mitbegründet hat. In den beginnenden Zeiten des Wiederaufbaus nach der Zerstörung vieler Städte spielt die Kindheit von Uwe Pook, der uns mit seinen anschaulichen Erzählungen nun daran teilhaben lässt.

In Zeiten, in denen erneut rechtspopulistische und -extreme Kräfte auf die politische Bühne in Deutschland drängen, ist dieses Buch neben seiner belletristischen Leistung ein wichtiges Schlüsselwerk, um unsere Vergangenheit zu verstehen. Demokratie muss gelebt und immer wieder neu verteidigt werden. Mit den Feinden der Demokratie muss man konsequent umgehen, sie entlarven und sie einhegen. Zu welchen Verfehlungen und zuweilen grausamen Taten der „Mensch von nebenan" aus ideologischen Gründen fähig sein kann, erschließt sich in der

modernen, demokratischen Gesellschaft meist nicht. In den Geschichten von Uwe Pook, die sich – wenn auch lose – an der historischen Realität orientieren, wird die potenzielle Inhumanität menschlichen Verhaltens gegenwärtig. Das Werk ist insofern trotz aller gelungenen Unterhaltung auch als Mahnung zu verstehen, dass wir in unserer Gesellschaft Gewalt und Unterdrückung keinen Platz mehr geben dürfen.
Frank Überall

Einleitung

Bilder erscheinen ohne Warnung und Vorankündigung. Gedanken fliegen über längst vergessene Landschaften einer Kindheit, in nicht definierten Farben. Unvermittelt kommt ein wenig Wehmut hoch. Doch die Gewissheit, einen Lebensabschnitt überstanden zu haben, ohne sich in diese Zeit zurück zu sehnen, setzt sich schließlich durch. „Eins – zwei – drei im Sauseschritt, läuft die Zeit, wir laufen mit!" So schrieb der Niedersächsische Heimatdichter, Maler und Zeichner Wilhelm Busch in einen seinen – heute würde man sagen – Comic-Geschichten: Bunt und ereignisreich, und genauso wünschen sich wohl viele ihr Leben. So manche sind froh, Schlimmes überstanden zu haben und erinnern sich lieber nur an die schönen Momente in ihrem Leben. Wie wäre es, mit verbliebenen Erinnerungen im „Sauseschritt" zurück in eine frühe Kindheit zu laufen? Zum Beispiel wie im hier, in die Anfänge der 1950er Jahre. Besonders die ersten Jahre in diesem Jahrzehnt waren für alle, die sie miterlebt haben, eine ganz besondere Zeitrechnung. Sie war oft prägend, für spätere Entscheidungen und Abwägungen, die so viele späteren Jahrgänge oft „fremd" erscheinen ließen. Die hier beschriebenen Personen und Handlungen sind frei erfunden. Ähnlichkeiten mit Lebenden oder Verstorbenen, wären nur rein zufällig.

Heimat und Heimkehr

„Links zwo drei vier" – Stabsunteroffizier Wollenweber zählt konzentriert und beflissen die Marschritte der 14. Ausbildungskompanie, um sie zur Formalausbildung zu führen. Dieses wäre an sich meine Aufgabe gewesen, doch an diesem Tag wäre ich am liebsten gar nicht aufgestanden. Die Nacht war einfach zu kurz, und meine Kopfschmerzen sollten wegen der vielen „Jägermeister", getrunken auf meiner eigenen Beförderungsfeier, nicht so leicht verschwinden.
So hatte ich einen meiner Gruppenführer beauftragt – und stand trotzdem pünktlich mit Parker und „blank" geputzten Stiefeln auf dem Vorplatz der ehemaligen Flugzeughallen des Fliegerhorsts in Goslar. Als nun „frisch" beförderter Oberfeldwebel, musste ich auch als Außendienstleiter die Formalausbildung der 14. Kompanie beaufsichtigen.
Erst vor ein paar Monaten war ich von Wentorf bei Hamburg nach Goslar zum Luftwaffen-Ausbildungsregiment versetzt worden: Ganz in die Nähe des Ortes meiner Kindheitstage, die ich in dem Städtchen Vienenburg am Harz, etwa neun Kilometer von Goslar entfernt, bis zu meinem elften Lebensjahr verbracht hatte.
Laute Kommandos erschallten über den Platz. Im Zweiten Weltkrieg starteten von hier aus die so genannten Nachtjäger, später waren Fallschirmjäger in der schönen Kasernenanlage stationiert. Nur ein paar Bomben wurden von den Alliierten abgeworfen, so dass alles noch intakt vorhanden war, für die Britischen Soldaten, die nach Kriegsende dort als Besatzungsmacht einzogen.
Nach einigen Jahren und schließlich der Übernahme durch die Bundeswehr im Jahr 1956 wurden die Start- und Landebahnen, die ohnehin selbst im Krieg oft wegen widriger Windverhältnisse nicht ausreichend „genutzt" werden konnten, mit sozialen Wohnungen bebaut und von den anderen Gebäuden abgetrennt. Luftraumbeobachter, Fernmelder, Luftwaffen-Pioniere und schließlich Rekruten des Luftwaffen Ausbildungsregiment 5 wurden nun in der weiten schönen Anlage mit viel Grün ausgebildet. Es hieß aber weiterhin: Fliegerhorst Goslar!

Mittlerweile kam Nieselregen auf. Die 15. Ausbildungskompanie rückte mit Gesang an, was aber noch nicht so richtig klappen wollte. Ich musste lachen und schaute mir die Formalausbildung mit der ganzen Kompanie etwas genauer an. In der vorderen Reihe marschierte ein so genannter „Passgänger" – einer der es nicht schafft, den „richtigen" Marschschritt einzuhalten... Er fiel mir direkt auf, auch weil er rote Haare hatte und mir irgendwie bekannt vorkam.

Neugierig geworden, fragte ich den Aufsichtsführenden der 15. Kompanie, den „scharfen" Leutnant Müller – so nannte man ihn -, ob ich diesen besagten Rekruten mal sprechen könne. In der Pause meldete er sich dann mit noch nicht gekonntem militärischem Gruß, aber schon gelernten Worten: „Herr Oberfeldwebel, ich soll mich bei Ihnen melden".

Es war tatsächlich ein Mitschüler noch aus der 4. Klasse Grundschule, in Vienenburg. In diesem Moment hatte ich ihn erkannt: August Stolle, so sein Name. Er war es, der mich „verpetzt" hatte, als ich von einem leeren Blatt einen aufgegebenen Aufsatz vorlas, den ich vergessen hatte zu schreiben.

Unser Klassenlehrer hatte uns aufgegeben, die Erlebnisse aus den großen Ferien zu beschreiben. Viel erlebte man aber nicht in den Sommerferien. Manchmal durfte ich ein paar Tage bei meiner Tante väterlicherseits im benachbarten Dorf Schladen verbringen, um mal andere „Tapeten" zu sehen. Die meiste Zeit in den Ferien verbrachten aber die meisten Kinder (wie ich auch) im städtischen Freibad, das fast immer überfüllt war, besonders an heißen Sommertagen. Ganz andere Erlebnisse in den Ferien blieben nur wenigen Kindern von Geschäftsleuten oder auch Großbauern vorbehalten. Diese Vienenburger Bürger konnten sich schon etwas leisten und ihren Familienurlaub zum Beispiel auf einer der Nordseeinseln verbringen. Ich selber sollte das Meer, in diesem Fall die Ostsee, erst neun Jahre später das erste Mal sehen.

Lehrer Erlenbacher sagte, nach dem ich verpetzt wurde, ein paar Sekunden gar nichts – mit einem Ausdruck des Erstaunens und Nicht-Glauben-Wollens. Als er aber dann mein Schreibheft überprüft hatte und sich davon überzeugen konnte, dass im Heft wirklich nichts niedergeschrieben war, wurde er ohne Gleichen

wütend und sprach von einem „Betrug". Ich bekam, wie damals üblich bei solchen „Gelegenheiten", etwas mit dem Rohrstock. übergezogen. Sehr genau konnte mich noch daran erinnern, besonders, dass dieser „Verpetzter" unverschämt gegrinst hatte, als ich die Strafe bekam. Nach so vielen Jahren stand dieser „Verpetzer" nun vor mir!
Weil mir sofort die Erinnerung von der Schmach hochkam, fragte ich ihn unvermittelt: „Bist du immer noch so ein mieser Verräter wie damals?!" Der Rekrut Flieger Stolle bekam einen hochroten Kopf und stammelte nur: „Ich weiß nicht, was Sie meinen, Herr Oberfeldwebel." Er hatte mich irgendwie erkannt, war in dem Augenblick auch etwas blass geworden. Oft hatte ich mir vorgestellt, was ich mit diesem Mitschüler machen würde, falls wir uns mal zufällig „über den Weg" laufen würden. Nun war diese „Begegnung" gekommen.
Doch als er in diesem Augenblick, klein und durch die Situation für ihn ja in Abhängigkeit, vor mir stand, wirkte er auf mich schon fast bemitleidenswert untertänig. So schlug ich vor, uns nach Dienstschluss am Abend im Unteroffiziersheim zu einem Bier zu treffen, zu dem ich ihn einlud. Der Flieger Stolle schlug freudig ein. Viel hatten wir uns allerdings nicht viel zu erzählen. An die Geschichte mit dem Verpetzen konnte er sich angeblich nicht mehr erinnern. So berichtete er von einigen Klassenkameraden und Kameradinnen – und was aus ihnen geworden war. Meine eigene Verwandtschaft kannte er nicht näher. Seinen Erzählungen nach musste ich zu dem Schluss kommen, dass sich in Vienenburg in den vergangenen Jahren nicht allzu viel verändert hatte.
Ansonsten erzählte er noch, er habe Schreiner gelernt und wollte nach seiner Wehrpflichtzeit mal etwas „wagen", nämlich mit seinem Vater ein Taxiunternehmen in Vienenburg gründen. „Ja", sagte ich mehr beiläufig, „das ist immer richtig, im Leben auch mal etwas wagen!" Wir verabschiedeten uns freundlich. Ich sah ihn nur noch einmal, bei der sogenannten Abschleusung, wenn die Rekruten nach der allgemeinen Grundausbildung in ihre Verbände versetzt werden und mit Fahrzeugen zur Bahn gebracht werden müssen. Da hatte ich mal wieder die Aufsicht zu führen. Danach habe ich ihn nie wiedergesehen.

Vienenburg, die kleine deutsche Stadt im Vorharz, ist ein Ort mit weit sichtbarem Turm einer mittelalterlichen Rund-Burg. Hier hatte ich bis zu meinem elften Lebensjahr im Jahr 1955 meine Kindheit verbracht. Erst seit geraumer Zeit gehört nun auch dieser Ort zu Goslar. Erbaut um 1300: „Borch op de Fiene". Aus der Deutschen-Mittelalterlichen Sprache übersetzt heißt das: „Burg auf dem Sumpf". Seit sehr langer Zeit ist dieser Sumpf ausgetrocknet und gibt von diesem Burgbau aus einen weiten Blick frei, zum Teil über saftige Wiesen mit einigen Pappeln. Seit 1803 wurden sie als Landwirtschaftliche Domäne genutzt.

Viele, teils grausame Geschichten und mittelalterliche Sagen umgeben diese Burg. Ein einheimischer Geschichtslehrer hatte wohl das Verdienst, das diese nicht vergessen wurden. Er schrieb sie in mühevoller Arbeit auf – und so sind diese Überlieferungen für alle Interessierten in einem Buch verewigt. Zum Beispiel soll Feldherr Herzog Wallenstein im 30-jährigen Krieg dort mit seinen Truppen gelagert und – so die Überlieferung – befohlen haben, den Wetterhahn oben auf dem Turm mit Kanonen abzuschießen. Er fühlte sich durch das frühmorgendliche Krähen eines Hahnes gestört. Vermutlich hatte er auch schon zu dieser Zeit damit einen strategisch-militärischen Fehler begangen.

Ob diese Kleinstadt zu den typischen deutschen „Städtchen" gehörte, mit all ihrem Muff, ihrer Engstirnigkeit und zum Teil ihrer Verbohrtheit, vermochte in den 1950er Jahren niemand einzugestehen. Doch so manche Klischeevorstellungen passten durchaus zu diesem Ort, der seit 1935 die Stadtrechte besaß.

Einige Kriegsgefangene sind Anfang der 1950er Jahre wieder zurückgekehrt. Weit im Osten der Sowjetunion waren sie unter unvorstellbaren und besonders im Winter harten Bedingungen in ein Land geschickt worden, wo sie nicht hinwollten und auch nichts zu suchen hatten. Ihnen wurden in unselige und zum Schluss des Krieges aussichtslose Kampfhandlungen befohlen, wobei sie – ob sie wollten oder nicht – der Bevölkerung viel Leid angetan hatten. Die meisten von ihnen sind noch nicht wieder zu Hause. Oder sie gelten als vermisst. Es sind Familienväter, aber auch Söhne, die noch keine eigene Jugend erleben

durften. Die deutschen Kriegsgefangenen, die zum Beispiel in den berüchtigten Lagern Sibiriens überlebt hatten, sollten erst später von ihren Familien empfangen werden können. Einige davon auch in Vienenburg.
Dafür verantwortlich ist damals der erste Bundeskanzler der neuen Bundesrepublik Deutschland: Konrad Adenauer. Er wird mit einer hochrangigen Delegation aus Regierung und Parlament nach Moskau zu einem ersten Staatsbesuch seit Beendigung des Krieges reisen. Nach zähen, nicht einfachen, Verhandlungen, wird es gelingen: Fast 10.000 deutsche Kriegsgefangene dürfen dann wieder in ihre Heimat zurückkehren. Viele kommen in der Familie, in der die Frauen während der Abwesenheit des Ehemannes alles „handeln" mussten und im wahren Sinne Ihren Mann standen, nicht mehr zurecht. Häufig kam es wegen der Erziehung der Kinder oder der Verweigerung, alle Entscheidungen des Ehemannes einfach hinzunehmen, zu Konflikten, die zu viel mehr Scheidungen geführt hätten, wenn die Frauen zu jener Zeit besser versorgt gewesen wären. Viele der Heimkehrer, ob sie nun früher oder später entlassen wurden, sind so krank, dass sie oft nur noch wenige Jahre die bisher nicht gekannte Freiheit im Frieden erleben können. Aber noch war es nicht soweit!

Die „Kopfnuss" zur Schulnote

In den Schulen in Vienenburg gibt es immer noch zu wenige Lehrer. Diejenigen, die als Soldat den Krieg überstanden hatten, stehen nun vor ihrer Klasse; oft in „Knickerbockerhosen" und immer noch mit kurzem, militärisch korrekten Haarschnitt. Lehrerinnen sind nur ganz wenige vorhanden, man kann sie an einer Hand aufzählen. Die Klassen, meistens mit Jungen und Mädchen gemischt, sind hoffnungslos überfüllt.
Die Kleinstadt am Harz hat eine Schule für so genannte Volks- und Mittlere-Reife-Schüler. Weiterhin gibt es eine kleine Schule für die, die nicht so richtig lernen konnten oder wollten – „Hilfsschule" genannt. Die Unterrichte in allen Klassen wurden von dem Lehrpersonal meist lustlos und immer mit einer gewissen Strenge durchgeführt. Ein langer Rohrstock, der in

den Klassen immer bereitstand, diente nicht nur als „Zeigestock". Er wurde viel zu oft immer noch als „Züchtigungsmittel" eingesetzt.

Eine Lehrerin ist mir noch in Erinnerung, die Kunst und Malen unterrichtete. Sie bezeichnete die von so manchem Schüler mit viel Hingabe gemalten Bilder des Öfteren als „bloßes Geschmiere" und nahm damit den Schülern alle Lust und Ehrgeiz, sich weiterhin zu einzubringen. Von der Statur hager und ihr Haar nach hinten mit einem Knoten gesteckt, verteilte sie bei ihren immer negativen Beurteilungen auch schon mal ein paar „Kopfnüsse". Diese Frau, so empfand ich es schon damals, gehörte an sich ganz woanders hin, aber nicht an eine Schule.

Die „Geistlichkeit" im Städtchen ist vertreten mit einer Evangelischen Kirche aus dem 18. Jahrhundert, „umgebaut" 1912. Die katholische Kirche wurde 1829 fertig gestellt. Aber auch eine ziemlich große Gemeinde der Zeugen Jehovas darf wieder sichtbar ihrem Glauben nachgehen. Im Nazi Regime wurde sie verboten. Viele wurden auch verfolgt und eingesperrt. Die Protestanten überwiegen, aber auch die katholische Kirche hat wieder mehr Mitglieder – durch Flüchtlinge, meist aus Schlesien, die nur für eine kurze Zeit am Fuße der Harzberge leben wollten, um dann an einem anderen Ort, möglichst weit im Westen oder Süden der neuen Bundesrepublik, ihr Glück zu versuchen. „Immer weiter weg, von den Russen", so formulierte es Alfons Martinscheck, der mit Frau und zwei Kindern am Schützenplatz wohnte und aus Schlesien geflüchtet war. Gerade diese und andere Familien aus dem ehemals östlich gelegenen „Großdeutschen Reich" sollten in Vienenburg verbleiben.

Ein verhältnismäßig großes Kino, ein Saal im Vienenburger Hof, der auch manchmal für Schulaufführungen genutzt wird, ein großer Schützenplatz und ein schönes großes Freibad: Das sind die Einrichtungen, die das Kleinstadtleben etwas erfreulicher machen. Vienenburg war mal ein so genannter Eisenbahnknotenpunkt. Daher gehört zur Stadt auch ein sehr schönes Bahnhofsgebäude, erbaut im Jahr 1840. Und es gibt noch einen Sportplatz des Fußballvereins TUS Vienenburg. Der Verein spielt immerhin in der so genannten Oberliga und bietet an Sonntagen, wenn gegen auswärtige Mannschaften etwa aus

Braunschweig, angetreten wird, so manche sportlichen Höhepunkte. Der gegnerische Fußballclub, mit einem Bus angereist, wird dann von uns Kindern „blöde" bestaunt; wenn er direkt vor dem Sportplatz parkt.

Das kulturelle oder sportliche Leben kann an diesem so deutschen Ort weiterhin mit einem Tischtennisverein, einem Turnverein und natürlich dem traditionellen Schützenverein ausgelebt werden. Es gibt auch einen Pfadfinderverein, allerdings dürfen darin nur Jungs Mitglied werden. Auch ich wollte Pfadfinder werden, doch mein Vater hatte es nicht erlaubt. Nach dem Grund der Ablehnung zu fragen, hatte in der damaligen Zeit meist keinen Zweck. Es gab fast immer keine Antwort. Wenn doch noch nach einer Begründung nachgefragt wurde, gab es auch schon mal eine „Ohrfeige", weil man es „gewagt" hatte, sich mit der Absage nicht zufrieden zu geben.

Von der Ablenkung zum Skandal

Der Sommer war in diesem Jahr besonders heiß, deswegen freuten sich alle Einwohner an diesem denkwürdigen Tag besonders über den frischen Wind, der mit ein paar dunklen Wolken aus Richtung Osten heran zog. Vielleicht war das schon ein Vorbote für das, was nun an diesem Nachmittag geschehen sollte.

Ich hatte damals manchmal den Eindruck, dass es in unserem Wohnort keine Menschen gab. Still und verlassen, so waren die „Momentaufnahmen" in der Erinnerung an vielen Tagen. Die großen Ferien waren gerade angebrochen. Ich saß „gelangweilt" auf einem Bordstein unserer Straße und zeichnete mit dem Finger Strichmännchen in den Kiesel. Von der benachbarten Kaiserstraße kam plötzlich Bewegung. Eine Ansammlung von Leuten lief in schnellen Schritten, Richtung Osterwiecker Straße, die nach ein paar Kilometern außerhalb der Stadt endete – denn da war, wie es damals hieß, die „Zonengrenze".

Erfreut, dass eventuell ein wenig Abwechslung bevorstand, lief ich ebenfalls in diese Richtung. Einige andere Kinder, unter anderem auch der „feiste" Günther, der in der Klasse immer ganz

vorne saß, standen schon an einer Ecke der Straße. Henry Waber, der einen Arm im Krieg verloren hatte, aber als Briefträger bei der Post eine Arbeit gefunden hatte, kam aufgeregt angelaufen und „fuchtelte" mit seinem einem Arm in der Luft: „Er ist tot – DIE haben ihn einfach erschossen", rief er.
Unsere Nachbarin Frau Borte und eine mir unbekannte jüngere Frau, die auch dort standen, um etwas mitzubekommen, fingen sofort laut an zu „kreischen". Bei Frau Borte konnte man sehen, wie der Hals dabei ganz rot wurde, während ein leichter Windhauch ihre Kittelschürze etwas anhob. Ich nahm daher an, dass es möglicherweise im Zusammenhang mit einer ihrer eigenen Angehörigen passiert sei. Doch Günther, der immer oberschlau und kugelrund alles wusste, „krähte" schon los: „Der Hauptwachtmeister Gläser ist erschossen worden", rief er triumphierend ob seines Wissens, in die immer mehr angesammelte Menschenmenge blickend.
Weiter zum vermeintlichen Ort des Geschehens zu laufen, wurde strikt von der britischen Militärpolizei aus Bad-Harzburg und dem nach der Gründung der Bundesrepublik Deutschland entstandenen Bundesgrenzschutz (BGS) untersagt. Der BGS wurde Anfang der 1950er Jahre verhältnismäßig schnell aufgestellt. Viele ehemalige Offiziers- und Unteroffiziers-Dienstgrade der vergangenen Wehrmacht fanden zum Aufbau und weiteren Verwendung wieder ein passables Auskommen, wenn sie als verwendungsfähig eingestuft werden konnten.
Die eingetroffenen Bundes-Grenzschützer kamen aus Goslar und waren in den ehemaligen Jäger-Kasernen kaserniert. Inzwischen waren sie mit ihren Fahrzeugen – sogar mit einem Schützenpanzer, der noch aus der alten Wehrmacht stammte – alarmiert worden und schnellstens vor Ort. Sie hatten alle Straßen, die in Richtung Osten führten, umgehend abgeriegelt.
Es sah ziemlich bedrohlich aus, so etwas hatten die meisten Einwohner noch nicht miterlebt. Von den insgesamt noch vier Polizeibeamten, die in der Stadt ihren Dienst versahen, war keiner zu sehen. Ein eigenartiges, bis dahin noch nicht bekanntes Gefühl kam in mir hoch. Einerseits war durch dieses Geschehen die allgemeine Langeweile in diesen Ferien unterbrochen, andererseits war doch so etwas, auch wenn Näheres noch nicht

bekannt war, bisher undenkbar in diesem kleinen Ort. Ich spürte so etwas wie Angst und lief lieber schnell nach Hause.

Mein Vater musste wohl auch gerade von dem Geschehen zurückgekehrt sein, ohne dass ich ihn dort bemerkt hatte. Er schaute mich, wie sehr oft, streng an: Vorher ich dann käme? Als ich losredete unterbrach er mich – und sagte nur: „Es waren die Russen". Was war nur geschehen?

Offensichtlich hatte sich eine sowjetische Militärpatrouille mit ihrem Jeep verfahren und war über die Zonengrenze aus der DDR (Deutsche Demokratische Republik) in Richtung Vienenburg gerast. Vom aufmerksamen Pförtner der kleinen Eisenteilefabrik dicht an der Grenze, Klaus Sobrowskie, wurde die Polizei in Vienenburg angerufen, als das russische Fahrzeug an der Fabrik vorbeifuhr. Hauptwachtmeister Manfred Gläser befand sich zu diesem Zeitpunkt mit einem Kollegen in der Polizeistation.

Der Tag hatte nicht so gut für Gläser angefangen. Am Morgen hatte er sich mit seiner Frau Eleonore heftig gestritten. Sie wollte am Wochenende, wenn Gläser frei hätte, mit dem Zug nach Hannover fahren, um für den jährlichen Schützenball ein neues Kleid zu kaufen. Obwohl Gläser auch in der Schützenbruderschaft Mitglied war, hatte er dieses „Ansinnen", wie er betonte, „barsch" abgelehnt – und schließlich verärgert, ohne etwas zu sich zu nehmen, das Haus verlassen, um seinen Dienst anzutreten.

Er wollte gerade einen Tee, den er sich aufgegossen hatte, zu sich nehmen, als der Anruf kam. Nach einigen Rückfragen beim Pförtner Sobrowskie machte sich Hauptwachtmeister Gläser sogleich mit einem Dienstfahrrad auf dem Weg – den sowjetischen Soldaten entgegen. Er dachte wohl, dass es sich wieder um einen „Routinefall" handeln würde, denn schon des öfteren waren so genannte kleinere Grenzverletzungen, verursacht von der „anderen Seite", gemeldet worden. Sie wurden aber immer ohne größere Zwischenfälle beendet.

Auf der Höhe einer großen Freifläche an der Osterwiecker Sraße lag immer noch das Wrack einer Douglas A-26 (leichter Bomber) der USA Air Force aus dem Zweiten Weltkrieg: Nicht etwa in den letzten Kriegstagen abgeschossen von jungen Flak-

Helfern, wie einige Vienenburger immer hartnäckig behaupteten, sondern „nur" not- und bruchgelandet. Die vier Besatzungsmitglieder hatten allesamt – zwei waren schwer verletzt – überlebt und kamen in Kriegsgefangenschaft. Die Schwerverletzten brachte man in ein Lazarett der deutschen Wehrmacht bei Gifhorn, wo sie bis zum Kriegsende verblieben. Alle erhielten die nötige ärztliche Versorgung und waren in einem verhältnismäßig guten gesundheitlichen Zustand, als der Krieg zu Ende war, und sie befreit wurden.

Auf Höhe dieser Freifläche schmiss Gläser sein Fahrrad auf dem Boden und stellte sich mitten auf die Straße. Wahrscheinlich wollte er das Fahrzeug anhalten, um es zu überprüfen. Der russische Jeep hielt auch an. Eine Maschinenpistole wurde vom Beifahrer auf unseren Hauptwachtmeister gerichtet. Mit zwei „Salven" beschossen, sackte der 49-jährige Polizist Manfred Gläser tödlich zusammen. Ohne große Eile soll dann der russische Jeep gewendet haben, um wieder in Richtung Zonengrenze und damit in ihre sowjetische Besatzungszone zu fahren, ohne dass sie von irgendwem oder -was aufgehalten worden wären. Das berichtigten einige Anwohner, die wohl von ihren Fenstern, „hinter den Gardinen" im Wohngebäude gegenüber der Freifläche, alles mit verfolgt hatten.

Nach einiger Zeit kam der Tag der Beerdigung. Fast die ganze Stadt nahm daran Anteil. In der protestantischen Kirche wurde sein Sarg, bedeckt mit der Landesfahne von Niedersachsen, aufgebahrt. Die Menschenmenge, die anschließend mit zum Friedhof ging, war groß: Bürgermeister, Stadtrat, natürlich seine Polizeikollegen und eine Polizeiabordnung aus der Landeshauptstadt. Weiter ein Blasorchester der Polizei Braunschweig sowie alle Vertreter von politischen Parteien nahmen teil, um Manfred Gläser die letzte Ehre zu erweisen.

Seine Frau Eleonore, ganz in schwarz, mit einem großen Hut bekleidet, an der Hand die beiden Kinder Max und Katharine. Zwillinge im Alter von fünf Jahren, die auch ganz ruhig dastanden, wie sie selbst. Sie hatten wohl noch nicht richtig begreifen können, dass ihr Vater nicht mehr nach Hause kommen würde. Eleonore ließ ihren Tränen freien Lauf. Doch sie überstand die ganze Zeremonie aufrecht, auch als verschiedene Reden in der

Kirche und am Grab gehalten wurden und „Ich hat' einen Kameraden" feierlich erklang. Wie ich von meinem Vater erfuhr, wurde dieses Musikstück ansonsten nur für Soldaten, die gefallen oder ums Leben gekommen waren, gespielt. Zwei Jahre später soll die Witwe einen jüngeren Polizeibeamten, der erst kurzfristig nach Vienenburg versetzt wurde, geheiratet haben. Was nachdenklich stimmen musste ist, dass nie ein Einwohner danach erfahren hat, ob dieses Verbrechen – etwa durch die West-Alliierten, also in diesem Fall von der britischen Verwaltung, die noch bis 1955 den Besatzungsstatus ausführte – verfolgt wurde. Auch eine ausreichende Presseberichterstattung fand darüber nicht statt. Offensichtlich gab es keine Aufklärung und keine Feststellung der Täter. Außer der Tatsache, dass sowjetische Soldaten einfach einen deutschen Polizisten grundlos auf westlicher Seite erschossen hatten, blieb somit bis zum heutigen Tag alles nie richtig aufgeklärt und ungesühnt.

Erlebnisse aus dem Krieg

Eigenartig war auch, dass, nur unter vorgehaltener Hand über dieses Ereignis gesprochen wurde – womöglich noch unter dem Eindruck der Unterdrückung durch die vergangenen Nazi-Machthaber des so genannten Dritten Reiches. Da sprach man nicht über alles.
„Vorsicht, Feind hört mit", ist auf einem farbigen alten Plakat aus dieser Zeit zu lesen. Darauf ist ein in unheimlichen Umrissen erkennbarer Schatten zu sehen, der einen deutschen jungen Wehrmachtssoldaten zeigt, blond und kantig, der einen schwarzen Telefonhörer in der Hand hält. Es wirkt bedrohlich. So ein Plakat hing noch von Weitem sichtbar an einer Außenwand der Scheune von Bauer Seifert, dicht an der Radaustrasse – noch nach den ganzen Jahren seit Kriegsende, trotz der Witterungsverhältnisse wie Sturm und Regen, wie für alle Zeiten festgeklebt.
Erich Körner, ein stets fröhlicher, dunkelhaariger, 38-jähriger Bekannter meines Vaters, war öfter bei uns zu Besuch. Er wohnte mit seiner Frau und einer Tochter in einem Mehrfamilienhaus, wie Häuser mit mehreren Mietparteien bis heute genannt werden. Die ehemalige Reichsbahn hatte sie für ihre Bediensteten noch Ende 1944 bauen lassen. Diese Häuser standen in der Nähe des Geschehens. Wenn Erich zu uns nach Hause kam, wurde er stets mit Ehrfurcht begrüßt.
Auch an diesem Tag kam er „vorbei". Er wusste auch nicht mehr über diesen Vorfall zu berichten, lächelte aber und sinnierte: „Ja, ja, die Russen, die sind unberechenbar". Ich hatte mir längst einen Stuhl herbeigeholt und machte mich ganz klein, denn ich wusste, jetzt würden wieder ein paar Geschichten aus seinen persönlichen Kriegserlebnissen fällig. Die konnte er, wie ich es damals empfand, so spannend erzählen. Als Fallschirmspringer, seine Einheit gehörte im Krieg zur Luftwaffe, war er wegen Tapferkeit mehrfach ausgezeichnet worden.
Mein Vater meinte oft, dass es eine Schande wäre, dass so ein Mann nun als Streckenarbeiter bei der Bahn arbeiten müsse. Schließlich hätte der Erich neben dem Ritterkreuz auch das

Deutsche Kreuz in Gold verliehen bekommen. Auch war er mehrmals verwundet worden. Zuweilen sogar ziemlich schwer, zum Beispiel bei der „Schlacht" um Monte Cassino in Italien Anfang 1944. Er wäre immer bereit gewesen, für Deutschland sein Leben hinzugeben. Für meinen Vater, der im vergangenen Regime bei der Nazi-Organisation „Kraft durch Freude" einen halbwegs wichtigen Posten bekleidete, brauchte kein Soldat zu werden. Zu seinem Bedauern, wie er stets beklagte. Wegen seiner Diabetes-Krankheit war der „NKV" (Nicht Kriegsdienst verwendungsfähig) gestellt. Trotzdem hatte er alles darangesetzt, noch in den letzten Kriegstagen und zum Entsetzen meiner Mutter, sich freiwillig zu melden. Die gesundheitliche Verwendungsfähigkeit spielte wohl nun keine Rolle mehr.

Was Kampfhandlungen mit Tod, schweren Verwundungen und Leid bedeuten sollte, hatte er trotzdem nie erfahren müssen. Nach ein paar Wochen in der allgemeinen Grundausbildung wurde er doch wieder aus gesundheitlichen Gründen – wegen seiner schweren Diabetes – und damit häufigen Ausfällen in seiner „Landseruniform" wieder nach Hause geschickt. Dass auch Greise und fast noch Kinder in diesen letzten Tagen eingezogen wurden und noch so viele unsinnig sterben mussten, darüber wurde bei uns zu Hause nie gesprochen. Als im April 1945 britische zusammen mit amerikanischen Truppen schließlich auch meinen Geburtsort Schwerin einnahmen, wurde mein Vater nach ein paar Tagen von der englischen Militärpolizei verhaftet und nach Neuengamme in ein Internierungslager gebracht.

Erich Körner bemerkte fast immer, bevor er von seinen Erlebnissen im Krieg und an Front erzählte, dass man ja wisse, dass er nie ein Nazi gewesen sei. Er habe nach seiner Einberufung und Ausbildung bei den Fallschirmjägern auch nach vielen Einsätzen nichts dagegen gehabt, dass er noch im letzten Kriegsjahr zusammen mit einigen Soldaten der Waffen-SS zum Einsatz kam. Gegen den „Bolschewismus" zu kämpfen, das fanden die meisten seiner Kameraden richtig – und wollten dafür auch ihr Leben einsetzen. Nach einer erneuten harten Spezial- Ausbildung gehörte er dann zur einen „Sondereinheit", die geheime Kampfaufträge hinter den feindlichen Linien ausfüh-

ren mussten: Unter dem Kommando eines Oberstleutnant der Wehrmacht dann auch mit Soldaten der SS-Freiwilligen „Panzer-Grenadier Division Nederland".
Auch schwärmte er stets von der guten Ausrüstung bei der Waffen-SS, von wo sie nun ihr benötigtes Kriegsmaterial bekamen: „Da war alles vorhanden, anders als in der Wehrmacht. Von modernen Kampfanzügen für jede Jahreszeit bis hin zu handlichen und leichten Schnellfeuerwaffen, Nachtsichtgeräten und leichten Panzerspähwagen." So etwas betonte er immer mehrmals. Man hätte ja auch in jungen Jahren Abenteuer erleben wollen und über nichts weiter nachgedacht. Manchmal wurde er beim Erzählen plötzlich leiser und sagte: „Wenn ich allerdings gewusst hätte, was jetzt nach und nach rauskommt...", stockte er und fuhr dann fort: „Mit den Verbrechen, die insgesamt von Teilen der Wehrmacht und SS verübt wurden, hatten wir wirklich nichts zu tun. Wir haben gekämpft und waren froh, jeden Tag heil überstanden zu haben".
Während er das sagte, hatte er einen Augenblick lang einen gespannten Ausdruck im Gesicht – der aber sofort wieder verging, als er anfing: „Damals August 1944 in Bulgarien!" Er war mit den sechs Kameraden, drei aus Belgien und Holland, durch heftige Kampfhandlungen von seiner Einheit abgeschnitten worden und weit abgekommen. Sie mussten wieder Anschluss an ihre Einheit finden. Inzwischen war es Nacht geworden, und die Russen hätten mit Panzern weite Teile abgeriegelt. Sie wussten nicht mehr, wo sie eigentlich ihre Einheit suchen sollten. Daher beschloss Erich als Dienstgradhöchster, den Befehl zu geben, sich auf jeden Fall weiter in Richtung Westen durchzuschlagen. Nach circa fünf Kilometern sahen sie ein Gehöft. Mit dem Fern-Nachtglas entdeckten sie wiederum zwei russische Panzer. Sie warteten noch einige Zeit, bis der Mond hinter dichten Wolken verschwunden war.
Vier russische Soldaten waren bei den Panzern geblieben, sie schliefen in Decken gehüllt, auf und neben den Kampfmaschinen, andere wohl im Gehöft. Man verlor keine Zeit. Unbemerkt schlichen sie sich an, ihre scharfen Spezialmesser in den Händen. Während des Erzählens stand er plötzlich auf und machte mit der flachen Hand eine Schneidebewegung an seinen Hals:

„Keiner der vier hat etwas gemerkt, nur ein leichtes Gurgelgeräusch, dann waren sie hin", erzählte er merkwürdig tonlos. Dabei glitzerten seine Augen auf eine eigenartige Weise.

Die anderen Soldaten der Roten Armee im Gehöft – es waren nochmals vier – hätten ja nichts mitbekommen, und so wurden sie im Schlaf regelrecht hingerichtet, bemerkte er noch in der gleichen Tonart. Sie zogen die Uniformen der toten Russen an und verstauten ihre eigenen in den zwei sowjetischen Panzern vom Typ T 34, dann fuhren sie damit los. Schließlich waren sie ja auch als Panzerfahrer ausgebildet. Es ging weiter in Richtung Westen.

Bei allen schlug nochmals das Herz bis zum Hals, so der ehemalige „Kämpfer" Körner, als sie nach etwa 15 Kilometern plötzlich russische Soldaten zu Fuß und mit Fahrzeugen sahen. Die nahmen aber keine Notiz von ihnen, und so wären sie wieder aus den feindlichen Linien rausgekommen. Wie es dann weiterging, wollte er dann ein anderes Mal erzählen, da er in gut einer Stunde zu seiner Arbeit müsse und zu Hause noch schnell etwas essen wolle, seine Frau Frieda würde sicher schon warten. Ich hatte, ohne mich zu rühren und ohne, dass ich so richtig bemerkt worden wäre, zugehört – und war damals mächtig beeindruckt von diesen vermeintlichen Abenteuern.

Frühe traumatische Erinnerungen?

Warum ich bis heute im Schlaf manchmal schreie, weil mich etwas Unbekanntes zu verfolgen schien, habe ich mich oft gefragt. Sollten eben „diese Russen" auch ihren Anteil daran haben?

Meine Mutter ging ab 1947 manchmal, wie es damals genannt wurde, „schwarz über die Grenze" in den sowjetisch besetzten Teil Deutschlands, um in ihrer Heimat bei ihrer Mutter in Bad Kleinen (Mecklenburg) – also bei meiner anderen Oma – noch Hausratsgegenstände zu holen. Die Familie hatte sie vor ihrem Aufbruch aus Schwerin dort schnell untergebracht. Bei dieser Gelegenheit nahm sie mich und meine große Schwester Ursula zweimal mit. Ich erinnere mich noch genau an ihre Worte: „Sei ganz ruhig und weine nicht, sonst kommen die Russen."

In der Nacht gingen wir – eben „schwarz" – mehr schlecht als recht durch ein Stoppelfeld über die Zonengrenze. Ich soll dann auch sofort aufgehört haben mit Jammern und war ein „braver Junge" geblieben, wie oft meine Mutter erzählte. Eine Belohnung gab es dafür nicht. Woher auch? Es gab nur wenig in dieser Zeit – und davon wiederum viel. Wenn der tägliche Hunger einigermaßen gestillt werden konnte, war das schon ein guter Tag. Meine Mutter hat oft erzählt, dass ich Salz auf eine Scheibe trockenen Brots wünschte. Damit war ich dann wohl geschmacklich zufrieden.

Bei einem zweiten „unerlaubten Grenzübergang" wurden meine Mutter, meine Schwester und ich von zwei russischen Soldaten gestellt. Sie trieben uns mit vielen russischen Schimpfworten und aufgepflanztem Bajonett zur sowjetischen Kommandantur, die sich in der Nähe von Halberstadt befand. Meine Schwester hatte wohl schon geglaubt, nie wieder nach Hause zu kommen. Der russische Offizier in der „Vernehmungsbaracke" sprach überraschend fließend deutsch. Meine Mutter machte gleich ein Kompliment wegen seiner gepflegten deutschen Aussprache. Er lächelte ein wenig und schaute mich – ich hatte mich ängstlich an meine Mutter geklammert – mit fast traurigen Augen an.

Meine Mutter erzählte ungefragt weiter, dass sie ihre kranke Mutter besucht hätte und dass sie vorher keine Gelegenheit gehabt habe, ein ordnungsgemäßes Dokument zum Reisen in die sowjetische Besatzungszone zu erlangen. Der sowjetische Offizier stand auf und schaute lange in eine Akte, während meine Schwester vor Aufregung leise zu weinen anfing. Er sprach ganz ruhig: „Ich habe vor dem Krieg in Sankt Petersburg, äh in Leningrad, Germanistik studiert, daher spreche ich so gut deutsch." Dann wieder streng und lauter: „Was sie sich erlauben, geht einfach nicht. Ihr Deutschen seid doch gewohnt zu gehorchen, oder müssen wir es Euch noch mal beibringen?"

Meine Mutter sagte nichts und hielt nur den Kopf gesenkt. Plötzlich rief er unvermittelt mit lauter Stimme zwei Soldaten herbei. Meine Mutter und meine Schwester dachten wohl, dass es jetzt „ab nach Sibirien" gehen würde, stattdessen griff er in einem Schrank nach einer getrockneten Speckseite und drückte

sie mir in die Hand. Während er mir über den Kopf strich, sagte er zu meiner Mutter, dass seine Soldaten uns jetzt bis zum Grenzübergang begleiten würden, damit wir nicht noch mal „aufgegriffen" würden.
Erst als wir wieder im Westen und damit in der britischen Zone waren, hatten meine Mutter und meine Schwester aufgeatmet. Ich selber war noch zu jung, um das alles zu begreifen. Ich hatte wohl, daran kann ich mich allerdings noch erinnern, eine lähmende Angst während der ganzen Zeit verspürt. Erst im Alter von 15 Jahren hatte mir dann meine Mutter davon ausführlich erzählt.
Auch in den darauffolgenden Jahren hörte ich immer wieder von zum Teil traumatischen Erlebnissen, die so manche beim Einmarsch der sowjetischen Armee erlebt hatten. Erzählt wurden sie auch in der eigenen Familie oder von Flüchtlingen aus Ostpreußen, Oberschlesien und anderen ehemaligen Teilen des „untergegangenen Deutschen Reiches". Das hatte nach den Worten der Nazis ja mindestens tausend Jahre dauern sollen.
Besonders die Frauen hatten zum Teil Schlimmes durchgemacht. Plünderungen, Vergewaltigungen und die ständige Angst ums Überleben hatten zum Teil tiefe Furchen in ihren Gesichtern hinterlassen. Einige blieben bis an ihr Lebensende gezeichnet. Sie konnten sich nur noch selten richtig entspannen oder auch aus vollen Herzen lachen. Russen waren für mich, durch diese Erzählungen und Schilderungen vom Schrecken zum Ende des Krieges, nur Ungeheuer in Uniformen mit Maschinenpistolen. Zum Fürchten eben!

„Ausgebüchst"

Der Unterricht war vorbei. Ich musste mal wieder in der Volkschule Kampstraße eine Stunde nachsitzen, obwohl mir eigentlich nicht so richtig bewusst wurde, was ich angestellt haben sollte. Ich ging daher vorsichtig nach Beendigung des „Strafsitzens" mit meinem Schulfreund „Waldemar Drusin", der ebenfalls nachsitzen musste, langsam aus dem wilhelminischen Schulgebäude aus dunkelrotem Backstein nach draußen. Diese Schule lag genau gegenüber unserer Wohnung. Ich konnte bemerken, dass mein Vater aus dem Fenster schaute, um mich gleich in Empfang zu nehmen.

Dann ging es, wie so oft, gleich mit den Schularbeiten in seiner Gegenwart los, die auch schon mal mit Ohrfeigen für mich begleitet wurden, wenn ich etwas nicht auf Anhieb kapierte. Mein Vater hatte sich in den Kopf gesetzt, dass ich einmal Architekt oder etwas in dieser Richtung werden sollte. Das wäre er wahrscheinlich gerne selbst geworden. Ich dagegen konnte mir darunter kaum etwas vorstellen, was für mich erstrebenswert sein sollte. Ich wollte immer etwas ganz etwas anderes werden.

Nach meinem sehr frühen Berufswunsch „Schlachter", wie Metzger unumwonden in der Gegend genannt werden, stand mein Sinn nun nicht mehr. Wahrscheinlich war das so, weil es der Bevölkerung schon wieder besser ging und der Hunger nicht mehr so groß war. Das viel zitierte deutsche Wirtschaftswunder war schon „angefahren". In den Geschäften wurden die Auslagen immer reichhaltiger, da richteten sich die Augen nicht mehr nur auf das tägliche Essen.

Als Opernsänger konnte ich mir meine Zukunft auch vorstellen, weil ich im Schulchor der Stadt hin und wieder vorsingen musste. „Schauspieler", das war auch etwas, das ich als Berufung verstanden hatte. Bis heute denke ich darüber nach, warum ich es nicht versucht hatte, diesen Weg zu gehen. Doch dann wollte ich – wahrscheinlich infiziert durch Western-Filme zum Beispiel mit Tom-Mix und anderen Filmhelden in dieser Zeit, die ich immer sonntags im Kino bewundert hatte – doch lieber Cowboy werden. Zu diesem Zweck hatte ich mir vorgenommen, als Erwachsener einmal „ein Pferd zu kaufen" und dann nach Texas auszuwandern.

Mich sportlich zu betätigen, war in dem Alter auch nicht so mein Fall, außer dem Pflichtschulsport, wo ich notgedrungen teilnehmen musste. Trotzdem meldete ich mich nach einiger Zeit beim örtlichen Turnverein an. Zunächst wollten meine Eltern da nicht zustimmen, doch nachdem ein junger Turnlehrer mit ihnen gesprochen hatte, durfte ich an jedem Mittwoch ab 16 Uhr zu den Turnstunden gehen, die in der Turnhalle stattfanden, die zu „Kaisers Zeiten" erbaut worden war. Es gefiel mir dort sehr gut – besonders, dass wir nach zwei Stunden Training immer noch auf den Gymnastik-Matten „gesellig" zusammensaßen, und ich mit meinen damals bescheidenen Entertainer-Qualitäten des Öfteren die damaligen Schlager zum Besten gab – wie zum Beispiel: „Anneliese, ach Anneliese, warum bist du böse auf mich…?"

Obwohl die meisten meiner Freunde vom Fußball begeistert waren, interessierte mich diese Sportart nicht besonders. Allerdings war ich im Schulsport gar nicht so schlecht. Bei Mannschaftsspielen blieb ich beim Einteilen der Mannschaften auf keinen Fall bis zum Schluss stehen: Im Gegenteil, irgendetwas müssen die eingeteilten Mannschaftsführer in mir gesehen haben, denn ich war stets unter den ersten drei, die aufgerufen wurden.

Als ich meinen Vater am Fenster sah und erkannte, dass er mich noch nicht gesehen hatte, kam mir blitzschnell ein Gedanke. Ich verabschiedete mich eilig von Walter, schlich über den Schulhof zurück und „schwang" mich über die Schulmauer, so dass ich von zu Hause aus nicht gesehen werden konnte. Mein Entschluss war gefasst. Nun wollte ich „abhauen" und auswandern. „Jetzt oder nie", dachte ich: „Schluss mit der ewigen ‚Drangselei'."

Als Ziel meiner Reise stellte ich mir Bremen vor. Ich hatte gehört, dass von dort aus Schiffe nach Amerika auslaufen würden. Als einzige Bundesstraße war mir die B4 Richtung Braunschweig bekannt. Des Öfteren war ich mit dem Bus zu meinen Verwandten ins Örtchen Schladen gefahren, das an dieser Bundesstraße lag. Oder auch mit meiner Oma väterlicherseits und meiner Großtante zum Dorf Beuchte. Dort wurde auch mein Vater geboren. In der Nähe dieser Bundesstraße lag mein Großvater und ein früh verstorbener Onkel, ein Bruder meines Vaters, auf dem Friedhof. Beide hatte ich nicht mehr kennen gelernt.

Ich durfte immer mit dem Linienbus in das Dorf mitfahren und dabei sein, wenn meine Oma und Großtante die Gräber in Ordnung brachten. Helfen brauchte ich dabei nicht. Im Gegenteil, gut versorgt mit Butterbroten, konnte ich in dem Dorf auf Entdeckungsreise gehen. Es gab allerdings wenig in dem „Flecken" zu sehen oder zu erleben. Hin und wieder wurde ich von älteren Leuten aus dem Dorf angesprochen, wer ich dann sei? Wenn ich dann meinen Namen nannte, nickten sie wissend, aber doch halb fragend: „Dann bist du der Enkel von dem Müllermeister …. hinten von der Wassermühle…?" Das konnte ich dann nur noch bejahen, zumal ja meine Angehörigen gerade das Grab in Ordnung brachten.

Interessant war nur, dass die untere Glücksmühle, romantisch anmutend, mit dem großen Mühlenrad in einem Tal am Bach gelegen, nach all den Jahren, die vergangen waren, immer noch mit meinem verstorbenen Großvater in Verbindung gebracht wurde. Sie gehörte an sich nie der Familie. Mein Großvater hatte sie nur von einem Gut in der Gegend gepachtet. Der Mühlbetrieb lief sehr gut und brachte der Familie ein ziemliches Vermögen ein. Weit und breit gab es keine andere intakte Mühle, und den Bauern blieb nichts anderes übrig, als ihr Korn in die untere Glücksmühle zu meinem Großvater zu bringen.

Kurz vor der Inflation nach dem Ersten Weltkrieg soll er mit einem großen Koffer voller Reichsmark nach Bad Harzburg gereist sein, um ein Hotel zu kaufen. Es kam aber wegen der geforderten Summe zu keinem Abschluss des Kaufvertrages. So ließ er dann nach mehreren Wochen der Überlegung davon ab und legte sein Geld in seinen privaten Panzerschrank. Er traute den Banken nicht und meinte, dass sowieso keiner glauben würde, dass so viel Bargeld in der Mühle vorhanden wäre. Nur wenig später war das ganze Geldvermögen durch die Inflation nichts mehr wert.

Die beiden Söhne – mein Onkel und mein Vater – zogen als gelernte Müller (diesen Beruf mussten zunächst alle Söhne lernen) etwas später aus dem Haus und versuchten ihr Glück woanders. So kam mein Vater nach langer „Wanderschaft", wie es damals bei vielen Handwerksgesellen üblich war, schließlich nach Bad Kleinen in Mecklenburg. Er hatte in der örtlichen Mühle eine Anstellung gefunden. Dort lernte er meine Mutter kennen, und sie heirateten. Die Familie zog später nach Schwerin, und das Schicksal einer Familie nahm seinen Verlauf.
As ich mal wieder zu so einem „Ausflug" mitreisen durfte, streifte ich ziemlich gelangweilt durch das Dorf. Da kam mir, wie auch schon mehrfach davor, ein älterer Mann mit einem Gehstock entgegen. „Ach", rief er, „bist du mal wieder in der Heimat deines Vaters!" Das hatte ich ihm bei unserer letzten Begegnung erzählt. Dann fuhr er fort: „Die da unten aus der Mühle, also dein Vater und seine zwei Brüder, das waren schon rechte Rabauken." Durch diese Bemerkung aufmerksam geworden, fragte ich sofort nach dem Warum. „Ja", sagte er, „nicht nur, dass sie auch zur Schule mit Revolvern in der Tasche gingen, sie hatten auch einen Ruf, sich lieber nicht mit denen anzulegen."
Nun wollte ich es genau wissen und hörte eine schier unglaubliche Geschichte! Im einzigen Dorfkrug hatten die männlichen Gäste, eines Abends nach ausgiebiger Zecherei, eine „Idee". Sie wollten spontan „die da unten in der Mühle" einmal tüchtig erschrecken. Zur damaligen Zeit gingen fast alle auf die Jagd, ob genehmigt mit einem entsprechenden Jagdschein, oder auch nicht. Also holten einige ihre doppelläufigen Schrotflinten und machten sich im Dunklen auf den Weg ins Mühlental, um mit Platzpatronen-Schüssen der Familie einen tüchtigen Schrecken einzujagen. Was sie dabei nicht bedacht hatten: Ein Freund meines Onkels hatte dieses von seinem Vater mitbekommen, als er seine „Flinte" holte.
Ohne dass die anderen etwas bemerkt hatten, war er mit dem Motorrad seines Vaters der Marke „Hanomag" vorausgefahren und hatte die ganze Familie gewarnt. Mein ansonsten wortkarger Opa holte seine Jungs schnell aus dem Bett und meinte nur, dass „denen" der Spaß gründlich vergehen werde. Auch in der

Mühle hatten alle männlichen Familienmitglieder Jagd- und Handfeuerwaffen. Die insgesamt „zehn Hunde" aller Mischrassen und Größen wurden, damit sie nicht zu früh anschlugen, ausnahmsweise ins Haus geholt. Ansonsten schliefen sie im Sommer draußen in ihren Hütten und im Winter in der Scheune. Damit hatten die „spaßigen Angreifer" nicht rechnen können. Als sie nahe genug am Mühlengraben waren, eröffneten auf Kommando meines Großvaters die Söhne aus den Giebelfenstern des Mühlen-Wohnhauses „das Feuer". Sie schossen dabei natürlich nur in die Luft.

„De scheten uns doot!", so der allgemeine Aufschrei. Und alle noch stark alkoholisierten Männer aus dem Dorf ergriffen unter dem Lärm der Geschosse die Flucht zurück ins Dorf. Zwei Wochen später bekam meine Großeltern, Besuch von einem Polizei-Ermittler aus Wolfenbüttel. Einer der Dorfbewohner – wie sich herausstellte, der Dorflehrer – hatte Anzeige erstattet, wohl aus Rache: Aber nicht wegen dieser Ereignisse, sondern weil er sich bei meiner Oma mal beschwert hatte, dass ihre Söhne, darunter mein Vater, mit Revolvern in die Schule gekommen waren.

Er „kassierte" dafür einen Schlag mit dem „Scheuerlappen" von meiner Oma, mitten ins Gesicht. Das war es nun. Der „überforderte" Dorflehrer zog wieder ab, ohne Weiteres zu unternehmen. Nach diesem Ereignis konnte er, wie er meinte, nun Genugtuung genießen. Als der Ermittler über den Hergang des „Überfalls", verursacht durch Personen aus dem Dorf, von meinem Opa nun ausführlich informiert wurde, fragte er nach einiger Überlegung, ob die reichspolizeiliche Ermittlung von Seiten der Familie auch eingestellt werden könne. Es wäre unter Umständen auch als grober Unfug einzuordnen. Da wurde auch von meinem Großvater zugestimmt.

Ich wollte und konnte dieser „Story" keinen Glauben schenken. Als mein Onkel wieder mal zu Besuch aus Hannover bei uns weilte, hatte ich ihn nach diesem Ereignis gefragt. Er hatte diese „unheimliche Geschichte" tatsächlich bejaht! Er hatte noch hinzugefügt, dass sie bloß so einen „wilden Ruf" gehabt hätten. Aber sie wären auch durch die Dörfer gezogen und hätten Theaterstücke aufgeführt. So zum Beispiel auch Auszüge aus

Goethes „Faust". Oder sie hätten mit ihren Mandolinen aufgespielt. Einordnen konnte ich das alles damals nicht – zumal mein Vater meine älteren Brüder und auch mich als Jüngsten ziemlich streng erzogen hatte und weiter erzog.

An der B4 angekommen, schritt ich munter drauf los. Nur alle zehn Minuten kam ein Auto vorbei, was nach damaliger Verkehrslage schon viel war. Mir kam in den Sinn, dass mich womöglich eine Person aus Vienenburg in den vorbeifahrenden Autos erkennen könnte und meine Eltern informieren würde. Da sah ich einen schmalen Pfad, der nach rechts von der B4 abbog. Vorsichtig richteten sich meine Füße in diese Richtung. Der Weg führte genau an den Bahngleisen entlang. Ein Zug kam auch schon heran und fuhr gemächlich in Richtung Braunschweig, wie ich später erfuhr. Das war die Lösung!

Ich konnte immer den Weg weiterlaufen und würde dort ankommen, wo der Zug in einen Bahnhof einlaufen würde, also schon weit von zu Hause weg. Ein Schild mit der für mich unverständlichen Aufschrift: „Achtung sie verlassen die Bundesrepublik Deutschland" und weiter „HALT: Deutsche Demokratische Republik" konnte ich nicht einordnen. Ich lief einfach weiter, ganz in Gedanken schon bei meinem „Entschluss, in Texas Fuß zu fassen".

Eine „grollende" Stimme rief plötzlich „Stoi"! Ein Riesenschreck durchfuhr meine Glieder. Da sah ich eine „unheimliche" Gestalt in erdbrauner Uniform mit einer Maschinenpistole bewaffnet, die mir den Weg versperrte. Über die Bahngleise kam noch eine Person angelaufen, auch in Uniform, nur dass sie anders aussah, wie ich noch bemerken konnte, ehe mir mein Herz in meine kurze und speckige Lederhose fuhr. Da war er also, der unheimliche Russe, leibhaftig vor mir. Ich zitterte am ganzen Körper. Schon erklang die grollende Stimme wieder: „Du nichts gut, wohin du wollen?"

Inzwischen war auch der andere herangekommen und fauchte mich in breitem, sächsischem Dialekt an, was ich denn auf dem Staatsgebiet der DDR zu suchen hätte. Der russische Soldat mit der gewaltigen Stimme machte eine beschwichtigende Handbewegung zu seinem deutschen Begleiter von der bewaffneten Volkspolizei der DDR. Dass es sich um einen solchen gehandelt hatte, hat man mir später erklärt. Unter Tränen hörte ich mich selber sagen, dass ich zu meiner Tante nach Schladen wollte, die Geburtstag hätte. Der Russe lächelte breit, während sein deutscher Waffenbruder mich wieder anschrie: „Das gloobste doch sälber nich, wo is`n deen Geschenk, oder was?" Später habe ich oft darüber nachgedacht, warum ich denn wie schon einmal zuvor nicht in Ohnmacht gefallen bin, statt sofort wieder eine Antwort bereit zu halten. Ich antwortete einfach schnell, dass wir arm wären, kaum zu essen hätten und mein Vater arbeitslos wäre, was ja auch der Wirklichkeit ziemlich nahekam, und sich meine geliebte Tante auch ohne ein Geschenk von mir, sehr freuen würde.

Ohne es zu wissen hatte ich bei den beiden sozialistischen Waffenbrüdern wohl den „richtigen Nerv" getroffen. „Gut", sagte der Russe: „Dawei!" Ich verstand nicht gleich, da brüllte auch schon der deutsche Uniformierte: „Du sollst abhauen, und lass dich hier bloß nicht wieder blicken, sonst legen wir dich in Ketten", plötzlich ohne den sächsischen Dialekt. Was das heißen würde, hatte ich schon einmal in einem Film im Kino gesehen. Schnell drehte ich mich um 180 Grad und lief so schnell ich konnte, ohne mich umzusehen, wieder zur Bundesstraße.

Nach weiterem „Marschieren" und etlichen Kilometern sah ich dann das Dorf Schladen. Irgendwie, so dachte ich, könnten diese zwei mich weiter kontrollieren. So beschloss ich, zunächst auf meiner Reise tatsächlich meine weitläufig verwandte Tante aufzusuchen. Dort wohnte auch meine gleichaltrige Cousine „Melanie", mit der ich schon mal in den Ferien gespielt hatte. Eigentlich war sie keine Blutsverwandte, sondern von meiner Tante und ihrem Mann Walter, den sie, nachdem er aus der englischen Kriegsgefangenschaft entlassen wurde, geheiratet hatte, adoptiert worden. Melanie besaß viel Phantasie und wusste Dinge, von denen ich noch nicht mal ansatzweise etwas geahnt hatte.

Im selben Ort arbeite auch mein Bruder Paul bei dem einzigen Bäckermeister und Inhaber der Bäckerei: „Buschfelder". Er hatte gerade ausgelernt und war für seine „wilden" Streiche bekannt. Daran dachte ich gerade, als ich schon mitten auf der Hauptstraße in Schladen angekommen war. Am Ende der

Straße konnte ich ein Pferdefuhrwerk erkennen. Es kam sehr schnell, hinter sich eine Staubwolke hinterlassend, auf dieser ansonsten menschen- und fahrzeugleeren Straße auf mich zu. Sofort kam mir das ferne Texas in den Sinn, und ich meinte eine Postkutsche wie in den Wildwestfilmen vor mir zu sehen.
Als das Fahrzeug schnell näherkam, erkannte ich auf dem Kutschbock meinen Bruder, der mich auf dem Bock der Bäckerei-Brotkutsche trotz meines Rufens nicht bemerkte. Bald wäre das gesamte Gefährt, nachdem es in eine Straße einbog, umgekippt. Ich war stolz, so einen großen Bruder zu haben. Schließlich hatte er mich Ende 1945, als wir noch in Schwerin wohnten und die Amerikaner sich zurückzogen, um den Sowjets Platz zu machen, nach meiner Überzeugung irgendwie gerettet.
Da mein Vater nach seiner Zeit als Müllermeister auch noch Buchhalter gelernt hatte, wurde er nach einer Bewerbung um Mitgliedschaft in der NSDAP als Abteilungsleiter der Nazi-Organisation „Kraft durch Freude" eingestellt. Beim Einmarsch der britischen Truppen war er nicht geflüchtet, wie die meisten Nazi-Vorgesetzten und Mitarbeiter, sondern hatte dem Offizier, der die Zentrale mit seinen Soldaten als erster betrat, das Gebäude mitsamt seinem Inventar übergeben.
Der englische Offizier war erstaunt und schickte meinen Vater zunächst nach Hause. Doch dann – an sich nicht überraschend – wurde er am nächsten Tag früh morgens verhaftet und in einem ehemaligen KZ in Neuengamme in Schleswig-Holstein interniert. Meine Mutter wohnte nun allein mit mir, meinen älteren Geschwistern (Schwester und zwei Brüder) einsam in einem reetgedeckten Haus am Schweriner See.
Lange nach dieser Verhaftung hatten sie nichts von meinem Vater gehört. Deswegen suchte unsere Mutter immer wieder die britische Militärkommandantur auf und bat um Auskunft. Erst nach 20 Tagen, an denen sie immer wieder vergeblich vorgesprochen hatte – dabei es kam ihr zugute, dass sie ein wenig Englisch in der Schule gelernt hatte, was zu Ihrer Jugendzeit nicht so üblich war – kam eine Wende. Schließlich erhielt sie völlig unerwartet eine Genehmigung, meinen Vater zu besuchen.

Der englische Offizier, der das meiner Mutter mitteilte, hatte sie gebeten Platz zu nehmen. Anwesend war noch ein amerikanischer Captain, so um die dreißig Jahre alt. Dieser begrüßte sie freundlich, dabei konnte meine Mutter sein Namensschild auf seinem Uniformrock erkennen, auf dem der gleiche Name wie der unserer Familie stand. Meine Mutter kam gar nicht dazu, erstaunt nachzufragen. Der amerikanische Offizier sagte auf Deutsch, mit typisch amerikanischem Akzent: „Sie haben richtig gelesen."

Seine Familie war, als er drei Jahre alt war, in die USA ausgewandert. Sie wohnten in New Jersey im Ort Hackensack. Er wollte wohl wissen, ob wir mit ihm, „um zehn Ecken" herum verwandt waren. Doch in dem kurzen Gespräch konnte das nicht geklärt werden. Sein Vater und seine Großeltern kamen ursprünglich aus der Gegend um Porta Westfalica, und ansonsten wusste der amerikanische Offizier nichts mehr über seine Familienhistorie zu erzählen.

Meine Mutter schien zu bemerken, dass die beiden Offiziere der Alliierten nun doch bemüht waren ihr zu helfen. So teilten sie ihr mit, „dass in einigen Tagen" die Kommandantur gänzlich an die sowjetischen Streitkräfte übergeben werde und die amerikanischen und vorwiegend englischen Truppen sich bis an die Grenze bei Lübeck zurückziehen würden. Als der englische Offizier mit Namen Brain das meiner Mutter mitteilte, verzog er dabei etwas sein Gesicht. Unsere Familie sollte „recht vorsichtig sein", gaben sie ihr noch mit auf den Weg. Anschließend bekam sie noch völlig überraschend ein amerikanisches Einsatz-Verpflegungspaket geschenkt.

Dieses löste natürlich bei meinen Geschwistern, nachdem meine Mutter zurückgekehrt war, große Freude aus, denn die tägliche Nahrung zusammenzubekommen, wurde in diesen Tagen immer schwieriger. Unsere Mutter hatte wohl geahnt, dass mit den „Russen" alles „anders" und problematischer werden würde. In ihrem Geburtsort, Bad Kleinen in der Nähe von Schwerin, befand sich ein verhältnismäßig großer Bahnhof mit einem Eisenbahnknotenpunkt. Man kannte in dem kleinen Dorf jeden Einwohner, auch alle Bahnbediensteten. Meine Mutter bekam so die Gelegenheit, versteckt in einem leeren Kohlen-

tender der Dampflokomotive, heimlich bis nach Schwarzenbeck/Holstein mit zu fahren und auf dem gleichen Weg wieder zurück zu kommen.
Von Schwarzenbeck/Holstein in der Nähe von Hamburg-Bergedorf bis nach Neuengamme war es dann nicht mehr so weit, da konnte sie zum Teil per Anhalter mitfahren. So konnte sie schließlich meinen Vater in der Haft besuchen. Bei Ihrem Besuch verabredeten sie, dass meine Mutter und die Kinder doch so schnell wie möglich in seine frühere Heimat, den Vorharz, flüchten sollten. Mein Vater wollte nach seiner Entlassung ebenfalls Vienenburg als Entlassungs- und Heimatort angeben. Er wusste, dass die Sowjets – im Gegensatz zu den anderen Alliierten – ehemalige Nationalsozialisten, auch wenn sie nur wenig oder keine Schuld auf sich geladen hatten, nicht gerade „fair" behandeln würden: Es sei denn, man würde sie für den geplanten Aufbau eines „Sozialistischen deutschen Staates" unbedingt brauchen. Gerüchte besagten, dass die Sowjets bei ehemaligen Trägern des Nazi-Deutschlands keine Grausamkeiten auslassen würden. Die meisten wurden auf „Nimmer Widersehen" verhaftet. Sie verhungerten oder starben an Krankheiten und unmenschlichen Verhören in den Lagern der weiten Sowjetunion oder auch in Lagern, wie in dem ehemaligen KZ Buchenwald, bei Weimar.
In dieser Zeit geriet zwar alles ein wenig durcheinander, aber die deutsche Bürokratie hatte sich behaupten können. Man wollte den großen Ansammlungen herumziehender Menschen gerecht werden. In Schwerin und Umgebung befanden sich Zehntausende umherziehende Menschen. Das waren Flüchtlinge, befreite Zwangsarbeiter und auch Überlebende der Todesmärsche aus dem KZ Sachsenhausen. Um nicht aufzufallen, wurde beschlossen, dass die Familie getrennt in den Harz ausreisen sollte.
Mein zweitältester Bruder, damals zehn Jahre alt, schnappte mich mit meinen zwei Jahren meldete sich beim Einwohnermeldeamt, das erstaunlicherweise noch mit fast allen seinen Angestellten und Reichsbeamten durchgehend weitergearbeitet hatte. Er behauptete, dass er nicht wisse, wo unser Vater wäre, und dass die Mutter mit den anderen Geschwistern sich in

Vienenburg aufhalten würde. Ohne große Nachprüfung – dafür hatte man auch gar keine Zeit – durften wir zwei uns, teils in einem Viehwaggon, auf eine fünftägige Reise machen. Unterwegs, wenn der Zug an einem Bahnhof längeren Aufenthalt hatte oder wir umsteigen mussten, was öfter vorkam, besorgte er, wie auch immer, etwas zu Essen für mich. Im Flüchtlings-Auffanglager Friedland, wo wir dann endlich „gestrandet" waren, hatten wir das Glück, einen ehemaligen Nachbarn der Familie zu treffen. Er war schon früh „abgehauen" und arbeite für die Verwaltung als Busfahrer. Er half uns schließlich weiter, so dass wir weiter nach Vienenburg gelangen konnten.

Als wir schließlich nach dieser strapaziösen „Reise" dort ankamen, war mein Vater bereits aus der englischen Internierungshaft entlassen worden. Man hatte ihn und die anderen Inhaftierten, wie den Inhaber einer großen Zigarettenfirma aus Hamburg oder einen Adeligen, der in der SS einen hohen Ehrendienstgrad besaß, sowie einen damaligen Reichsbischof der evangelischen Kirche von Berlin und Brandenburg, wegen vermeintlichen Kriegsverbrechen tagelang verhört. Man versuchte herauszubekommen, ob sie sich an dem Verbrechen der Nazi-Machthaber gegen die Menschlichkeit mit schuldig gemacht hatten. Zum Teil wurden auch Methoden angewandt wie Essens- und Schlafentzug sowie die Verweigerung von lebenserhaltenden Medikamenten.

Nach mehreren Monaten wurde mein Vater mit den anderen genannten auf „Bewährung" entlassen. Er galt danach als nicht belastendes Mitglied des Nazi-Regimes. Durch eine Erklärung, die er dann bei den neuen deutschen Kommunalbehörden abgeben musste, war er, wie man es damals nannte, „entnazifiziert". Eine fremde Person war er trotzdem für mich geworden, und ich wollte nach unserer ersten Begegnung in Vienenburg nichts mit ihm zu tun haben. Daran kann ich mich noch genau erinnern, auch weil ich von ihm, nachdem ich wohl in der ersten Nacht und fast noch einen ganzen Tag im Schlaf ins Bett gemacht hatte, dafür fürchterliche Prügel erhielt. Er hatte offenbar kein Verständnis dafür, dass so ein kleiner Junge, der ich war, die Reise-Strapazen nicht ohne weitere Komplikationen überstehen konnte.

Das ich, obwohl ich damals noch so jung und fast noch ein Baby war, alles behalten und nie vergessen konnte, liegt wohl an der frühen Beschädigung meiner Seele. Andere Ereignisse, die ich in den ersten sechs Jahren meiner Kindheit miterlebt hatte, waren vergessen. Aber dieses Verhalten meines Vaters, das wurde mir erst sehr viel später als Erwachsener bewusst, war unnötig, grausam und ungerecht – eben ohne Einfühlungsvermögen in die Situation eines kleinen Kindes.

Von da an war mein Verhältnis zu meinem Vater, auch wenn ich es – wie es bei Kindern so ist – zeitweise vergessen konnte, für alle Zeiten getrübt.

Meine Mutter, die sechs Jahre ältere Schwester und der elf Jahre ältere Bruder konnten mit einer ähnlichen Erklärung bei den Behörden in Schwerin drei Wochen nach unserer Ankunft nachreisen. So wohnten wir zunächst alle sehr beengt im alten Fachwerkhaus meiner Großtante Anna und deren Ehemann. Die Tante war eine gutmütige Frau, die mich später oft mit Stullen und der guten Harzer Hausmacherwurst versorgte. Auch meine Oma, Schwester von meiner Tante, wohnte dort. Oma Emma war ziemlich herrisch und auf ihre Art robust. Liebevoll, wie man sich eine Oma wünscht, war sie entgegen nie.

Viele Legenden wurden schon damals über meinen Bruder in Vienenburg und in der ganzen Gegend erzählt. So soll er auch schon mal bei einem Tanzabend, organisiert vom örtlichen Armbrust-Schützenbrüderverein, nach einer ausgiebigen Zecherei und Prügelei mit stationierten englischen Soldaten einfach durch eine Scheibe gesprungen sein, als englische Militär-Polizei und deutsche Polizei gemeinsam anrückten. Mein ältester Bruder war da schon etwas „ruhiger", solche Dinge hatte man nie über ihn gehört.

Endlich bei meiner Tante in Schladen angekommen, wurde ich natürlich sofort befragt, wo denn mein Vater oder meine Mutter sei, denn sie konnte es nicht fassen, dass ich alleine durch die Landschaft „gewandert" war. Meine Eltern wurden dann umgehend mittels eines Telefonats darüber in Kenntnis gesetzt, wo sich ihr schon vermisster jüngster Sohn befand. Zum Telefonieren musste meine Tante zunächst zum Postamt gehen, um wiederum beim Viehhandel Plöss gegenüber unserer Wohnung in

Vienenburg zu klingeln, der weit und breit das einzige Telefon besaß.

Am späten Nachmittag war dann meine Mutter mit dem Zug eingetroffen und holte mich wieder nach Hause. Ich konnte erkennen, dass sie geweint hatte. Mein Vater verhielt sich ziemlich ruhig, als wir wieder in Vienenburg angekommen waren. Ich bekam, fast überraschend für mich, keine Strafe, womit ich an sich gerechnet hatte. Es blieb bei einer Ermahnung, nie wieder wegzulaufen. Im meinem ganzen Leben habe ich das auch nicht wieder versucht, obwohl es manchmal Situationen gegeben hatte, wo „Weglaufen" eventuell die bessere Entscheidung gewesen wäre.

Aufregender Tauschhandel

Mein Erlebnis mit den Soldaten von „Drüben" hatte sich ziemlich schnell herumgesprochen, obwohl ich es nur einem Schulkameraden, dem Volker Klingebeul, erzählt hatte. Als ich gerade die Friseurstube Conrad nach einem damals üblichen „Radikal-Haarschnitt" verlassen wollte, hielt mich Werner Conrad, zweitältester Sohn der Inhaberfamilie, an. Er wollte sich mal mit mir unterhalten, sagte er gedehnt und zog mich zur Seite, sodass sein Vater, der mir gerade die Haare geschnitten hatte, nichts mitbekommen sollte. Dann bot er mir an, in seine „Bande" aufgenommen zu werden.

Als Mutprobe sollte ich beim nächsten „Kampf" gegen die „Wiedelaher" (eine Bande im benachbarten Dorf) ganz vorne mit dabei sein. Die Auseinandersetzungen mit den „Wiedelahern" hatten schon immer Tradition. Woher diese Feindschaft kam, war nicht mehr auszumachen. Vielleicht lag es daran, dass in der ansonsten vorwiegenden protestantischen Gegend der überwiegende Teil der Bevölkerung in dem Dorf katholisch war. Das konnte man schon an der verhältnismäßig großen barocken Kirche erkennen, die diesen Flecken schon von Weitem überragte. „Das ist aber noch nicht alles", bemerkte er nochmals gedehnt. Er hätte vor, „drüben" in Osterwieck seinen Cousin zu besuchen. Das bedeutete, dass er mit mir über die Zonengrenze gehen wollte. Über die Gefährlichkeit an sich beider Unternehmen dachte ich nicht lange nach. Schnell sagte ich zu.

Schon lange wollte ich in der Conrad-Bande aufgenommen werden, doch Werner hatte es immer wieder abgelehnt, da ich noch zu jung wäre, wie er nach meinen ständigen Anfragen stets betont hatte. Am folgenden Samstag, nach Schulschluss, trafen wir uns an der Eisdiele Duhner, Kreuzung Braunschweiger Straße. Werner hatte zwei alte Wehrmacht-Rucksäcke dabei. Während er den einen mit einer Hand aufmachte, reichte er mir den anderen rüber. Er war prall gefüllt mit Kaugummi.

Dieses heiß begehrte Lebensmittelprodukt aus den USA war noch nicht lange in den vier Lebensmittelgeschäften der Stadt zu haben. In manchen Gangsterfilmen, die ich verbotenerweise

im Kino gesehen hatte, hatten die Darsteller stets diese Kaumasse im Mund. Uns Jungs hat das immer imponiert.
Werner erklärte mir, was wir damit vorhätten. In Osterwieck, jenseits der Zonengrenze, wurden von Bewohnern traditionell in Handarbeit kleine Modellschiffe aus Holz gefertigt, die es so schön und materialfest bei uns im Westen nicht gab. Die sollten wir nun gegen Kaugummi eintauschen – ein für das Regime hinter dem Stacheldraht „dekadent-kapitalistisches" Produkt, das im neuen Arbeiter- und Bauern-Staat niemals zugelassen werden sollte. Sein Cousin hatte ihn darauf gebracht, als er erst vor kurzem zu Besuch bei seinen Verwandten weilte. Wie stets war er dafür heimlich über die Grenze gekommen.
An einem Waldstück, nahe dem vier Kilometer entfernten Dorf Lochtum, lag ein verlassenes Gehöft, sehr nahe an der Grenze. Unbemerkt und ohne dass wir angehalten worden wären, gingen wir dort am helllichten Tag in den unbekannten und doch so nahen anderen Teil Deutschlands, am Dorf Appenrode vorbei. Dieses Dorf war vom „Westen" her gut einsehbar. Nun waren wir mittendrin und froh, dass uns keine Menschenseele sah. Nach ein paar Metern kamen wir zu einer Straße und entdeckten ein verwittertes altes Ortsschild: Osterwieck zehn Kilometer! „Geht ja wie geschmiert", bemerkte Werner. Ich konnte nichts sagen, ein „Kloß" im Hals wollte nicht weggehen. Plötzlich hörten wir von Ferne Fahrzeuggeräusche. „Ach du Scheiße!", rief ich: „Jetzt kriegen sie uns." Werner reagierte ruhig: „Nur immer lächeln und unbeirrt weitergehen." Da waren auch schon die zwei Militärlaster herangekommen. Auf der Ladefläche waren russische Soldaten, die lauthals sangen. Wir winkten und lächelten wie wir nur konnten. Nur einer der Russen winkte gelangweilt zurück. Die Fahrzeuge verschwanden hinter einer Biegung, und wir liefen nun teils auch durch Straßengräben schnell weiter.
Nach einiger Zeit, die mir unendlich erschien, kamen wir ziemlich erschöpft in Osterwieck an. Nach einigem Suchen fanden wir das Haus seines Cousins, der mit gutem deutschen Vornamen Fritz hieß. Dessen Vater und Mutter sowie eine Schwester waren auch Friseure. In dem Schaufenster der Frisörstube „Haarpracht" hingen große Plakate mit Texten wie: „Die Pro-

duktivität steigern, heißt für das Volk friedlich siegen." Den Sinn dieses Spruches hatte ich allerdings damals, und ich denke, dass ich ihn bis heute nicht verstanden habe.

Aber es blieb uns nicht viel Zeit, uns dieses alles anzuschauen oder nachzufragen. Fritz hatte uns schon erwartet; er lachte und meinte nur ganz trocken: „Nun los mit dem kapitalistischen Tauschgeschäft." Acht Holzschiffe wurden von uns schnell in den alten Wehrmachtsrucksäcken verstaut und unsere „Ware" – Fritz zählte die Kaugummipäckchen peinlichst nach – übergeben.

Bevor wir uns wieder auf den Rückweg machten, tranken wir schnell noch ein Glas Wasser aus dem „Kran". Wir mussten unbedingt zeitig wieder zu Hause sein. Es durfte ja keiner davon wissen, dass wir auf „Abenteuerreise" waren. So wie wir unbehelligt nach „drüben" gelangt waren, kamen wir auch wieder zurück. Später habe ich erfahren, dass man besonders diesen Abschnitt mit viel Stacheldraht und weiteren Hindernissen gesichert hatte. Der Mauerbau und damit die tödliche Grenzsicherung durch die DDR waren damals allerdings noch in weiterer Ferne.

Werner hat dann die Modellschiffe in Vienenburg in verhältnismäßig kurzer Zeit und nur durch Mundpropaganda für je acht Deutsche Mark verkauft. Obwohl die meisten Familien mit Kindern noch Anfang der 1950er gerade mal recht und schlecht mit ihren finanziellen Mitteln auskamen, gingen sie alle weg. Von dem Erlös hatte ich natürlich nichts abbekommen. Mein Lohn war, wie versprochen, bei der nächsten Auseinandersetzung mit den „Wiedelahern" mit einem Knüppel bewaffnet vorne weg mitzugehen.

Massenschlägerei?

Zum Auftakt dieses großen Ereignisses gab es in jedem Jahr ein Ritual, das fast immer gleich ablief. Beim einzigen Pferdeschlachter im Umkreis von 100 Kilometern, so sagten immer stolz die eingeborenen Vienenburger, trafen sich die beiden Bandenführer. Nach gegenseitigen Beschimpfungen machten sie gleich den Treff für ihre nächste Auseinandersetzung aus.

Dann kauften sie für ihre Familien, in den meisten Fällen Großfamilien, reichlich Pferdefleischprodukte. Das war verhältnismäßig preiswert. Viele hatten aber immer noch um die genügende „Nahrungsaufnahme durch Fleisch" zu kämpfen. Und so wurde sich in vielen Familien einfach überwunden. Auch die sogenannten Pferdefreunde aßen ihre ansonsten als Lieblinge bezeichneten Tiere einfach auf. Das Unternehmen hieß schlicht „Pferde-Schlachterei Woltmann", wurde aber von einem Franzosen namens Gerald Trussard geführt.
Gerald hatte schon als französischer Kriegsgefangener in dem Unternehmen gearbeitet. Herrmann Woltmann, Erbe und Inhaber des seit 1892 bestehenden Pferdefleischereigewerbes, musste noch in den letzten Jahren in den Krieg ziehen. Er war Feldwebel der Reserve und hatte schon etliche Wehrübungen in der Wehrmacht hinter sich gebracht – immer in Verbänden, in denen noch Pferde genutzt wurden. Man suchte nun als Unterstützung für das Metzgerei-Geschäft während seiner Abwesenheit einen gelernten Pferdemetzger, der aber gleichzeitig nicht kriegsdienstverwendungsfähig sein musste.
Man fand keinen. Und so wurde der Kriegsgefangene Trussard, wohlwollend vom NSDAP-„Ortsgruppenführer" befürwortet, als gelernter französischer Pferdeschlachter vom Kriegsgefangenenlager in Fassberg abgestellt, um dort zu arbeiten. Allerdings mit einem Bewacher. Der, so erzählte man sich, war schon etwas älter und als Obergefreiter noch eingezogen worden. Er hieß Heinz Kaschupke und stammte aus Langelsheim, nicht weit weg von Vienenburg. Er freute sich über so einen leichten Job in den letzten Kriegsjahren. Seinen „Karabiner 98" hatte er in einem Schuppen gut verschlossen. Meistens half er, mit einer schwarzen Gummischürze bekleidet, in der Schlachterei ein wenig mit.
Nach dem Krieg kam Herr Woltmann nicht mehr zurück. Er war – was für ein Schicksal – nach dem Rückzug aus Frankreich und schweren Kämpfen in den Ardennen gefallen. Monsieur Trussard fuhr nach Beendigung des Krieges und seiner „Befreiung" nur sehr kurz in seine Heimat in ein kleines Dorf in der Nähe von Paris zurück. Er kam bald wieder, um der jungen Witwe Woltmann und ihren zwei kleinen Kindern weiter

zu helfen, wie er allen in der Stadt erzählte. Ob er in Frankreich eine Familie oder sonstige Angehörige hatte, wusste niemand zu sagen. Wenn er selber im Laden stand und bediente, strahlte er mit seinen Sprüchen in dem typischen französischen Akzent stets viel Heiterkeit aus: Ganz im Gegensatz zu den eher „knurrigen" einheimischen Männern.

Die Frauen im Ort gingen jetzt nun dort öfter einkaufen, auch wenn viele eigentlich kein Pferdefleisch mochten. Die Männer aber sprachen, wenn überhaupt, meist nur verächtlich von dem „Franzmann", der sich in ein gemachtes Nest gesetzt hätte. Die Pferde-Bockwürstchen, von ihm mit viel Knoblauch kreiert, schmeckten auf jeden Fall sehr gut. Auch ich hatte sie immer, besonders zum Schützenfest, genossen.

Als ich allerdings einmal Zeuge wurde, wie die armen, zum Teil ausgemergelten Pferde vom Güterbahnhof zu den Ställen der Metzgerei getrieben wurden, habe ich keine Pferdewurst mehr auch nur ansehen können. Nach diesem Erlebnis schlich ich mich oft zu den angemieteten Ställen der Pferdemetzgerei, die ganz in der Nähe unserer Straße lagen. Ich streichelte die Pferde, die einen schweren Gang absolvieren mussten, gab ihnen Namen, da die Boxen ansonsten nur mit Nummern versehen waren. Immer war ich sehr traurig, wenn ich zu den Ställen kam und eines „meiner mir ans Herz gewachsenen" Pferde nicht mehr da war.

Am Tag der „Schlacht" gegen die „Wiedelaher" brauchte ich wie durch ein Wunder „keinen Schlag" zu tun. Alles lief im wahrsten Sinn des Wortes an mir vorbei, als hätte ich eine Tarnkappe aufgehabt. Aber auch die „gegnerische Partei" hatte wohl sichtlich nicht viel Lust, sich an diesem Tag zu prügeln. Nach ein paar „Scharmützeln", untermalt wieder von gegenseitigen Beschimpfungen, machten es schließlich die „Bandenführer" alleine unter sich aus. Sie standen dabei mitten im Fluss der Radau und bekämpften sich mit großen Stöcken, bis der „Rädelsführer" von Wiedelah ins Wasser fiel. Danach war die „kriegerische Begegnung" vorbei. Man gab sich die Hand, aber nicht zur Versöhnung, sondern als Zeichen von so etwas wie Respekt, hielt dabei aber auch nicht mit „Kraftausdrücken" hinter dem Berg. Alle gingen nach Hause, bis zum „nächsten Treffen".

So war das damals. Der Respekt gegenüber anderen Menschen wurde noch, entweder durch Eltern, Schule und Vereine eingehend vermittelt. Aber in dieser Zeit herrschte auch eine gewisse Solidarität vor. Die Deutsche Mark gab es noch nicht lange. Wie es in dem westlichen Teil von Deutschland für alle dort lebenden Menschen weitergehen sollte, konnte noch keiner wissen. Aber auch die Demokratie musste im Wesentlichen wieder neu gelernt oder für die älteren Mitbewohner wieder neu vermittelt werden.

Ab dieser Teilnahme an der Auseinandersetzung, die ja nach heutigen Gesichtspunkten sehr friedlich verlief, war ich in der Conrad-Bande aufgenommen. Auf dem Schulhof wussten das nun auch die anderen Schüler meines Alters. Man betrachtete mich jetzt mit anderen Augen und fing auch gar nicht erst einen Streit mit mir an. Das war mir natürlich recht. Denn Prügeln hielt ich für ziemlich überflüssig, lieber versuchte ich mich schon damals mit Worten auseinander zu setzen. Nur einmal war es mir nicht gelungen.

Ein unverbesserlicher Schläger und eingeborener Vienenburger, auch noch mit dem Vornamen „Adolf", ließ auf dem Schulhof nicht von mir ab. Ich suchte zunächst „das Weite", er kam mir aber immer wieder hinterher und versuchte mich dauernd zu provozieren. Ich nahm allen Mut zusammen, kehrte unvermittelt um und trat ihn beherzt in die „Weichteile". Er brüllte laut auf und krümmte sich nach vorne, während ich, gefolgt von seinen laut schreienden Anhängern, wegzulaufen versuchte. Die Pausenaufsicht des Lehrerkollegiums war aber schon aufmerksam gemacht worden, und Lehrer Knoll erwischte mich schmerzhaft am Ohr. Dafür musste ich dann nachsitzen und bekam auch noch eine saftige Strafarbeit auf. Meinem allgemeinen Ansehen, auch bei den Mädels, kam das, wie ich bemerken konnte, aber zugute.

Ehrungen

In unserem nicht besonders großen Wohnzimmer standen viele, zum Teil mir nicht bekannte Männer, als ich vom Spielen nach Hause kam. Einige waren gekleidet in schwarzen und grauen Reithosen mit Stiefeln. Sie diskutierten laut mit meinem Vater. Für mich sahen sie bis auf Erich Körner, den ich ja kannte, nicht sehr sympathisch aus. Nur einer war ziemlich freundlich, als er mich erblickte und fragte meinen Vater: „Ist das dein jüngster ‚Pimpf'"? So bezeichnete man die „Jungs", wenn sie in die Hitlerjugend und damit ins sogenannte „Jungvolk" eintreten mussten – was ja für mich, im Gegensatz zu meinen älteren Brüdern, in keiner Weise mehr zutreffend sein konnte. Aber er hielt das wohl für einen gelungenen Scherz.

Er sprach in einem für mich noch nie gehörten Dialekt. Mein Vater antwortete, dass ich noch ein „Nachkömmling" sei und wandte sich wieder den anderen Männern zu, während sein Gesprächspartner mich mit Handschlag begrüßte und sich auch vorstellte. Er hieß Kor van Zeeveld, war Holländer und ehemaliges Mitglied in der Waffen-SS. Nach Kriegsende und amerikanischer Kriegsgefangenschaft war er in Deutschland geblieben, denn er besaß durch seinen freiwilligen Eintritt in der Waffen-SS auch den deutschen Pass. In Deutschland hatten ehemalige Angehörige der Waffen-SS nichts zu befürchten, wenn ihnen keine Verbrechen nachgewiesen werden konnten. Einige bewarben sich sogar beim Bundesgrenzschutz und später auch bei der Bundeswehr. Nach strengen Aufnahmekriterien konnten dann einige wenige nun einem demokratischen Rechtstaat dienen. Ausländische Angehörige, die in der Wehrmacht oder wie Kor in der Waffen-SS gedient hatten, genossen mit Zustimmung der Westalliierten in Deutschland ein Bleiberecht.

Der Niederländer Kor hatte immer ein großes Heimweh nach seinem Land. Wenn er aber in seine Heimat, die Stadt Eindhoven, zurückkehren wollte, würde man ihn verhaften, vor Gericht stellen und als Kriegsverbrecher und Verräter gegen das niederländische Volk verurteilen. Er hatte wohl immer wieder geäußert, dass er zwar eine sehr große Sehnsucht nach seiner Heimat habe, aber lieber noch ein paar Jahre abwarten wolle, bis eventuell die niederländische Regierung etwas „milder" gegenüber den ehemaligen freiwilligen SS-Leuten gestimmt sein sollten. Doch er wusste, dass bei derartigen niederländischen Kollaborateuren, wie sie von der Regierung in den Haag unumwunden genannt wurden, hohe Freiheitsstrafen und auch einige Todesstrafen ausgesprochen wurden. Aber ein Jahr später, nach unserer Begegnung, war er doch noch in die Niederlande zurückgekehrt.

Beim Grenzübertritt wurde er umgehend verhaftet und vor ein Sondergericht gestellt. Das Urteil, vier Jahre Gefängnis, beinhaltete auch den Verlust der niederländischen Staatsangehörigkeit. Nach elf Monaten im Gefängnis wurde er vorzeitig entlassen. Die Kommunalbehörden in Eindhoven sorgten dann schnell dafür, dass er eine Arbeit fand. Dahinter stand die Überlegung, dass man wohl keine Ausgeschlossenen und damit eine eventuelle unnötige Unruhe in der Gesellschaft herbeiführen wollte. So arbeitete er als Controller in der Fertigung der Zigarrenfabriken Willem II in Valkenswaard – einem kleinen, aber sehr schönen Ort, ganz in der Nähe von Eindhoven. Seine Frau hatte sich schon sehr früh, als er sich freiwillig gemeldet und seinen Dienst im Krieg in Deutschland angetreten hatte, in Abwesenheit nach einem Jahr von ihm scheiden lassen.

Nach seiner Entlassung aus dem Gefängnis fand Kor schnell wieder eine Lebensgefährtin, die aus Belgien stammte und lebte ganz normal in seinem toleranten Land: Nur mit der Einschränkung, dass er als Staatenloser, als der er nun galt, nicht wählen durfte. Ansonsten besaß er aber alle Rechte plus Rentenansprüche. Kor pflegte nach seiner Rückkehr in die Niederlande noch regen Briefkontakt mit Erich Körner, daher wussten auch alle ehemalige „Kameraden", wie es ihm ergangen war.

Bei den Gesprächen der Männer in unserem Wohnzimmer bekam ich mit, dass es eine Kranzniederlegung am Ehrenmahl für die gefallenen Soldaten beider Kriege geben sollte. Einer, den unsere Familie gut kannte, war Wasmut Sturm, von Beruf Busfahrer bei „Neuer", dem einzigen Bus-Transportunternehmen in Vienenburg. Er trug zu Reithosen ein schwarzes Hemd und rief: „Wir lassen uns von dem kommunistischen Schneiderlein nicht auf der Nase rumtanzen, das Schwein hat mit seinen bolschewistischen Genossen an diesem Tag nichts zu suchen!" Ich

wusste wer gemeint war. Wir hatten nur einen Schneider im Ort: Detlef Kolscher. Sein Sohn Norbert war in meiner Schulklasse. Auch wegen seiner körperlich kleinen Größe wurde er nur „Norbi" genannt. Die Familie war mir ganz sympathisch, es ging locker und fröhlich zu in dem Haus, wenn wir Kinder uns zum Spielen in dem großen Garten hinter dem Haus versammelten. Frau Kolscher brachte sogar selbst gemachte Limonade für uns Kinder, was damals so keine anderen Erwachsenen in Vienenburg taten.
Die Bekannten meines Vaters gehörten zur erst kürzlich (1952) verbotenen „Sozialistische Reichspartei" (SRP). In der Verbotsbegründung durch das Bundesverfassungsgericht wurde unter anderem in kurzen und verständlichen Worten das Prinzip einer freiheitlichen demokratischen Grundordnung genannt. In dieser Partei hatten sich dagegen wieder unverbesserliche Nazis versammelt. Ihr Idol war Otto-Ernst Remer. Er wohnte in Kiel und war der letzte Kommandant des Wach-Bataillons „Großdeutschland" in Berlin. Dieser hatte auch am 20. Juli 1944, dem Tag des missglückten Attentats auf den Diktator Adolf Hitler, nach Rücksprache mit dem Propagandaminister Goebbels und einem Telefongespräch mit Hitler, auf dessen Befehl viele Widerständler durch seine Soldaten verhaften lassen. Besonders in Niedersachsen hatten sich damals diese „Ehemaligen" zusammengeschlossen und „droschen" immer noch die alten Parolen.
Leider gehörte mein Vater auch dazu. Obwohl meine Mutter ihn des Öfteren gebeten hatte, diesen „Unsinn" doch sein zu lassen, wie sie es nannte. Einige „Ehemalige", hatten wohl doch noch frühzeitiger erkannt, dass es keinen Zweck mehr hatte, sich so einer „gestrigen Partei" weiterhin zu widmen. Sie befürchteten für ihr Berufsleben Nachteile und waren vorsichtigerweise auch schon in demokratische Parteien eingetreten: Zum größten Teil in die CDU, einige auch in die SPD, die FDP oder die gesamtdeutsche Partei. Doch die „Kameradschaft", wenn es dann eine war, blieb noch für lange Zeit erhalten.
Keiner konnte doch was dagegen haben, wenn man sich hin und wieder traf und wie zu diesem Anlass einen Kranz mit der

Aufschrift „Unseren gefallenen treuen Kameraden, für ein besseres Deutschland" zu hinterlegen.

Am Volktrauertag war es dann soweit. Weil ich ja mitbekommen hatte, dass sich etwas „Interessantes" anbahnen würde, hielt ich mich ganz in der Nähe des Denkmals für gefallende Soldaten beider Weltkriege auf dem Kattenberg auf. Von rechts kamen die Männer mit meinem Vater im Gleichschritt „anmarschiert". Einige Offizielle, wie der Bürgermeister, aber auch der Schützenverein in Uniform, hatten sich schon um ein aufgestelltes Rednerpult versammelt. Nur einige wenige Frauen, meist Witwen von gefallenen Soldaten, waren zu sehen. Plötzlich erklang Gesang aus Richtung der katholischen Kirche: Sie kamen in eher ungeordneter Formation, die Männer um „unseren Schneider". Sie hatten ihre roten Parteifahnen mit der Aufschrift KPD da- bei und sangen: „Völker hört die Signale, auf zum letzten Gefecht..."

„Auf sie!", riefen daraufhin einige von den anderen: „Die wollen uns doch provozieren!" Und schon liefen vier bis sechs Männer, unterstützt von ein paar Mitgliedern der Schützenbruderschaft, den „Roten" entgegen. Wasmut Sturm war als erster angekommen. Er entriss dem Ersten, der vorneweg ging, die Fahne und schleuderte sie weit weg. Dabei rief er: „Ihr dreckiges Kommunistenpack, haut doch ab zu den Russen!" Da empfing er auch schon einen Schlag ins Gesicht und blieb im Staub regungslos liegen.

Meinen Vater hatte ich noch gar nicht bemerkt. Doch dann sah ich ihn, er stand mit seiner nicht besonderen körperlichen Größe, seinen Hut tief ins Gesicht gezogen, auf der breiten Treppe vor dem Kriegerdenkmal. Dann pfiff er auf einer Trillerpfeife, die an sich mir gehörte. Alle Versammelten schauten erstaunt in seine Richtung. Nie wieder habe ich meinen Vater, der Zeit seines Lebens kein besonderer Redner war, so erlebt. Er sprach nicht sehr laut, so dass alle Versammelten ganz still wurden, damit sie seine Worte auch verstehen konnten. Er sagte so etwas wie, dass dieses gegenseitige „Bekriegen" endlich aufhören müsse, dass wir doch alle Deutsche wären, dass der verlorene Krieg sich nicht eignen würde, den gefallenen Soldaten auf so eine unwürdige Art zu gedenken. Man solle für diese

Totenehrung jetzt alle Unterschiede und Parteien vergessen und froh sein, die Kriegsjahre heil überstanden zu habe Schließlich sagte er noch etwas leiser und als wenn er unsicher über seine Worte geworden wäre, so etwas wie: „Wenden wir uns lieber der Zukunft unserer Familien zu, es ist genug Leid geschehen". Die vormals Aufgebrachten beruhigten sich tatsächlich nach diesen Worten. Einige gaben sich sogar die Hand.

Schließlich kannte man sich ja schon sehr lange, einige hatten in der Schule nebeneinandergesessen und so manche Streiche in ihrer Jugendzeit begangen. Dr. von Hagenstroh vom Reichsbund, der anschließend sprach, nachdem sich alle beruhigt und friedlich schweigend ihre Kränze niedergelegt hatten, rang während seiner anschließenden Rede mehrfach nach Worten und „versprach" sich mehrmals. Zum Schluss bedankte er sich aber noch bei meinem Vater, und die Gedenkstunde für die Gefallenen beider Weltkriege war zu Ende.

Zu Hause hat dann mein Vater gegenüber meiner Mutter erklärt, dass er sich nie wieder um Politik kümmern und auch nicht mit irgendeiner Partei etwas zu tun haben wolle. Doch er hielt noch einige Zeit die Verbindung zu den „Ehemaligen" aufrecht. Wenn sie sich zufällig auf der Straße begegneten, begrüßten sie sich meist mit den Worten: „Alles in deutscher Hand!" Als ich das einmal mitbekam, fragte ich nach, was das denn bedeuten sollte. Es wurde herzlich gelacht und mir mitgeteilt, dass dieses noch von den „Blitzsiegen" zum Anfang des Krieges der Deutschen Wehrmacht stammen würde. Trotz meiner jungen Jahre und Unerfahrenheit hatte ich dafür kein Verständnis übrig. Unsinniger und jeglicher Realität abträglicher konnte wohl nichts sein. Wenn ich es des Öfteren hörte, hatte ich nur ein ungutes Gefühl.

Nach und nach gab es dann keinen mehr, der in dieser Partei mal Mitglied gewesen wäre. Alle verneinten ihre ehemalige Mitgliedschaft. Bei uns zu Hause wurde allerdings eines Tages eine Hausdurchsuchung durch die Behörden veranlasst, da mein Vater immer noch die Mitgliederlisten, Fahnen und Sonstiges verwaltete. Allerdings wurde es ihm durch einen Beamten der örtlichen Polizei so zeitig angekündigt, dass nichts „wie erwartet" Belastendes für meinen Vater und die ehemaligen Mitglieder der Partei SRP gefunden wurde. Bis zu seinem frühen Tod mit 56 Jahren in Köln, hatte er sich tatsächlich nicht mehr politisch betätigt, ist keiner Partei beigetreten und auch zu keiner Wahl gegangen.

Ein „Kribbeln" im Bauch

Die neue Schule, in die ich nun zeitweise gehen musste, lag etwas weiter am Rande der Stadt, in Richtung Goslar. Sie war modern und hell gestaltet. So etwas hatten wir Schüler bis dahin nicht gesehen. In der Vorhalle gab es sogar einen Trinkbrunnen. Der etwas weitere Weg dorthin machte mir nichts aus. Denn wir bekamen eine neue, „kleine", nette Lehrerin aus Braunschweig. Sie versuchte mit, bis dahin nicht gekannten, mutigen neuen Lehrmethoden den Unterricht zu gestalten, was uns allen sehr gefiel. Nach ein paar Monaten wurde uns in einer Unterrichtsstunde eine neue Schülerin vorgestellt: „Evi-Natalie Ostner". Sie kam aus der Nähe von Frankfurt. Ihre Eltern waren mit ihr nach Vienenburg gezogen, weil ihr Vater die Geschäftsleitung des ansässigen Leichtmetall-Stanzwerks übernommen hatte.
Da stand sie nun, mit einem dicken Zopf, der unter ihrem Mützchen aus Kaninchenfell über ihre linke Schulter fiel. Es war noch immer ein harter Winter, aber der Februar ließ an diesem Tag hin und wieder einige Sonnenstrahlen in unser Klassenzimmer scheinen. Die schienen der neuen Schülerin, während sie dort stand, in ihr Gesicht, so dass sie blinzeln und kräftig niesen musste. Ich musste lachen, einen strengen Blick der Lehrerin einfangend.
Als der Unterricht vorbei war und wir Kinder uns, eingepackt und der Kälte trotzend, auf den Heimweg machten, sprach mich Evi an. Warum ich denn gelacht hätte, fragte sie, in der Stimme einen leicht gereizten Ton. Darauf fiel mir nichts ein. Ich antwortete nur: „Weiß auch nicht...", und schaute an ihr vorbei.
Es sollten Wochen vergehen, der Frühling schickte schon seine Vorboten in den nicht immer gesegneten Ort im Vorharz, auch dachte ich viel zu oft an die neue Schülerin, da wurde ich wieder von ihr angesprochen. Ob ich mal zu ihr nach Hause kommen wolle, um zusammen die Schulaufgaben zu machen. Nun war mir so ein Angebot nach gemeinsamer Schularbeit im Allgemeinen nicht so recht. Schulaufgaben löste ich nur widerwillig, meist auf die letzte Minute, manchmal sogar noch in der Schule, kurz vor Unterrichtsbeginn.

Nach langem Zögern ließ ich mich zu einem „Von mir aus" durchringen, konnte es aber nicht erwarten, bis der Tag der Verabredung endlich gekommen war. Ihre Eltern waren gerade dabei, das alte Direktionshaus, das zu dem Stanzwerk gehörte, nach ihren Vorstellungen wohnlicher zu gestalten. Zu diesem Zweck hatte wohl die Mutter meiner Verabredung sehr viele „Umbauwünsche". Das ganze Haus sah aus wie eine Baustelle. „Ach", rief sie, als sie mir nach meinem mehrmaligen Klopfen und Rufen geöffnet hatte, „das ist aber nett", und weiter mit Hessischen Akzent zu ihrer Tochter gewandt: „Dein neuer kleiner Freund kann uns vielleicht ja gleich ein wenig mithelfen, aber nur, wenn er mag."
So begann also mein erstes Rendezvous – mit Schleppen von vielen Schutteimern, die ich aus dem zweiten Stock in den Garten beförderte. Evi hatte ich während dieses „Schufterei" nur hin und wieder gesehen. Auch sie musste mit anpacken und trug so manchen Schmutzeimer nach dem vielen nötigen Saubermachen ins Freie. Als ich mich verabschieden wollte, erschien auch ihre Mutter. In Erinnerung habe ich sie als groß, blond und ungewöhnlich geschminkt vor mir. Als sie die Treppe raufging, konnte ich unter ihrem weiten Rock einen Augenblick ihre braunen Seidenstrümpfe mit Naht, oberhalb mit breiten Strapsen, erblicken.
„Nun sag schön ‚Tschüs' zu deinem neuen Freund", sagte sie, dabei ein wenig außer Atem. Evi kam näher, während mir die Röte ins Gesicht schoss, machte sie einen spitzen Mund und kniff die Augen zusammen. Dieses sah für mich wieder mal komisch aus und ich lachte kurz auf. „Du bist ein Esel", sagte sie nur, drehte sich um und lief die Treppe hoch, wie vor kurzem noch ihre Mama.
Auf dem Nachhauseweg überholte mich mit dem Fahrrad Manfred Vogel, ein Schulfreund, mit dem ich auch schon viele Streiche unternommen hatte.
Er wohnte mit seinen Eltern als einziges Kind gleich über der Schmiede, der einzigen Hufschmiede im Ort. Oft hatten wir zugeschaut, wenn die großen Ackerpferde, auch Belgier genannt, neue Hufe bekamen. Ich bewunderte dann immer die Geduld und Ruhe, die diese Pferde beim Hantieren des Schmiedes

behielten. Manfred stoppte abrupt und schrie mich sogleich an: „Du bist mein Nebenbuhler! Bei der nächsten Gelegenheit verpasse ich dir einen Kinnhaken!" Ohne meine Reaktion abzuwarten, fuhr er mit seinem Fahrrad, das schon eine neue und moderne T-Lenkstange hatte, wie der „geölte Blitz" schnell davon. So ist das also, dachte ich nach dem ersten Schreck. Wahrscheinlich war auch schon Manfred „zu Gast" bei Evi gewesen. Zu Hause erzählte ich meiner sieben Jahre älteren Schwester davon. „Du wirst doch nicht jetzt schon anfangen rum zu ‚poussieren'", sagte sie nur und machte sich mit ein paar Freundinnen aus ihrer Klasse, die schon auf sie gewartet hatten, kichernd auf zu einem Treffen, womöglich mit Jungen aus ihrer Klasse, was aber mein Vater nie erfahren durfte. Viel half mir dieses auch nicht weiter und so beschloss ich, Evi-Natalie aus dem Weg zu gehen. Das gelang mir auch, mit Hilfe meiner alten Spielfreundin aus Kleinkindtagen: Alma Meissner vom Bauernhof Meissner, der gegenüber dem Haus meiner Tante und Oma lag.
Trotzdem fühlte ich mich „so komisch" und mein sonst gesunder Appetit ließ noch tagelang auf sich warten, was auch meiner Mutter auffiel. Doch nach einiger Zeit habe ich mich dann doch noch mit Evi getroffen. Sie hielt meine Hand und sagte mir, dass sie auch mit Manfred befreundet sei. Sie wüsste noch nicht, mit wem sie gehen sollte, ich wäre ja „ganz nett", doch zunächst wollte sie erst einmal sich nicht mehr mit mir treffen. Das war mir schon damals zu viel, so etwas zu verkraften. Mein vielleicht erstes richtiges Verliebtsein, so fühlte ich es, endete somit kläglich.
Manfred Vogel tat bei unserer nächsten Begegnung so, als wenn nichts wäre. Später, als er 14 Jahre alt war, ist er dann mit seinen Eltern, wie man mir später erzählte, in die USA ausgewandert. Das ich ihn aber mal nach sehr vielen Jahren in den USA begegnen sollte, hätte ich nie für möglich gehalten. Es war in EL-Paso, Texas.

Wiedersehen beim „German Frühlingsfest"

Ich war mit einer Musik-Band und einer bekannten Schlagersängerin in El-Paso (Fort-Bliss) bei der Raketenschule der

Luftwaffe. Unter dem Titel „Betreuung deutscher Soldaten im Ausland" hatte ich des Öfteren ein paar passende Programme zusammengestellt und auch in den jeweiligen Auslandstandorten präsentiert. Die dort stationierten Luftwaffensoldaten gaben ihr großes „German Frühlingsfest". Bei solch einer Gelegenheit lud man immer auch Soldaten und Angehörige des amerikanischen Kommandos des Standortes Fort-Bliss ein, die sich über solch eine Abwechslung mit „German Bier und Food" freuten und gerne kamen.

Obwohl ich zu diesem Zeitpunkt aktiver Soldat bei der Deutschen Luftwaffe war, trug ich an diesem Veranstaltungsabend keine Uniform, sondern einen zivilen Smoking, Ich führte auch, wie immer bei solchen Events, an dem Abend durch das Programm. Bei einem Lied der bekannten Schlagersängerin, die mit zu meiner Unterhaltungsgruppe gehörte und aus Dänemark stammt („Oh Pardon, sind Sie der Graf von Luxemburg?") kam ich wie vereinbart mit meinem Smoking aus einer Ecke des Country-Clubs in Fort Bliss, wo der Abend stattfand. Mit „gemessenen Schritt", ging ich auf die attraktive Schlagersängerin zu, um ihr einen Handkuss zu geben. Das fanden die amerikanischen Gäste „great" und applaudierten lange.

Während die Show lief, fiel mir im Publikum ein Major der amerikanischen Luftabwehr auf, der bei einigen bekannten deutschen Schlagern versuchte mitzusingen. Als ich dann einmal von der Toilette kam, begegneten wir uns. Er wirkte ziemlich groß in seiner Gala-Uniform. Wir schauten uns an, ich nickte leicht mit dem Kopf, dann gingen wir weiter. Ich fühlte noch, dass er noch hinter mir herschaute. Am anderen Tag bemerkte der für uns abgestellter Betreuungsfeldwebel beiläufig, dass der amerikanische Major „Vogel" sich gut amüsiert hätte, er wäre ja auch in Deutschland geboren und erst mit 14 Jahren mit seinen Eltern in die USA ausgewandert.

Ich hatte zwar eine Ahnung, diesen Mann irgendwie zu kennen, wäre aber nie darauf gekommen, dass es mein alter Schulfreund Manfred sein sollte, so gewaltig hatte er sich verändert. Oder machte es vielleicht nur die Uniform? Ich fragte nach, wo ich ihn erreichen könne. Auf Anfrage bei seiner Einheit hieß es dann, er wäre gerade abgereist, da er ins Ausland versetzt werden würde. Wohin, das durfte uns der weibliche Sergeant nicht sagen.

Evi war ich schon einige Jahre vorher begegnet. Ich war gerade 15 Jahre alt geworden und besuchte wieder mal in den Osterferien von unserer neuen Heimat Köln aus Oma und Tante in Vienenburg. Als ich mit meinem alten, kleinen Koffer, der wahrscheinlich noch aus der Vorkriegszeit stammte, vom Bahnhof aus die ziemlich leere Kaiserstraße entlangging, kam sie mir plötzlich auf einem Fahrrad entgegen. Ihr Kleid wehte an diesen ersten warmen Nachmittag dabei hoch und legte ihre gebräunten Oberschenkel frei. Sie tat so, als würde sie mich nicht sehen und wollte an mir vorbeifahren. „Halt!", rief ich und hielt ihren Gepäckträger fest, so dass sie fast gefallen wäre. Evi tat erstaunt. Das wäre aber schön, mich einmal wieder zu sehen, meinte sie etwas atemlos, sie gehe jetzt in Bad Harzburg auf ein Lyzeum und wolle später studieren. Während sie sprach, schweiften meine Gedanken weit ab. Obwohl sie sehr reizend anzusehen war, empfand ich nicht mehr das, was ich in meinem ersten kindlichen Verliebtsein für dieses inzwischen erblühte Mädchen empfunden hatte. Irgendwie bedauerte ich das innerlich.

Aber die Ferientage in diesem Jahr wurden noch besonders schön. Viele Mädchen aus der frühen Kindheit und Schulzeit hatten sich in „weibliche Wesen" – höchst nett anzusehen- „verwandelt". Da ich nun in einer Großstadt wie Köln wohnte, fanden sie es interessant, sich etwas näher mit mir zu befassen. So ging ich auch mit Ingrid Mönig, Tochter eines der zwei Zahnärzte in der Stadt, eng umschlungen durch den Ort. Als Kind hatten wir auch schon mal zusammengespielt. Doch ich durfte nie mit ins Haus. Ihre Mutter hatte einen Standesdünkel, der in der Kleinstadt zur Genüge bekannt war. Als ich Ingrid schließlich an dem Abend nach Hause brachte, stand ihre Mutter am Fenster hinter den Gardinen, wie ich bemerken konnte. Ich zog sie plötzlich an mich, wie ich es in Kinofilmen gesehen hatte und küsste sie, wie ich es schon in Köln von einem „erfahrenen älteren Mädchen" gelernt hatte.

Ich wartete auf ein Riesendonnerwetter ihrer Mutter. Da erschien sie schon an der großen Haustür mit den vielen Holzschnitzereien. Aber statt zu schimpfen, rief sie: „Ach, wenn das nicht unser Uwe ist! Bist du aber schon erwachsen geworden." Dann bat sie mich herein zu einer Erfrischung, wie sie sagte. Das hätte ich nun so nicht erwartet, auch wollte ich ja etwas ganz anders bezwecken. Ingrid hatte wohl ihrer Mutter noch nicht viel erzählt von unserer Familie, die bis auf meinen ältesten Bruder und seine Frau nun in Köln ihr „Domizil" hatte. Da sie ja ihre Mutter kannte, berichtete sie nun sinngemäß, wie erfolgreich wir in Köln „Fuß gefasst" hätten. Das hatte wiederum zur Folge, dass ich am anderen Tag zum Mittagessen eingeladen wurde. Das wurde mir dann aber doch zu unheimlich. So hatte ich dann schnell eine Ausrede bereit und zog mich lieber zurück.

Vergangenheit kann schmerzen

Die städtische Leihbücherei war in ein paar Räumen der alten Zuckerfabrik untergebracht. Sie bestand in dieser Art noch nicht lange, zeichnete sich aber durch ein reichhaltiges Angebot aus. Besonders die neuen Kinder- und Jugendbücher hatten es mir angetan. In jeder Woche hatte ich mindestens zwei Bücher ausgelesen, zum Beispiel von Erich Kästner, und ich machte mich schon routiniert jeden Dienstag auf den Weg zur Bücherei, um neue Exemplare, die so gut nach frischen bunten Einbänden rochen, auszuleihen.

Beim Durchstöbern einiger Bücher fiel mir ein Exemplar in die Hände. Es trug den Titel „Die Tirallala- Kinder". Der Titel war ja schon an sich „ziemlich blöde", wie ich dachte. Auf dem Farbumschlag waren Mädchen und Jungen in uniformartiger Kleidung mit Halstüchern und Hakenkreuzbinden am Ärmel zu sehen. Anscheinend marschierten sie fröhlich singend durch eine Heidelandschaft.

Eine Dame mit ergrautem Haar und vornehmer Erscheinung, wie ich bemerken konnte, hatte wohl gesehen, wie ich etwas irritiert dieses Buch begutachtete. Sie nahm es mir sanft aus den Händen und ging schnellen Schrittes zum Schreibtisch der städtischen Angestellten: „Ist es etwa wieder soweit?", schimpfte sie ziemlich laut: „Es ist doch unglaublich, solchen Dreck immer noch vorzufinden!" Die Angestellte bekam einen roten Kopf, entschuldigte sich vielmals und meinte nur zaghaft, dass sie nichts davon gewusst hätte, es müsse wohl von unbekannter Hand dort hingelegt worden sein.

Ich hatte schon meine Bücher zu Ausleihen zusammen und ging in einen anderen Raum, wo die Bücher von einer weiteren Angestellten registriert wurden, dann verließ ich eilig das Gebäude der Bücherei. Draußen wartete schon die Dame. Sie hatte an der Hand ein kleines Mädchen, das ich vorher gar nicht bemerkt hatte. Sie kam auf mich zu und sagte, dass ich entschuldigen möge, sie würde derart laut normalerweise nicht reagieren. Dann erzählte sie mir noch, dass sie nur zu Besuch aus den USA bei ihrer Nichte mit Mann und Kindern sei – und dass sie wegen „diesem Dreck", sie wiederholte es nochmals verächtlich, damals in die Vereinigten Staaten emigriert wäre. Ich konnte darauf hin nur wenig antworten. Aber die Dame sagte auch schon „Tschüs" und ging dann mit dem kleinen Mädchen in Richtung Zuckerrübenweg.

Meine Großtante und ihr Mann besaßen ein Haus mit zwei Ladenlokalen auf der Kaiserstraße. Ab den 1920er Jahren betrieben sie dort ein Geschäft nur mit feinsten Schokoladen, das meine Tante führte. In dem anderen verkaufte mein Onkel Tabakwaren, damals schon Zigarren aus Kuba und noch Anderes, was die Herren so gerne mochten. Nun nach dem Krieg wurde eines davon an Herrn Lankermann vermietet, der dort ein Bekleidungsgeschäft betrieb.

Es war schon fast zur Tradition geworden, dass meine Tante mir immer dort meine neuen kurzen Lederhosen kaufte, wenn ich aus den alten rausgewachsen war. Herr Lankermann war nicht nur immer sehr freundlich, sondern ein wahrer Gentleman. Meine Tante begrüßte er immer mit ausgesuchter Höflichkeit und einem Handkuss. Auch mir gegenüber hatte er immer einen lockeren Spruch bereit, wenn ich meine Tante begleitete. Deswegen konnte ich auch Herrn Lankermann ganz gut leiden. In einem Gespräch meiner Eltern hatte ich mal aufgeschnappt, dass er als Jude wohl Glück gehabt hätte, früh ins Ausland gegangen zu sein. Wieder so ein „Gerede" im Zusammenhang mit Juden, wie man es damals hin und wieder hören konnte, was ich aber nie verstand.

Auch war mir aufgefallen, dass einige Erwachsene mehr oder weniger leise und vorsichtig bei solchen Themen sprachen, was ich immer mehr als rätselhaft empfand. Obwohl es gar nicht meine Art war, neugierig etwas zu hinterfragen, beschloss ich eines Tages, Herrn Jakob Lankermann aufzusuchen. Was ich konkret wissen wollte, wusste ich eigentlich nicht so genau, aber ich hatte in dieser Richtung doch schon zu viel aufgeschnappt. Ich vermutete darüber hinaus, dass dieses Erlebnis in der Bücherei auch dazu zählen könnte – ohne Näheres zu ahnen. Jetzt wollte ich endlich wissen.

Herr Lankermann begrüßte mich wie stets sehr höflich und gleichzeitig erstaunt, weil ich alleine, ohne meine Tante, gekommen war. Als ich ihn dann unvermittelt fragte, ob er mir nicht etwas über diese „Geschichten" über Juden erzählen könne, nahm sein Gesicht plötzlich einen anderen Ausdruck an. Er holte tief Luft und sagte, er wolle und könne nicht darüber reden. Die Erlebnisse wären zu tiefgreifend, und er wüsste auch nicht, ob das meiner Tante und meinen Eltern überhaupt recht wäre. Er geleitete mich bestimmt, aber höflich zur Ladentür und meinte nur, dass ich davon bestimmt einmal erfahren würde.

Ich spürte damals genau, dass es keinen Zweck hatte, meine Eltern danach zu fragen. Meine Schwester hatte in ihrer Klasse der Mittelschule durch einen aufgeklärten und interessierten Lehrer schon mehr in dieser Richtung erfahren können. Zu Hause versuchte sie anschließend darüber zu sprechen. Doch mein Vater erwähnte nur beiläufig, dass er nicht alles glauben könne. Von der britischen Seite in seiner Internierungshaft wurden die Inhaftierten auch mit den Verbrechen des Nazi Regimes ausreichend konfrontiert. Er vermutete aber, dass man ziemlich übertrieben hätte und es wahrscheinlich eine geschickte Propaganda der Siegermächte sei, um der deutschen Bevölkerung ein andauerndes Schuldgefühl zu vermitteln.

Auch ich hatte schon meinen Klassenlehrer danach gefragt, ob er uns aus dieser Zeit etwas erzählen könne. Doch Lehrer Allensbacher, der in der Wehrmacht als Leutnant im Balkan „mit dabei war", hatte plötzlich einen total veränderten Ausdruck im Gesicht. Er bemerkte nur kurz angebunden, dass dieses nicht zum Lehrstoff der Klasse gehöre. Später würden wir mit Sicherheit darüber einmal „Kenntnis" erhalten.

Es vergingen circa zwei Monate, da ging ich erneut an einem Nachmittag in das Geschäft „Textil- und Herrenbedarf Lankermann". Nachdem ich nochmals leise bat, mich näher aufzuklären, dabei erläuterte, was ich bisher aufgeschnappt hatte – auch das Erlebnis in der Bücherei – schwieg er sehr lange, während er den Kopf gesenkt hielt. Schließlich nickte er kaum merklich. Dann schaute er durch das Schaufenster nach draußen auf die Straße und begann zu erzählen.

Er und seine Familie (Mutter, Vater zwei Schwestern und noch ein Onkel) wohnten in Vienenburg in der Nähe des alten Salzbergwerkes. Sein Vater war Bergbauingenieur und bis zum Unglück des einzigen Bergbaustollens in dem kleinen Werk dort angestellt. Die Familie war erst 1930 von Österreich nach Vienenburg gekommen. Sein Vater kam nach dem Bergbauunglück und der Einstellung der Salzförderung bei der Goslarer Stadtverwaltung unter. Er war als erfahrender Ingenieur für Straßenbau für die Aufsicht über die Rammelsberg AG Goslar zuständig.

Die Familie fühle sich anfangs sehr wohl in diesem bekanntlich schönen Teil in Niedersachsen. Sein Onkel David, ein Bruder seines Vaters, kam auch von Wien nach und heiratete eine Christin aus Goslar. Er konvertierte und trat der Lutherisch-Evangelischen Kirche bei. Überhaupt war die Familie nicht sehr streng gläubig und besuchte die provisorische Synagoge in Bad Harzburg nur selten. Doch schon bald musste Herr Lankermann Junior etwa ab 1934 erfahren, dass einige seiner ehemaligen Mitschüler und auch Sportsfreunde vom Tischtennisverein Vienenburg ihn mieden. Als er sein Abitur allerdings in einer Klasse nur mit so genannten „Nichtariern" in Goslar 1936 erfolgreich abschloss, durfte er in Göttingen, wo er zur Universität gehen wollte, schon nicht mehr studieren. Für „Juden" wurde ein Studium ausgeschlossen. Seinen Vater hatte man ohne Angabe von Gründen entlassen.

Der mehrfach „gesäte" Hass machte auch vor dem kleinen Städtchen Vienenburg nicht halt. Obwohl dort nur wenige jüdische Mitbürger lebten, wurden sie, angestachelt durch die ständige Nazi-Propaganda, immer öfter auf offener Straße beschimpft – auch von Leuten, mit denen sie vorher ganz normal umgegangen waren. Andere, von denen sie immer dachten, dass es ehrliche und gute Menschen wären und mit denen sie zum Teil sogar freundschaftlich verkehrten, wendeten sich plötzlich ab. Wenn sie sich auf der Straße begegneten, schauten sie in eine andere Richtung und gingen schnell ohne Gruß weiter.

Vater Lankermann ahnte wohl, dass es noch schlimmer kommen könnte und hatte schon ein paar Jahre vorher – nachdem alle Juden laut Verordnung des Nazi-Regimes einen Davidsstern mit der Aufschrift JUDE tragen mussten – heimlich seine Vorbereitungen getroffen. Mutter Lankermann glaubte immer noch, dass diese „unwürdigen Dinge", wie sie meinte, bald zu

Ende gehen würden. Sie war eben eine sehr konservative Deutsche und konnte sich nicht vorstellen, dass in einem Deutschland sich so etwas zuspitzen könnte. Schließlich hatte auch der Vater von Frau Lankermann im Ersten Weltkrieg als Flugzeugführer auf deutscher Seite gedient – im gleichen Verband wie der berühmte „Freiherr von Richthofen". Als „hoch dekorierter" Offizier wurde er noch kurz vor Ende des Ersten Weltkriegs vor Belgien abgeschossen. Seine Verletzungen hatten zum Tode geführt.
Eines Tages fing man damit an, in einigen Teilen Deutschlands jüdische Mitbürger zu inhaftieren und Besitz an sich zu reißen. Da wurde es für Vater Lankermann höchste Zeit, seine geplante Entscheidung für seinen Sohn Jakob umzusetzen. Er wurde mit falschen Papieren und mit großen Schwierigkeiten über Dänemark nach England geschickt. Der dänische Zionistenverband half dabei, dass er in England bei befreundeten ehemaligen Nachbarn aus Österreich in Sicherheit war. Diese hatten den Antisemitismus in Österreich schon vor dem Anschluss ihres Landes an das „Großdeutsche Reich" kennen gelernt.
Noch früh genug hatten sie daher ihre Sachen gepackt, alles was sie besaßen verkauft und dank ihrer Verbindungen als Textilgroßhändler alle Brücken zu ihrer Heimat abgebrochen und waren nach England übergesiedelt. Schnell konnten sie in ihrer Branche in diesem freien Land wieder „Fuß fassen" und einen fast gewohnten Lebensstandard aufbauen. Während die Familie später nachkommen wollte, glaubte Onkel David, in Deutschland sicher zu sein, dass ihm nichts passieren würde. Schließlich war er ja Christ geworden und dazu mit einer „Arierin" verheiratet. Jakob konnte in England studieren und wurde Textil-Ingenieur. Doch seine Eltern sollte er nicht wiedersehen.
Nach einigen Monaten und vielen Briefen, kamen nur einige mit dem Vermerk „Unbekannt verzogen" zurück. Auch von seinem Onkel bekam er keine Nachricht. Einmal gelang es ihm, mit Hilfe der portugiesischen Botschaft in London eine Telefonverbindung mit Heidemarie, der Frau seines Onkels, die bei der Stadtverwaltung Goslar arbeitete, herzustellen. Das war nicht so einfach zwischen zwei Krieg führenden Ländern. Doch sie sagte nur, nachdem er sich gemeldet hatte, etwas zu hastig:

„Dein Onkel ist nicht mehr hier." Dann legte sie den Hörer einfach auf.
Erst nach Beendigung des Krieges – Jakob war als britischer Soldat und Dolmetscher mit den alliierten Truppen zurück nach Deutschland gekommen – erfuhr er nach vielen Nachforschungen die ganze Tragödie. Seine Eltern hatten sich doch zu spät entschlossen das „Großdeutsche Reich" ebenfalls zu verlassen. Sie wurden in das Konzentrationslager Auschwitz deportiert und ermordet. Über das Schicksal seiner zwei Schwestern, Rosa und Chana, die wahrscheinlich nach Buchenwald gebracht wurden, hatte er immer noch keine Gewissheit. Nachforschungen, auch von Seiten des Internationalen Roten Kreuzes, waren noch nicht abgeschlossen, doch er hatte keine Hoffnungen mehr, sie jemals lebend wiederzusehen.
Er erfuhr auch, dass die Ehe seines Onkels schon 1939 geschieden wurde. Sie hatte die Scheidung beantragt, die auch umgehend vollzogen wurde. Eines Nachts wurde der Onkel ohne Vorwarnung von der Gestapo verhaftet und in das Konzentrationslager Theresienstadt gebracht. Hier wurde er tagelang verhört und gefoltert. Man warf ihm vor, konspirative Verbindungen zum Feind nach England zu unterhalten. Das stimmte natürlich nicht. Fast noch zum Ende des Krieges wurde er in das KZ Mauthausen verlegt. Er starb noch kurz vor der Befreiung durch die amerikanischen Truppen an Typhus und Entzerrung.
Heidemarie hatte nach der Scheidung umgehend einen Feldwebel von den Goslarer Jägern, ein Traditionsverband der Wehrmacht – auch der legendäre Feldmarschall Rommel hatte dort gedient – geheiratet. Feldwebel Otto Schurf, so sein Name, wegen besonderer Tapferkeit noch zum Leutnant befördert, fiel Anfang Mai 1945 in der Nähe von Berlin, mit dem „letzten Aufgebot" deutscher Soldaten, die diese total zerbombte Hauptstadt des Reiches vor den gewaltigen Massen von heranrückender sowjetischer Soldaten verteidigen sollten.
Heidemarie Schurf, die ehemalige Schwägerin, lebte nun als fröhliche Kriegerwitwe immer noch in der gleichen Wohnung ihres ersten Mannes, dem Onkel von Jakob Lankermann in Goslar. Mit ihrem ehemaligen Schwager wollte sie auch keinen Kontakt haben, wie sie ihm unumwunden erklärte, nachdem er

sie einmal aufgesucht hatte. Die Erlebnisse aus der Vergangenheit wolle sie vergessen, dafür hätte sie "zu viel durchgemacht". Jakob wollte nach dieser kurzen Begegnung dann auch nichts mehr mit dieser ehemaligen Anverwandten zu tun haben.
Es blieb lange still, als Herr Lankermann mit einem Teil seiner Leidensgeschichte, die er mir mit kurzen Sätzen geschildert hatte, endete. Warum er trotz dieser schrecklichen Geschehnisse um seine Familie in Deutschland wieder leben und nicht nach England zurückkehren wollte, wagte ich nicht mehr zu fragen. Schließlich bedankte ich mich artig für dieses Gespräch und ging langsam und „aufgewühlt" nach Hause.
Sicherlich hatte ich dann dieses Thema irgendwie verdrängt. Das fiel nicht besonders schwer, denn es wurde ja in meiner unmittelbaren Umgebung nie darüber gesprochen. Doch ich sollte immer wieder darauf zurückkommen. Ein paar Jahre später habe ich durch zufällige Begegnungen mit Zeitzeugen und eigenes Studium entsprechender Literatur das ganze Ausmaß der Verbrechen der Nazis erfahren können. Die Lebensgeschichte von Herrn Lankermann, dem Inhaber von Textil Lankermann im Haus meiner Tante – dort, wo meine kurzen Lederhosen gekauft wurden – hatte mich immer wieder darauf gebracht.
Immer fühle ich, wegen dieser deutschen Vergangenheit, eine gewisse Bedrückung – ja, Hilflosigkeit und Scham: Ein Begreifen des „Nicht begreifen Könnens" dieser Verbrechen, die im Namen Deutschlands begangen wurden.

Der große Brand und die Folgen

Es muss wohl so gegen drei Uhr nachts gewesen sein, als mich laute Sirenen aus dem tiefen Schlaf aufschrecken ließen. Ich sprang aus dem Bett und lief zum Wohnzimmer, das auch meinen Eltern als Schlafzimmer dienen musste. Sie waren auch schon auf. Meine Mutter stand draußen vor der Tür, sie hatte sich ihren Wintermantel übergeworfen. Mein Vater stand am Fenster und schaute in Richtung Düngerfabrik, wo ein heller Feuerschein die Gegend in ein unheimliches Licht versetzte. Meine Geschwister waren nicht zu Hause. Mein ältester Bruder arbeitete in Wolfsburg bei VW und wohnte dort in einem kleinen Zimmer mit Verköstigung. Der andere Bruder hatte gerade bei der Bereitschaftspolizei in Nordrhein-Westfalen „angefangen", und meine Schwester schlief an diesem Tag bei einer Freundin.

Mein Vater zog sich an, und meinte, da ich schon auf wäre, dürfte ich mit ihm zu der Brandstelle gehen. Er vermutete, was sich als richtig herausstellte, dass die Düngerfabrik, die vor dem Krieg ziemlich gut ausgelastet war, aber durch die Zonengrenze viele ihrer ehemaligen Kunden eingebüßt hatte, betroffen sein müsste.

Als wir ankamen, hatte sich fast der ganze Ort vor der Fabrik eingefunden. Auch meine Schwester mit ihrer Freundin war schon anwesend. Flammen schossen aus den oberen großen Fenstern heraus und griffen auf das Dach über. Plötzlich ertönte ein lautes Rufen aus der Menge. Ein Feuerwehrmann der freiwilligen Feuerwehr Vienenburg war auf das Dach geklettert und versuchte mit einem großen Tuch, oder was es auch war, die Flammen auszuschlagen. „Der Mann ist weiter nichts als lebensmüde und dumm", entfuhr es meinem Vater. Die umstehende Menge pflichtete ihm bei. Dann gab es einen Aufschrei, der Mann verlor das Gleichgewicht und stürzte vom Dach herunter. Mein Vater lief in die Richtung, so dass ich Mühe hatte mitzukommen. Eine nicht gerade besondere Absperrung ignorierte er, so kamen wir zu der Stelle, wo der Feuerwehrmann „angekommen" sein musste. Er lag regungslos auf dem Dach des einzigen Feuerwehrautos der Stadt, Baujahr 1938. Es sollte sich herausstellen, dass es Erich Körner war!

Alle Anwesenden, auch die Brandwehrmänner, schauten nur ungläubig nach dem Verunfallten. Der war gerade aus rund 60 Meter Höhe geradezu auf das Dach des Spritzenwagens gefallen. Er röchelte. Jetzt wurde es hektisch. Alles schrie durcheinander. Einer setzte sich schließlich mit lauten Rufen durch: „Wo ist hier ein Arzt?" Doktor Erlab, unser Hausarzt, war in der Nacht ebenfalls zur Brandstelle gerannt. Er hatte den Unfall mitbekommen und war deswegen auch so schnell zur Stelle. Vorsichtig ließ er Erich von den Feuerwehrleuten vom Dach des alten Feuerwehrautos herunterholen. Mit einer Spritze und einem notdürftigen Verband versorgte er ihn, bis ein herbeigerufener Krankenwagen ihn nach einer fast dreiviertel Stunde nach Bad Harzburg in die Bismarck-Klinik bringen konnte.

Inzwischen war die Berufsfeuerwehr aus Goslar und Bad Harzburg angekommen, sie hatten dank der dort stationierten britischen Soldaten modernere Geräte und griffen routiniert mit ein, um den Brand zu löschen. Allerdings war der Dachstuhl plötzlich eingebrochen. Pausenlos lief das Wasser aus dicken Schläuchen, so dass man durch den entstehenden Qualm kaum etwas sehen konnte. Jetzt kam auch noch mehr Polizei, zum Teil auch von den umliegenden Orten. Weiträumig wurde alles abgesperrt. Alle, die an der Brandstelle nichts zu suchen hatten, wurden energisch zurückgedrängt. Dann erst fiel uns auf, dass auch zwei angrenzende ältere Wohnhäuser in Mitleidenschaft gezogen waren. Die Bewohner, insgesamt acht Mieterfamilien, standen schon auf der Straße.

In einem wohnte auch die Familie Wüst. Sie waren gegen Kriegsende noch aus Köln evakuiert worden und wollten, sobald sie in ihrer rheinischen Metropole wieder eine Wohnung finden würden, zurück nach „Kölle". Josef und Anette Wüst gehörten auch zu den Bekannten meiner Eltern. Sie hatten zwei Töchter aus der ersten Ehe des Mannes und zwei gemeinsame, noch kleinere Jungen. Von der leichten rheinischen Fröhlichkeit, die man den Kölnern auch schon damals nachsagte, war allerdings bei diesen Eltern nichts zu spüren. Die Töchter, eine im Alter meiner Schwester, weinten, als sie dort vor den Häu-

sern standen. Den beiden Jungs erschien aber die ganze Sache ziemlich aufregend. Sie wollten sich immer wieder von der Hand ihrer Mutter losreißen. um näher an den Unglücksherd zu kommen.
Mein Vater bot Ihnen Hilfe an. Herr Wüst wollte aber erst mal abwarten, was der katholische Pfarrer für sie tun würde, der seine „Schäfchen" aus seiner Gemeinde schon so gut es ging getröstet hatte. Nun wollte er für die obdachlos gewordenen Familien etwas organisieren. Es dauerte nicht lange, und vier Familien, die keine Verwandten in dem Ort hatten, von denen sie hätten aufgenommen werden können, wurden im katholischen Gemeindehaus, dass erst kürzlich eingeweiht worden war und über Wasch- und Kochgelegenheiten verfügte, untergebracht. Auch die ganze Familie Wüst. Das Wenige, das sie hatten, war nun auch noch verbrannt. Bis auf die Kleidung, die sie auf dem Leib trugen, sowie wichtige persönliche Papiere und etwas Restgeld, das sie noch schnell an sich gerafft hatten, war alles verloren.

Hilfe und Schamesröte

Eine große Hilfsaktion, unterstützt von sämtlichen Vereinen der beiden Kirchen, aber auch vom Ortsbund der Vertriebenen, setzte ein. Dabei fiel auf, dass die, die nicht besonders viel hatten, am meisten spendeten. Meine Schwester war dank einer älteren Cousine – der Tochter einer Halbschwester meiner Mutter aus Salzburg – mit Kleidung immer gut versorgt. Die Cousine hieß Magda und war eine schöne Frau, schlank und mit einem ehemaligen amerikanischen Offizier verheiratet, der aus Österreich stammte. Er war Halbjude und sehr frühzeitig in die USA ausgewandert, wollte aber nun wieder in seiner Geburtsstadt Salzburg leben. Sie legte hin und wieder ein paar Kleidungsstücke für meine Schwester ab. Nach geringfügigen Änderungen durch meine Mutter passten sie nicht nur meiner Schwester hervorragend, sondern entsprachen auch stets der zeitgemäßen Mode.
Meine Mutter war geradezu eine Meisterin im Nähen. Auf ihrer alten Tritt-Nähmaschine konnte sie zum Beispiel aus einem ihr

geschenkten alten Wintermantel ein fast wie neu aussehendes, der Mode angepasstes Kleidungsstück zaubern. Selbstverständlich nähte sie auch für meine Schwester das Konfirmationskleid oder für mich eine sehr modische Cordjacke mit Reißverschlüssen. Später hat sie noch viel für Ihre Enkelkinder genäht und sich gefreut, wenn es nicht nur passte, sondern auch besonders schick aussah.

Mein Vater sah nicht gerne, wenn meine Schwester wieder ein paar Kleidungsstücke geschenkt bekam. Er fügte sich aber, da er einerseits froh war, mit dem wenigen, das wir hatten, dadurch auch etwas besser zurecht zu kommen. „Du könntest doch Hella Wüst ein paar Kleidungsstücke hinbringen, sie hat doch ungefähr deine Größe", sagte meine Mutter zu meiner Schwester. Die war nicht besonders erbaut darüber, suchte aber dann doch ziemlich schnell zwei Blusen und ein schönes Herbstkleid mit einem für die damalige Zeit etwas zu tieferen Ausschnitt aus. „Ich bringe sie aber nicht auch noch hin", meinte dann wieder meine Schwester „bockig". So war ich es, der sich mit den Sachen und einem Brief auf den Weg zum katholischen Gemeindehaus machen musste.

Unterwegs traf ich noch Hartmuth Reiners. Er zog einen Handwagen, darauf ein großes Paket, ebenfalls mit Kleidung und einigen Konserven, das Gemeindemitglieder der evangelischen Kirche unter der Leitung seiner Mutter für die Geschädigten gespendet hatten. Hartmuths Mutter war eine Kriegerwitwe, ihr Mann war in Stalingrad gefallen. Sie widmete sich nun als Presbyterin der evangelischen Gemeinde den Armen und betreute auch Herrn Bölke.

Herr Bölke war Musiklehrer und als eingezogener Soldat im Krieg an der Westfront nach einem Granatenangriff im Gesicht schwer verletzt worden. Er war dabei blind geblieben. Jetzt lebte er von einer mageren Rente. Als Kirchenorgelspieler mit Noten in Blindenschrift konnte er sich aber etwas hinzuverdienen. Sie alle, mit noch zwei Schwestern von Hartmut, die zwei und drei Jahre älter waren, wohnten zwei Häuser von unserer Familie entfernt. Die Freude war groß bei Hella Wüst, als ich ihr die Kleidungsstücke brachte. Besonders das Kleid von meiner Schwester hatte sie sofort herausgefischt und verschwand

in eine Toilette in dem Gemeindehaus, um es sogleich anzuprobieren. In dem Raum, wo sich auch die Kochstellen befanden, hatten sich noch einige Herren vom Vertriebenenverband, zwei Frauen der katholischen Gemeinde und der Heimleiter eingefunden.
Als Hella wiederkam, musste man eingestehen, dass ihr das Kleid besonders gut stand. Sie drehte sich vor allen Anwesenden, lachte und meinte. „Dann hatte das Ganze doch noch etwas Gutes." Wir hatten gar nicht bemerkt, dass ein großer britischer Armeelaster draußen angekommen war. Es war Josef Wüst, ihr Vater. Er arbeitete als Kraftfahrer für eine Holzfirma, die im Auftrag der britischen Besatzungsarmee ganze Flächen von Tannen in den Harzbergen abholzten, die dann nach England gebracht wurden. „Leider eine Tätigkeit für die Sieger, die uns ausplündern wollen", pflegte Herr Wüst zu sagen. Doch er hatte damit zeitweise eine Arbeit, um seine Familie durchzubringen. Plötzlich stand er im Raum. Als er seine Tochter sah, ging er auf sie zu und blieb unmittelbar vor ihr stehen. Man konnte bei den älteren Anwesenden ihren röchelnden Atem hören, so still war es geworden. „Zieh sofort dieses Kleid aus", schrie er, mit Zornesröte im Gesicht. Und weiter: „Du bist ein deutsches Arbeiterkind und wirst auch ewig ein Arbeiterkind bleiben. Solange du noch in unserer Familie bist, wirst du niemals so etwas tragen!" Als sie sich tief erschrocken über diesen Ausbruch entfernen wollte, herrschte er sie wieder an: „Ich habe gesagt, sofort!" Vor allen Augen musste sie sich ihr Kleid ausziehen. Als sie es über den Kopf gezogen hatte, sah man, dass ihr Tränen über die Wangen liefen. Ihre Blöße konnte sie nur dürftig bedecken. Sie trug keinen Büstenhalter, obwohl sie schon einen gebraucht hätte. Ihr Schlüpfer war verwaschen, in einer nicht mehr erkennbaren Farbe und grobmaschig gestopft, und er war lang bis über den Bauchnabel gezogen. So stand sie nun da, zitterte, weinte und war auch ganz blass geworden. Ein erbarmungswürdiger Anblick.
Alle, besonders aber die etwas älteren zwei Herren, „starrten" sie nur an. Ich fühlte mich immer mehr sehr unwohl. Tiefes Mitleid empfand ich in dieser Situation für Hella. Dabei merkte ich noch, dass auch ich mit den Tränen zu kämpfen hatte. Ich

drehte mich schnell um und lief aus der Tür, hinaus ins Freie. Hinter mir lief auch Hartmut, der wohl seinen Handwagen ganz vergessen hatte. Wir liefen so eine ganze Weile, ohne etwas zu sagen. Plötzlich blieb Hartmut keuchend stehen: „Was war denn das für ein Blödmann?", fragte er mich. Ich konnte in diesem Moment darauf nichts antworten, schüttelte nur mit dem Kopf und ging nach Hause.
Zu Hause angekommen, erzählte ich gleich meiner Mutter was vorgefallen war. Sie wurde darauf sehr ärgerlich. „Der hat seine nationalsozialistischen Erziehungsmethoden immer noch nicht abgelegt", wandte sie sich etwas lauter geworden zu meinem Vater, der gerade in die Küche kam und gar nicht wusste, um was es sich handeln sollte. „Der ist doch wohl von Sinnen", fügte noch meine Mutter hinzu. „Ruhe!", schrie daraufhin mein Vater. „Ich will erst wissen, was los ist, ehe du hier so ein Theater machst", sagte er, nun etwas sanfter im Ton. Dann ließ sich noch einmal von mir ausführlich berichten, sagte aber weiter nichts dazu. Er ging seine Jacke holen, um aus dem Haus zu gehen, wohin sagte er nicht.
Später soll sich dann Josef Wüst bei meinen Eltern entschuldigt haben. Wenn er gewusst hätte, dass dieses Kleid von uns gekommen wäre, hätte er so nicht reagiert. Was aber an seiner Gesinnung und Erziehung an seinen Kindern nichts ändern würde. Wie mein Vater als alter „Parteigenosse der NSDAP" doch wohl verstehen würde, hatte er aber noch mit einem verkniffenen Lächeln hinzugefügt.
Ein Jahr danach zog die gesamte Familie Wüst wieder nach Köln, direkt in die Innenstadt. Sie hatten eine schöne neue Wohnung durch Beziehungen zum dortigen Jesuiten-Orden bekommen. Das Haus war neu erbaut worden. Links und rechts gab es noch große Trümmerflächen, die aber auch wieder schnell bebaut werden sollten. Die gesamten Baugrundstücke gehörten dem Kirchenorden. Herr Wüst bekam gleich eine Arbeit als Kraftfahrer in einer Eisfabrik in Nähe von Köln. Der dortige Eisfachmeister hatte dafür gesorgt. Er war ein alter „Gesinnungsgenosse" von Wüst. Beide hatten zu den ersten Mitgliedern bei Gründung der Nazi-Partei von Köln gehört.

Mit Hilfe der Familie Wüst sollten wir bis auf meine zwei älteren Brüder später auch nach Köln umsiedeln. Obwohl es damals wenige Arbeitslose gab, konnte mein Vater in der Region Goslar keine Anstellung bekommen. Er versuchte es immer wieder, ob als Buchhalter oder Kaufmann. Als Müllermeister, der er war, hatte er überhaupt keine Chancen mehr. Ab und an wurde er vom Arbeitsamt Goslar angefordert. Dort musste er dann ein paar Akten aufarbeiten. Doch schon da stellte sich heraus, dass seine Diabetes-Erkrankung ihn größere gesundheitliche Schwierigkeiten machte. Somit war er nur begrenzt arbeitsfähig, was er aber Zeit seines Lebens nie wahrhaben wollte.

Trennungsabsichten mit Folgen

Von Erich Körner und wie es ihm nach seinen Verletzungen ergangen war, erfuhren wir dann von meiner Tante. Sie hatte ihn im Krankenhaus besucht. Körner hatte noch mal Glück gehabt. Trotz eines komplizierten Bein- und Beckenbruchs, mehreren Rippenbrüchen, Abschürfungen sowie starken Prellungen und einer schweren Gehirnerschütterung hatte keine Lebensgefahr bestanden – was umso erstaunlicher war, bei diesem gewaltigen Sturz aus dieser Höhe. Doch warum hatte er sich, bar jeder Vernunft, dermaßen in Gefahr begeben, dazu auch noch völlig nutzlos, denn nur mit einem gossen nassen Tuch ist kein Brandherd mit diesem Ausmaß zu bekämpfen?
Der ehemalige Soldat und kühne Kämpfer, in einer Uniform, die in ganz Europa und der Welt für Schrecken und Verwüstung gesorgt hatte und dazu noch für eine verbrecherische Sache stand, soll die Gefahr bei dem „Großen Brand", extra gesucht haben. Seine Frau Frieda hatte ihm, nachdem er eines Abends von seiner Arbeit nach Hause kam, unvermittelt mitgeteilt, dass sie ihn nach reiflicher Überlegung verlassen werde. Zunächst hatte Erich an einen Scherz geglaubt und lachte nur kurz auf. Doch am Gesichtsausdruck seiner Frau erkannte er, dass sie es ernst meinte. Immer war er ein treusorgender Familienvater und liebevoller Ehegatte gewesen. „Der Körner, der trägt seine Frau auf Händen", pflegten seine Freunde zu sagen. Was er an Wünschen seiner Frau verwirklichen konnte, hatte er getan. Er kannte sie noch als junges Mädchen, als er in den Krieg ziehen musste. Bei seinem einzigen Heimaturlaub, sie war gerade 18 Jahre alt geworden, hatte es dann so richtig „gefunkt". Eine so genannte Kriegstrauung wurde unvermittelt schnell vollzogen. Tief getroffen vernahm er nun, was seine Frau ihm jetzt zu sagen hatte. Bei einer Einkaufsfahrt nach Goslar traf sie zufällig ihren alten Schulfreund Michael Ratzke wieder. In Gesprächen hatte sie oft von ihm davon erzählt, er hatte sie wohl schon damals beeindruckt. Er war im Krieg 1943 mit 17 Jahren freiwillig zur Marine gegangen. Nach seiner Grundausbildung meldete er sich zur U-Bootwaffe. Im August 1944 lief sein Boot von Norwegen mit Zielrichtung mexikanischer Golf von

Amerika aus. Sie sollten dort, wie schon mit Erfolg seit Kriegseintritt durch die Staaten, amerikanische Handelsschiffe versenken. Bereits in den Hoheitsgewässern der USA, musste das U-Boot auftauchen, um einen Schaden an den Batterien zu beheben. Vier gerade erst gebaute, moderne U-Bootjäger der US-NAVY hatten schon das U-Boot der Deutschen „umzingelt". Nach Erkennen dieser aussichtslosen Situation wurde dem deutschen Kommandanten übermittelt, dass bei Nichtaufgabe das deutsche U-Boot mit Torpedos vernichtet werde, was für die Mannschaft den sicheren Tod bedeutet hätte. Der deutsche Kommandant, Kapitänleutnant Graf von Brandner, 34 Jahre alt, war Gott sei Dank vernünftig. Er wollte seine Mannschaft nicht einem sinnlosen Tod hingeben und ließ das Zeichen der Aufgabe setzen.

So geriet die gesamte deutsche U-Boot-Mannschaft in amerikanische Gefangenschaft. In der Gefangenschaft im Süden der USA erging es ihm recht gut, wie er Frieda Körner, seiner alten Schulfreundin, nachdem er sie zu einer Tasse Kaffee eingeladen hatte, erzählte: Ausreichende Verpflegung, Freizeit mit Sportmöglichkeiten und sogar ab und zu einen so genannten Freigang, aber mit Bewachung. Trotzdem nutzte er eines Tages die ziemlich lasche Bewachung aus und floh aus dem Gefangenlager in der Nähe von Phönix in Arizona. Er wollte zunächst nach New-Mexiko, dort wohnten Verwandte von ihm. Sie waren schon vor mehreren Generationen von Hildesheim ausgewandert.

Ein Großonkel war bei den berühmten Texas Rangers gewesen. Dort wollte er um Unterstützung bitten, um über Mexiko wieder nach Deutschland zu gelangen. Um sich durchzuschlagen, dass hatte er wohl bedacht, brauchte er aber Geld, Kleidung und auch andere Papiere. Er „trampte" immer weiter nach New-Mexiko. Erst im Gefangenenlager hatte er angefangen, etwas Englisch zu lernen. Deswegen bemerkte er auch immer gleich bei Begegnungen mit Einwohnern, dass er gebürtiger Holländer und erst vor nicht langer Zeit in die USA ausgewandert sei. Einmal hätte er dabei beinahe Pech gehabt. Ein rundlicher Amerikaner mit spärlich-blondem Haar, der ihn in seinem Chevrolet mitnahm, freute sich und erzählte, dass er Henk van Daalen heiße und auch – allerdings schon vor 15 Jahren – in die USA ausgewandert sei. Michael schaltete sofort und meinte nur fast gelangweilt, dabei aus dem Fenster schauend, dass er aus Vaals in Limburg stamme, dicht an der Grenze von Aachen. Dort wäre die niederländische Sprache doch etwas anders als zum Beispiel in den anderen niederländischen Provinzen. Das sah der „Chevi"-Besitzer genauso, der ursprünglich aus Middelburg in der Provinz Zeeland stammte, aber nur noch mäßig Holländisch sprach, wie er noch meinte.

Ratzke änderte danach den Plan, seine Verwandten aufzusuchen. Zum einen kannte er nicht die genaue Adresse in Alamongordo, New-Mexiko. Zum anderen wusste er auch nicht, ob sie ihn nicht umgehend an den örtlichen Sheriff übergeben würden, was wohl durch den ehemaligen Beruf seines Großonkels naheliegen würde. Er versuchte sein Glück und heuerte bei der nächst größeren Paranüsse-Farm an, die abseits an einer Straße lag. Hier konnte er vier Monate arbeiten, bis er zufällig von einem Cowboy, der einen Bruder bei der Armee hatte, der wiederum zum Wachpersonal in Phönix gehörte, entdeckt wurde.

Es dauerte nur zwei Tage nach seiner Entdeckung, dann wurde er im Schlaf unsanft geweckt und von amerikanischer Militärpolizei wieder in das Gefangenenlager gebracht. Man war keinesfalls böse auf den Deutschen. Fast alle Zeitungen und Rundfunkstationen in Texas und New Mexiko berichteten darüber. Die Bevölkerung amüsierte sich über diesen Kriegsgefangenen der Deutschen Marine. Er wurde sogar von verschiedenen Rundfunksendern interviewt. Daraufhin meldeten sich auch seine Verwandten. Sie hatten bis zu dieser Veröffentlichung gar nicht gewusst, dass ihr Großneffe sich als Kriegsgefangener in den USA befand. Sie durften ihn auch einmal besuchen, und sein Großonkel bot ihm gleich an, wenn alles vorbei wäre mit seiner Kriegsgefangenschaft, bei ihnen auf der Farm unterzukommen. Doch so einfach ging es selbst im gelobten Land der unbegrenzten Möglichkeiten nicht. Nach seiner Entlassung aus der Gefangenschaft musste er zurück nach Deutschland.

Nach ein paar Jahren in der Stadt Salzgitter, etwa 35 Kilometer von Goslar entfernt, wo er als Bergbau-Elektriker gearbeitet hatte, wollte er nun aber in die USA auswandern. Sein Heimweh von damals, als er in amerikanischer Gefangenschaft war, hatte sich umgekehrt zum Fernweh. Jetzt mit Ziel USA. Die Art zu leben, das weite Land, die Menschen wären dort so ganz anders, schwärmte er Frieda Körner nach mehrmaligen heimlichen Treffs immer wieder vor. Als er sie schließlich eines Tages fragte, ob sie nicht mitkommen wollte, sagte sie, als wenn sie schon darauf gewartet hätte, sofort zu. Ihr war das für sie triste Kleinstadtleben schon lange auf die Nerven gegangen. Jeden neuen Film, der im Kino gezeigt wurde, schaute sie sich an. Ein bisschen Abwechslung empfand sie nur im städtischen Schwimmbad, wenn sie im Sommer ihren schönen Körper im zweiteiligen Badeanzug zeigen durfte. Sie genoss die Blicke, wenn sie sich langsam eincremte und sich auf ihrer Decke am Schwimmbecken „räkelte". Wir Jungs hatten immer unsere Handtücher in ihre Nähe gelegt und schauten bewundernd zu ihr auf, wenn es zum Schwimmen in das „Große" ging. Viel mehr, so hatte sie ihrer Freundin stets geklagt, wäre in diesem einsamen Ort nicht drin. Wenn sie mal etwas weiter hätte verreisen können, wie ihr Mann es ihr immer wieder versprochen hatte, dann wäre das noch etwas Anderes gewesen. Nun wollte sie die nach ihrer Meinung einmalige Chance nutzen, aus diesem „Dilemma" rauszukommen.

Bis alle Formalitäten und Visa-Anträge erledigt sein würden, wollte sie schon mal zu ihrem ehemaligen Freund und jetzt wahrscheinlich neuen Lebensgefährten ziehen. Ihre Tochter wollte sie bei Erich lassen, sie wäre für einen neuen Lebensanfang nur hinderlich, hatte sie unumwunden erklärt. Während sie mit ihrem Mann sprach, hatte sie dessen Kopf in ihre Hände genommen, streichelte ihn tröstend, und bat immer wieder um Verständnis. Dabei vergoss sie auch ein paar Tränen. Erich hatte, ohne sie zu unterbrechen, zugehört. Er wirkte wie auf einmal zusammengefallen: „Ich kann dich wohl mit nichts auf der Welt aufhalten", hatte er nur zu ihr leise gesagt, aber weiter nichts hinzugefügt. Danach ging er alleine lange im Wald des Höhenzugs „Harly" spazieren und kehrte erst zum Abend zurück. Seine Frau war da schon ausgezogen. Sie hatte nicht viel mitgenommen zu ihrem ehemaligen Schulfreund.

Nur gut, dass wir die Zukunft nicht kennen

Erich war ein Mann, der – wie man sich ausdrückte – sein „Herz nicht auf der Zunge" trug. Daher hatte lange keiner etwas davon gewusst, obwohl seine Frau schon seit drei Wochen vor dem großen Brand ausgezogen war. Es dauerte noch etwas mehr als ein Jahr, bis die Scheidung „durch" war und die Einreisepapiere für Frieda Körner und Michael Ratzke für die USA in Ordnung waren. Sie fuhren mit dem Schiff von Bremerhaven direkt nach New Port, dort hatten sie dann auch sofort geheiratet. Erich Körner wurde aus dem Krankenhaus mit bleibenden Schäden im Bein und Hüftbereich entlassen. Er zog das linke Bein etwas nach und musste an manchen Tagen wegen zu großer Schmerzen am Stock gehen. Sein Arbeitgeber, die Bundesbahn, drängte ihn nun, vorzeitig in Rente zu gehen. Er bekam seine Rente so angerechnet, als hätte er sein Höchstdienstalter erreicht. Dieses auch nur im Zusammenhang mit einer gemeindienlichen Sache bei der Feuerwehr, in Ausübung eines Einsatzes, wie es in der Begründung hieß. Seine private Unfallversicherung dagegen wollte ihm Vorsätzlichkeit nachweisen und nicht zahlen.
Dank eines sehr guten Rechtsanwalts aus Goslar, Dr. Hugo Blankenheim, der Erich auf Anraten des Verbandes der „ehemaligen Ritterkreuz- und Pour-le-Mérite-Träger" vor Gericht vertrat, musste die Versicherung schließlich mit einem Vergleich beigeben. Da Erich immer geschwiegen hatte und nur erklärte, er habe möglichst schnell den Brand im Dachstuhl der Fabrik unter Kontrolle halten wollen, alle anderen Spekulationen wären nichts als Phantasie, zahlte es sich im wahrsten Sinne des Wortes für ihn aus. Wenigstens hatte er nun keine finanziellen Sorgen mehr. Doch er war zu unruhig, um nur spazieren zu gehen.
Schließlich übernahm er einen kleinen Zigarrenladen auf der Bahnhofstraße mit Toto und später auch Lotto. Seit der Scheidung von seiner Frieda waren zwei Jahre vergangen. Eines Tages lernte er die Witwe von dem verstorbenen Landrat Heinz Geseke kennen. Sie war in sein Geschäft gekommen, verlangte nach einer neuen Zeitschrift „Das Goldene Blatt" und wollte

auch mal Toto spielen, wie sie lächelnd und mit etwas Scheu erklärt hatte. Daraus wurde dann mehr!
Nach sechs Monaten heiratete er Franziska Geseke die acht Jahre älter war als er. Da sie mit ihrem verstorbenen Mann keine Kinder hatte, kümmerte sie sich nun liebevoll um seine Tochter Edeltraut. So lebten sie bei ihr, in einem schönen Haus mit dem Namen „Haus Sonnenlicht", in der Nähe zum Klostergut Wöltingerrode. Eines Tages Ende 1954 erreichte ihn ein Schreiben mit dem Absender: „Amt zur Vermehrung der alliierten Truppen", Ermelkeilkaserne Bonn, auch „Amt Blank" genannt. In dem höflich verfassten Schreiben wurde er aufgefordert, sich doch mal zu melden, um eventuell beim Aufbau einer Wiederbewaffnung der jungen Bundesrepublik teilzuhaben.
Dann wurden schon Einzelheiten genannt. Nach einem bestandenen Eingangs- und Tauglichkeitstest könne er mit einem höheren Dienstgrad, bei den in Zukunft neu aufgestellten Streitkräften, wie immer sie dann auch heißen mögen, rechnen. Erich hatte sich über dieses Schreiben im Grunde gefreut. Er zeigte es Franziska und meinte nur: „Das kommt für mich nun nicht mehr in Frage. Die wissen wohl nicht, dass ich mittlerweile zum Krüppel geworden bin…" In Gedanken aber stellte er sich vor, dass es ihn schon gereizt hätte, wieder eine Uniform, sogar mit den zum Teil verliehenen Orden zu tragen. Er teilte dieses in einem höflich handgeschriebenen Brief der Dienststelle in Bonn mit und drückte sein Bedauern aus, dass er leider nicht mehr zur Verfügung stehen könne.
Frieda, nun mit Nachnamen Ratzke, kam nach fünf Jahren wieder zurück nach Deutschland. Das Geld für die Rückreise hatte sie sich schon ab dem ersten Jahr im „Land der unbegrenzten Möglichkeiten" zusammengespart. Ihr zweiter Mann war bald dem Alkohol verfallen. Sie arbeitete als Servierkraft in verschieden „Diner-Restaurants" und hatte bald genug von ihrem Michael und dem Ort Wilmington am atlantischen Ozean, wo sie in einem kleinen Haus wohnten.
Wenn es stark geregnet hatte, standen die gesamten Wohnräume unter Wasser, weil das Dach immer undicht war und ihr Mann sich im Haus um nichts mehr kümmerte. Frau Ratzke bat

bei einem Besuch ihren ehemaligen Mann – nachdem sie in Vienenburg angekommen war – ihre Tochter sehen zu dürfen. Erich hatte nichts dagegen, sprach aber nicht weiter mit seiner ehemaligen Ehefrau. Bei der Begegnung fiel es Edeltraud nun schwer, wieder eine normale Beziehung zu ihrer Mutter aufzubauen. Sie verstand sich inzwischen wunderbar mit Franziska Geseke, die sie als ihre zweite Mutter betrachtete. Auch hatte sich in den ganzen Jahren ihre leibliche Mutter nie gemeldet. Noch nicht mal an den Geburtstagen kam ein Zeichen oder Gruß aus dem fernen Amerika. Anfangs hatte Edeltraud noch gehofft, etwas von ihr zu hören. Und wenn es nur eine kleine Nachricht gewesen wäre, hätte sie sich sehr gefreut. Auch war es ihr doch schwergefallen, dass ihre leibliche Mutter nicht mehr da war. Sie hatte als kleines Kind viel mit ihrer Mutter lachen können und sie auch wegen ihrer „Schönheit" immer bewundert. So hatte es Edeltraud oft genug erzählt, wenn die Rede auf ihre Mutter kam. Frieda fuhr nach einigen Tagen wieder „in die Welt hinaus". Sie hatte sich noch mehrmals mit ihrer Tochter getroffen, beide hatten dann viele Tränen vergossen, aber Edeltraud wollte bei ihrem Vater und ihrer so liebevollen „Ersatzmutter" bleiben.

In Hamburg wollte nun Frieda ihr Glück versuchen. In dem Städtchen Vienenburg hatte sie dann danach keiner wiedergesehen. Allerdings hatte Anfang der 1960er Jahre der Kegelclub „Hartes Holz" einen Ausflug nach Hamburg unternommen. In dem Verein gab es nur Männer. Natürlich besuchten sie auch Sankt Pauli und die Reeperbahn. Dort, in einer „berüchtigten" Bar, wollte ein Kegelbruder Frieda gesehen und sogar mit ihr „gesprochen" haben. Aber das war wahrscheinlich nur ein Gerücht.

Das Schützenfest als tolles Ereignis

Eigentlich gab es nur ein tolles Ereignis im Jahr. Das Schützenfest Mitte Juli. Dieses wurde für die verhältnismäßige kleine Stadt immer groß aufgezogen. So wurden auf dem Schützenplatz, wo bis 1949 noch die so genannten Nissenhütten (Behelfs-Wohnungsunterkünfte) für die Flüchtlingsfamilien bereitgestanden hatten, viele Attraktionen aufgebaut. Es war immer aufregend. Da gab es Schießbuden, Karussells, Autoscooter und meine geliebte Schiffschaukel. In der konnte ich mich immer so schön zum „Überschlagen" bringen und fühlte mich dann besonders wohl und mutig.

Das Schützenfest dauerte eine ganze Woche lang. Die Eröffnung begann an einem Sonntag mit dem Schützenumzug. Vorneweg marschierte der Musikzug der Schützen mit Trommeln und Pfeifen sowie dem Tambourmajor. Danach kamen die Schützen mit ihren grün-grauen Uniformen. Manche trugen auf diesen Uniformen auch die Kriegsauszeichnungen aus dem Ersten und Zweiten Weltkrieg. Danach folgten einige Honoratioren der Stadt und dann alle Kinder im „Sonntagsanzug" beziehungsweise Kleid. Die Mädchen waren besonders „rausgeputzt", sie hatten zum Teil bunte Schleifen im Haar und waren sich schon darüber bewusst, dass sie angeschaut wurden. Ich hatte mich immer um solche „Aufmärsche" gedrückt. Viel lieber schaute ich nur zu, wenn der Zug sich vom Rathaus aus zum Schützenplatz bewegte.

Als aber meine Cousine Liesbeth aus Hannover in den Sommerferien bei meiner Oma zu Besuch war, musste ich mit ihr beim Schützenumzug mitgehen, damit sie so etwas auch einmal erleben würde. Das passte mir nun gar nicht. „Was für ein Blödsinn", dachte ich, denn ich hatte gehört, dass das Schützenfest in Hannover besonders groß und schön sein sollte. Aber vielleicht durften ja dort Kinder beim Umzug nicht mitgehen. Erst die Aussicht, noch ein besonderes Taschengeld von meiner Tante zu bekommen, ließ mich wieder etwas versöhnlicher werden.

Ich war froh, als wir den Schützenplatz erreicht hatten und ließ sofort die Hand meiner Cousine los und auch die von der gleichaltrigen Alma, Tochter von Bauer Meissner, die mitgegangen war. „Wir sollen aber zusammenbleiben", hörte ich sofort, „die Oma hat das gesagt!" Ich antworte schnell: „Na und?". Denn ich konnte es nicht erwarten, alleine auf Entdeckungsreise über den Schützenplatz zu schlendern. Also schlug ich vor, uns nach etwa zweieinhalb Stunden wieder an der Zuckerwatte-Bude zu treffen. In Windeseile war ich bei der Schiffschaukel und brachte sie nach einiger Zeit mit viel Kraftanstrengung zum Überschlag. Mit hochrotem Kopf lief ich dann zum Autoscooter. Jetzt konnte ich mich mal rüpelhaft benehmen und stieß die anderen auf der Bahn mehrmals bewusst an. Weg von den Drohungen der anderen, die ich angerempelt hatte, lief ich dann zur Bratwurstbude, um die berühmte Wurst „Vienenburger" mit Senf und Kümmel zu verdrücken.

Es war in Vienenburg bei den aktiven Schützen Tradition, dass sie zu Beginn des Festes alles begutachteten und ausprobierten, was an Ausstellern auf dem Platz war. Meistens schon mit reichlich Alkohol wurde dieses Unternehmen in „Angriff" genommen. Die Aussteller stellten sich darauf ein, sie begrüßten die Schützen freundlich mit einem Glas „Wöltingerroder Korn" und ließen sie kostenlos alles genießen, solange sie wollten. Zum ersten Mal war auch eine sogenannte größere Schaubude auf dem Platz. Mit flotter Musik machte der Sprecher auf der kleinen Bühne am Eingang auf das Programm mit Feuerschlucker, Jongleuren und Zauberern aufmerksam, das in einer Stunde stattfinden sollte. Unter anderem versprach der Mann mit dem Mikrofon, der mit einem harten deutschen Akzent sprach, dass eine gewisse „Jamailie" von Kopf bis Fuß nackt tanzen würde!

Er deutete dabei mit einer ausladenden Geste in die linke Ecke der Schaubude, und eine Tänzerin mit einer orientalisch anmutenden Musik, die etwas zu laut aus den Lautsprechern dröhnte, kam heraus und bewegte sich schnell über die Bühne. Sie hatte, so sah ich es, breite Hüften und war mit lauter Schleiern bekleidet. Ihre Haare, tiefschwarz, reichten fast bis zu den Kniekehlen. Der Bauch war nicht bedeckt und etwas zu „rundlich". Ansonsten war sie trotz der Aufmachung wohl keine besondere Schönheit, denn es gab weder einen Kommentar noch Rufe

oder Ähnliches von der anwesenden Männerwelt. Der Sprecher mit dem „quakenden" Mikrofon sagte dann noch hastig, dass dieser Programmpunkt nur für Erwachsene sei. Für die Kindervorstellungen würden Anette und Rosalie einen Tanz aufführen.
Dann kamen zwei Mädchen, die wohl so alt wie ich waren, verkleidet als „Rotkäppchen und Schneewittchen" auf die Bühne und machten einen Knicks. Alle Jungs, die vor dieser Bude herumstanden, fingen an zu lachen. Einer rief: „Wo ist denn dein Prinz und der böse Wolf, oder seid ihr die Wolfsbrut?" Die Mädchen schauten irgendwie bedrückt in die versammelte Menge und schienen sich auf einen Punkt fixiert zu haben. Irgendwie taten sie mir schon wieder leid. Es hatten sich wohl für die Betreiber noch nicht genug Menschen an der Schaubude versammelt, so dass die Programmankündigung in dieser Art immer wiederholt wurde. Plötzlich näherte sich die Schützenbruderschaft, es liefen so um die 25 Männer, wie üblich, laut grölend, zum Teil mit Bierflaschen der Marke „Wolters Braunschweig" in der Hand, auf die Schaubude zu. Einer brüllte schon von Weitem: „Wir wollen was sehen, fang sofort mit dem Nacktprogramm an!"
„Halt!", rief der Schaubudenbesitzer, jetzt ganz ohne Mikrofon, als sie dicht davorstanden: „Habt ihr auch…?" Er machte stumm mit den Fingern eine malende Handbewegung, was wohl Geld heißen sollte. „Was will der?", riefen die Schützen wie auf Kommando. „Du bist wohl übergeschnappt", ereiferte sich ein Jungschütze, bereits mit vielen Orden und einer Schützenschnur geschmückt. Jetzt begann ein gegenseitiges Rumbrüllen mit immer schlimmeren Schimpfworten. Einer der Schützen bezeichnete schließlich die ganze Darstellung als „ölige Untermenschenvorführung", die bestenfalls für „Affen" geeignet wäre. Der Schaubudenbesitzer verschwand daraufhin hinter seine Schaubude, verfolgt mit Lachen und albernem Applaus. Es dauerte nur wenige Minuten, da tauchte er wieder auf. In der Hand hatte er eine doppelläufige Schrottflinte!
Mit Zornesröte im Gesicht rief er: „Ihr verdammten Schweine, jetzt rechne ich mit euch ab." Dabei fiel schon ein Schuss in Richtung der Schützen. Ein großes Geschrei und ein Tumult

gingen los. Einige hatten sich instinktiv auf den Boden geworfen. Ich selber schaute nur ungläubig und wie gelähmt der ganzen Sache zu. Ein Schütze war tatsächlich von dem Schuss getroffen und lag regungslos auf dem Boden. Er blutete stark an der linken Schulter. Keiner hatte wohl damit gerechnet, dass die ganze Sache derart eskalieren würde. Ein junger Schützenbruder, der gerade erst im selben Jahr aufgenommen war und zum Erbhof der Bauern Wielhaupt gehörte, hatte sich von der Seite vorsichtig genähert. Er ging auf den Schaubudenbesitzer zu und versuchte ihn zu beruhigen: „Mach keinen Quatsch, du könntest es sonst bereuen." Doch der wurde immer aufgebrachter. „Ich knall dich ab", rief er und richtete die Waffe mitten ins Gesicht von Herbert Wielhaupt.
Der trat schnell und geistesgegenwärtig gegen das Gewehr, so dass es nach hinten wegflog und sich ein weiterer Schuss löste. Sofort stürmten einige Schützen auf die Außenbühne, schnappten sich den Schaubudenbesitzer, drückten ihn zu Boden und schlugen auf ihn ein. Die Tänzerin (wie sich später herausstellen sollte, seine angetraute Frau), der Feuerschlucker und was sonst noch dazu gehörte, stürzten sich mit lautem Geschrei dazwischen. Plötzlich spürte ich eine Hand auf meiner Schulter, die mich nach hinten wegzog. Mir kam das Ganze wie in einem Traum mit einem Schleier voller Nebel vor. In der Ferne erklang Gewittergrollen, und ein leichter warmer Regen ergoss sich auf den Schützenplatz. Gleichzeitig hörte ich auch einen Jungen laut schreien. Bis ich durch die beruhigende Hand langsam bemerkte, dass ich es war, der dort so erbärmlich schrie. Es dauerte noch eine Weile, dann nahm ich erst wahr, wer mich vom Geschehen weggezogen hatte. Es war Bauer Meissner. Er sagte nicht viel, sondern hielt mich nur beschützend fest. Seine Tochter Alma, die ja mit meiner Cousine und mir mitgegangen war, wollte mal schauen was ich so „treiben" würde, dabei hatte sie beobachtet, dass ich dort mitten in der Menge des „Tumults" wie verloren stand.
Instinktiv war sie zu ihrem Vater gelaufen, der es sich gerade im Schützenhaus gut gehen ließ, auch er gehörte schon seit seiner Jugend zu der Vienenburger Schützenbruderschaft. Nach kurzer Schilderung durch seine Tochter eilte er mit ihr schnell

herbei. Meine Cousine aus Hannover hatte wohl auch mitbekommen, dass irgendetwas auf dem Schützenplatz geschehen war. Sie bewegte sich aber keinen Meter in irgendeine Richtung. Schließlich hatten wir uns an dem Treffpunkt Zuckerwattenbude verabredet, um zusammen nach Hause zu gehen. So stand sie tatsächlich mit einem ängstlichen Ausdruck im Gesicht an dem Treffpunkt. Ansonsten hatten die anderen Besucher nicht so viel mitbekommen, da es durch das „Geplärre" der Musik von den Karussells und Buden ohnehin ziemlich laut war.

Wie wir später erfuhren, hatten zwei von den Schützen, die in der Wehrmacht als Feldjäger dienten (auch mit Spitznamen „Kettenhunde" genannt, weil sie eine Kette mit einer großen Plakette um den Hals tragen mussten), den Schaubudenbesitzer schließlich bändigen können und mit einem Polizeigriff zur Polizeistation gebracht. Bauer Meißner fuhr uns mit seinem Auto – er war einer von wenigen, die noch einen alten Mercedes aus der Zeit vor 1943 besaßen – nach Hause. Uns war die Lust, sich weiterhin zu vergnügen, vergangen. Als wir vom Schützenplatz wegfuhren, fiel mein Blick auf ein Kettenkarussell mit wunderschönen Figuren und einer mechanischen Orgel, das direkt am Eingang des Platzes stand. Immer, wenn die Bässe erklangen, bewegte eine barocke Figur mit Kniebundhosen und gelben Haar – zum Beispiel bei der Melodie „Kornblumenblau" – den Taktstock.

Es sah alles so friedlich aus: Besonders, weil auch ein kleines Mädchen mit einem blauen gepunkteten Kleid beim Drehen des Karussells mit ihrem Sitz hochflog und dabei laut „jauchzte". Ihre Eltern schauten, stolz vor dem Karussell stehend, ihrer Tochter zu. Man konnte merken, dass sie sich mit ihr freuten. Es war nach den ganzen aufregenden Ereignissen, die gerade auf dem Platz stattgefunden hatten, ein versöhnlicher Anblick. Diese „Momentaufnahme" sollte ich noch lange in Erinnerung behalten.

Als wir am anderen Tag zum Schützenplatz gingen, war die Schaubude bereits nicht mehr da. Dort, wo die Wohnwagen der Schaustellerfamilie gestanden hatten, lag noch eine alte Zeltplane. In der einer Ecke dieser Plane, die wohl vergessen worden war, konnte man die Aufschrift „Fronttheater" mit dem alten Reichsadler – das Hakenkreuz war geschwärzt – erkennen. Die Tageszeitung hatte sich besonders mit diesem Fall befasst und immer wieder ausführlich berichtet. Deswegen erfuhren auch alle, dass gegen den Schaubudenbesitzer wegen versuchtem Mord, unerlaubtem Waffenbesitz und Diebstahl von Behördeneigentum ermittelt wurde. Er wurde auf Antrag seines Anwalts zunächst auf freien Fuß gesetzt, da er nach eigenen Angaben ein Verfolgter das Nazi-Regimes gewesen sei. Später, so die Presse, hätte ein Leser den Schausteller wiedererkannt und als Angehörigen der berüchtigten Gestapo (geheime Staatspolizei) bezeichnet. Da war es doch sehr fraglich, ob es sich hier um einen Verfolgten des NS-Regimes handeln sollte. Während er auf freiem Fuß war, ereignete sich ein weiterer Vorfall. In Braunschweig griff er einen Passanten mit den Worten „Du feiger Heuchler" ohne Vorwarnung an und verletzte diesen mit einem Schraubenschlüssel sehr schwer. Beide hatten sich angeblich noch nie gesehen oder voneinander gehört. Daraufhin wurde Theodor Szerbrinskie, so sein Name, in eine geschlossene Abteilung der Nervenheilanstalt in Liebenburg eingewiesen. Die Presse hatte danach über das Schicksal des hart sprechenden Schaubudenbesitzers nie wieder berichtet. Es blieben wohl Fragen und Rätsel bei den Bürgern in Vienenburg zu diesem Vorfall. Doch es war bald vergessen.

Denn man schaute nach vorne. Das neue deutsche Wirtschaftswunder schritt immer weiter voran, was an den immer größeren Angeboten in den wenigen Geschäften im Vorharz-Städtchen gut sichtbar zu erkennen war. Da hielt man sich nicht mit solchen Dingen nicht lange auf, die auch wieder an eine Zeit erinnern würden, die man schnell und ohne Reue aus dem Kopf haben wollte.

Ein denkwürdiges Denkmal

Die Ferien waren nun auch für meine Cousine zu Ende, und sie musste zurück nach Hannover. Der Schützenplatz war wie immer, wenn keine Veranstaltungen stattfanden, öde und leer. Durch das Erlebte ging ich jetzt wieder häufiger zum Hof von Bauer Meissner, zu Alma, meiner früheren Spielgefährtin. Es gab zwar, außer Hühnern, drei Schweinen und zwei Kühen, kein weiteres Nutzvieh auf dem Hof. Aber die Jagdhündin Namens „Bella", war immer präsent. Sie wurde zu meinem Bedauern immer an ihre Hundehütte angekettet. Oft genug hatte ich sie einfach losgemacht. Dann freute sie sich ungemein und sprang immer an mir hoch. Mutter Meissner tat dann eine Weile so, als wenn sie dieses nicht bemerkt hätte –und rief den Hund erst, wenn sich ihr Mann näherte, um ihn dann erneut anzuketten.

Ein riesiger Misthaufen, der direkt gegenüber vom Küchenfenster lag und auf dem es dementsprechend besonders im Sommer immer viele Fliegen gab, gehörte auch zu dem Hof. Der Garten war einfach riesig, es gab herrliche Kirsch- und weitere Obstbäume sowie eine in Stein eingefasste Grotte und viele Sträucher auf den Wegen. Einige Gebäude auf dem Hof wurden nicht genutzt. Sie wurden Anfang um 1900 noch vom Großvater väterlicherseits gebaut. Ursprünglich sollte dort eine Kürschnerwerkstatt entstehen. In den großen Räumen lag allerhand Krempel herum. Das Rumstöbern darin machte mir immer großen Spaß, auf diesem Hof im so genannten Oberdorf in Vienenburg.

An einem Nachmittag, als Alma und ich gerade in den Garten gehen wollten, fuhr plötzlich ein schwarzer Opel Olympia ziemlich rasant durch das immer geöffnete Hoftor. Ein Herr, mit für die damalige Zeit ziemlich langem grauen Kopfhaar und bekleidet mit einem hellen Ledermantel, stieg aus. „Na ihr?!", sprach er uns an. So locker redeten die Erwachsenen von damals an sich nicht mit Kindern, wenn sie überhaupt von ihnen Notiz nahmen. „Wo ist denn mein alter Kriegskamerad Herrmann Meissner?", fuhr er fort. Bauer Meissner war nur zeitweise auf dem Hof, die meiste Arbeit erledigten seine Frau und

Sohn Gustav, der aber zurzeit auf einer landwirtschaftlichen Schule war. Herr Meissner hatte eine Anstellung im Forstamt in Bad Harzburg, wie bereits vor dem Krieg.
Als junger Mann, vor seiner Heirat, gehörte er zur SA, Ortsgruppe Bad Harzburg, die für manche Übergriffe und Schlägereien mit Andersdenkenden verantwortlich waren. Seine Frau Gertrude hatte ihn dann aber vor die Wahl gestellt. Er sollte sich nach und nach aus dieser Nazi-Organisation lösen, dann gebe es auch die Heirat mit Mitgift, nämlich ein anständiges Kapital in Form von Aktien, die allerdings nach dem Krieg „keinen Pfifferling" mehr Wert waren, oder keine Heirat. Herr Meissner entschied sich für die Heirat, zumal der Vater von Gertrude, ein angesehener Geschäftsmann und Stadtrat in Bad Harzburg, für seinen Schwiegersohn den angenehmen Posten im staatlichen Forstamt besorgte.
Frau Meissner war inzwischen herbeigeeilt. Ganz rot im Gesicht versuchte sie ergebnislos ihr fettig-strähniges und herunterhängendes Haar unter Kontrolle zu bringen: „Guten Tag Herr von Deerst", kam es leise aus ihr heraus: „Mein Mann ist noch nicht zu Hause." Da hörte man aber schon von weiten das knatternde Geräusch eines Motorrades der Marke Adler, dass schnell näherkam. Herr Meissner, mit Ledermütze und Motorradbrille, hielt lachend an und begrüßte seinen „alten Kriegskameraden" überschwänglich. Das Motorrad hatte er von seinem Vater geerbt. Mit diesem Gefährt fuhr er am liebsten, obwohl ihm noch ein guter Personenkraftwagen zur Verfügung stand.
Von Kriegskameraden konnte an sich auch nicht die Rede sein. Beide hatten nie eine Front gesehen, sondern gemeinsam ihren Dienst in der Etappe als so genannte Hilfspolizisten in Braunschweig absolviert, während die anderen Polizisten aus dem Revier Braunschweig III, in den von Deutschland überfallenden Ländern, ihren Dienst verrichten mussten. Herr von Deerst arbeitete ansonsten bei einem berühmten Bildhauer in Düsseldorf. Da er aus Gifhorn stammte, durfte er damals seinen Dienst in Braunschweig verrichten und war für Kunstdiebstahl und Ähnliches zuständig. Herr Meissner beschäftigte sich mit allem, das mit Wald und Flur zu tun hatte, was ja auf der Hand lag. Er bekam für diese Zeit den vorläufigen Polizeidienstgrad

eines Oberwachtmeisters. Ein Foto von ihm in seiner damaligen Polizeiuniform hing auch eingerahmt in der Wohnküche des Hauses.

„Wo sind meine Arbeitsräume? Ich brenne darauf anzufangen!", rief mit der grölenden Stimme Moritz von Deerst und zog ein großes Schild mit der Aufschrift in goldenen Buchstaben „BILDHAUER MORITZ VON DEERST" aus dem Kofferraum. Alma und ich hatten das Ganze verfolgt, fanden es richtig spannend, aber begriffen nicht, um was es hier gehen sollte. Die Erwachsenen zu fragen wäre sinnlos gewesen, wir hätten ohnehin keine Antwort bekommen, höchstens noch einen „Anschnauzer", dass uns dieses nichts anzugehen hätte. Herr von Deerst mit Frau und Herrn Meissner bewegten sich zu den seit langen nicht genutzten Räumen. Ich machte Alma ein Zeichen, dass sie mitkommen sollte. Von meiner Oma, die gegenüber dem Hof mit meiner Großtante und Mann wohnte, erfuhren wir dann, dass es sich bei dieser imposanten Erscheinung, die so plötzlich bei Meissners aufgetaucht war, um einen bekannten Bildhauer handeln würde. Er sollte im Auftrag der Stadt und des Reichsbund e.V. ein Denkmal für die deutschen Kriegsgefangenen errichten. Viele waren ja bis dahin immer noch in sowjetischer Kriegsgefangenschaft. Ihr Schwager Heini Firmenich, der nie Soldat gewesen war, hatte es in der Zeitung, dem „Goslarschen Boten" gelesen. Dabei hatte er sich gleich fürchterlich aufgeregt, dass man für so etwas Geld zum Fenster rausschmeißen würde.

Bauer Meissner, der auch dem Rat der Stadt Vienenburg angehörte, hatte dieses Projekt mit initiiert und natürlich gleich seinen alten Freund für die Durchführung vorgeschlagen. Nach langen Verhandlungen mit dem Künstler war man sich schließlich mit allen Beteiligten einig, zumal Bauer Meissner für dieses Vorhaben unentgeltlich einige Räume in nicht genutzten Gebäuden auf seinem Hof zur Verfügung stellte. In den nächsten Tagen kamen immer wieder verschiedene Transporte mit Materialien wie Sand, Beton oder auch eine ganze Ladung Bretter an. Der Künstler selber war die meiste Zeit nicht zu sehen. Ein Mann und eine junge Frau begannen mit den Vorarbeiten. Die beiden hatten wir im Ort noch nie gesehen, und am

späten Nachmittag waren sie auch immer wieder verschwunden. Eines Nachmittags hörten Alma und ich laute klassische Musik (Wagner, Lohengrin) aus den Arbeitsräumen. Als wir vorsichtig durch das Fenster schauten, sahen wir den „Meister", schon bei der Arbeit.
Er modellierte wohl zunächst aus Gips ein Anschauungsmodell. Dann sahen wir durch die milchigen Scheiben noch eine Person, die auf den alten großen Tisch kniete, der schon immer dort gestanden hatte. Es war das junge Mädchen, das vorher schon bei den Vorbereitungen geholfen hatte. Sie hatte eine alte Arbeitshose an, die sie immer wieder festhalten musste. Aber was unsere Münder nicht mehr schließen ließ, war die Tatsache, dass sie den Oberkörper mit ihren verhältnismäßig kleinen Brüsten entblößt hatte. Die langen blonden Haare, die sie – als wir sie das erste Mal sahen – zu einem langen Zopf geflochten hatte, waren nun abgeschnitten, so dass ihr Haupt mit der Glatze in der Sonne, die spärlich in die Räume hineinschien, stark glänzte. Plötzlich schien sie uns zu bemerken und sogleich hat sie mit einer hellen Stimme „los geschrien". Schnell suchten wir das Weite.
Am anderen Tag waren sämtliche Fenster mit Decken verhangen. Das Erlebte teilten wir niemanden mit, amüsierten uns aber mächtig über das, was wir gesehen hatten. Alma fragte allerdings ihren Vater, ob es auch Soldatinnen gegeben hätte, die in Gefangenschaft geraten wären – wer weiß wie sie darauf gekommen war...
Bauer Herrmann Meissner freute sich zunächst über das Wissbegehren und antwortete, dass es zwar keine Soldatinnen in der Wehrmacht gegeben hätte, doch Wehrmachtshelferinnen und andere deutsche Frauen auch von den Russen verschleppt wurden und, so drückte er sich aus, übel von diesen „Untermenschen" behandelt worden wären. Doch dann wurde er misstrauisch und fragte nach. Bald hatte er rausbekommen, dass wir etwas gesehen hatten, was wir wohl nicht hätten sehen sollen.
Aber er lachte nur darüber und meinte, dass eben solche Leute ihre Eigenarten haben. Wir sollten aber keinem davon erzählen und auch von den Arbeitsräumen des Bildhauers wegbleiben. Dieses sagte er in einem schärferen Ton, damit wir wussten,

woran wir waren. Doch die Neugierde war wie so oft bei uns Kindern stärker. Und so suchten wir nach ein paar Tagen nach anderen Lösungen, um etwas mitzubekommen. Die Rückseite des alten Gebäudes war gleichzeitig auf der Nordseite des großen Gartens die natürliche Begrenzung. Auf dieser Seite gab es eine alte Tür, die wohl nie geöffnet wurde. Das taten jetzt Alma und ich.

Zunächst wunderten wir uns, dass diese alte, mit Eisenbeschlägen versehene Tür mit verhältnismäßig geringer Kraftanstrengung aufging, als wir gemeinsam an ihr zogen. Wir sahen in ein dunkles Loch. Alma lief schnell in die Wohnküche und holte eine Taschenlampe. Der Raum war nicht besonders groß und hatte keine weiteren Türen. An einem Haken an der Wand hing ein verrotteter Wehrmachtsmantel, der noch aus dem Ersten Weltkrieg zu stammen schien. Eine alte Mütze hing daneben. Wir hörten Arbeitsgeräusche, die aus der Werkstatt des Künstlers kommen mussten.

Nur mit einem festen Draht, der im Garten herumlag, versuchten wir ein Loch durch die Lehmwand des alten Gebäudes zu bohren. Alma ging es nicht schnell genug, und so holte sie auch noch einen Schraubenzieher, mit dem wir die Wand bearbeiteten. Nebenan war es still geworden. Da es Mittagszeit war, nahmen wir an, dass der große Bildhauer zu Tisch war. Dazu ging er in die untere Stadt in das Restaurant vom Hotel „Bestehorn". Also musste es eine Weile dauern, bis er wieder zurück sein würde, und wir konnten uns in Ruhe mit unserer „Arbeit" beschäftigen. Plötzlich hörten wir deutlich einen „Plumps" durch den heruntergefallenen festen Lehm, der in der Werkstatt auf den Boden fiel. Endlich konnten wir nun, durch das entstandene Guckloch, den Arbeitsraum des Künstlers überblicken. Erst einmal warteten wir einige Tage ab, ob er oder seine Helferin es entdecken würden. Uns war ziemlich mulmig dabei, unser neues Geheimnis hatte auch einen Hauch der „Verruchtheit".

An einem sonnigen Nachmittag gegen 16 Uhr schauten wir dann noch einmal vorsichtig durch unser geschaffenes Guckloch. Was wir nun sahen, war etwas, was wir wohl erst Jahre später hätten sehen sollen. Zuerst schaute Alma durch das Guckloch. Ich wiederum sah, wie sie dabei einen roten Kopf

bekam. Sofort stieß ich sie weg und schaute selber durch. Da war wieder das junge Mädchen. Diesmal hatte sie keine Arbeitshose an, sondern einen Rock, der bis zur Hüfte hochgeschoben war. Sie saß auf dem Arbeitstisch, während der Künstler davor kauerte – mit seinem Gesicht in ihrem Schoß....
Auch bei mir veränderte sich wohl der Gesichtsausdruck. Ich gab Alma ein Zeichen, und vorsichtig zogen wir uns zurück, verschlossen die Tür und liefen in den Garten. Dort mussten wir erst einmal heftig über das Gesehene „losprusten". Was wir dort gesehen hatten, konnten wir zwar nicht so richtig „einordnen", fanden es aber ziemlich komisch, zum Lachen eben.
In den nächsten Tagen schauten wir immer wieder aus unserem neuen Versteck dem Bildhauer bei seiner Arbeit zu. Dabei konnten wir dann feststellen, dass er immer an einem Donnerstag mit seiner jungen Mitarbeiterin in der Art, wie wir es gesehen hatten, verkehrte. Einmal schaute Alma durch das Gucklock. Da sie sich dabei immer etwas strecken musste, rutschte ihr kurzer Rock hoch. Ich sah, dass sie keinen Schlüpfer trug. Ihr runder Po war fast so wettergebräunt wie ihr Gesicht. Ein eigenartiges Gefühl, das ich bis dahin nicht für meine Spielgefährtin empfunden hatte, überkam mich. Dass Alma sich schon mal, wenn ich mal im Garten „strullern" musste, auch so hinstellte wie ein Junge, um „Pipi" zu machen, war ich schon gewohnt. Das hatte ich ganz als normal empfunden. Alma sah meinen Blick. Wir beschlossen, uns doch auch einmal in einer Art, Doktor zu spielen, miteinander zu beschäftigen, was aber nie stattfand.
Jahre später, als ich wieder einmal in meinem Kindheitsstädtchen Urlaub machte, wäre ich wohl nicht abgeneigt gewesen, so einiges mit Alma „auszuprobieren". Sie war inzwischen süße 16 Jahre jung und „gut gebaut", wie man zu sagen pflegte. Aber irgendetwas hielt uns immer davon ab, uns auf diese Weise näher zu kommen.

Die Einweihung des Denkmals

Mit der Zeit verloren wir immer mehr das Interesse an der „Bildhauerei" auf Meissners Hof. Der Herbst war schon stür-

misch und für diese Gegend typisch nasskalt über den Vorharz gekommen. Nun sollten die dunklen Tage, die durch die spärliche Beleuchtung des Städtchens noch dunkler wirkten, wieder lang und trostlos werden. An einem Tag wollte ich doch einmal sehen, wie weit die Arbeiten des Bildhauers Moritz von Deerst vorangekommen waren. Alma und ich gingen gleich nach dem Schulunterricht zur Werkstatt.
Die Tür stand offen. Keiner war zu sehen. Auf einem Podest stand ein circa drei Meter hohes und eineinhalb Meter breites Monument auf einem Sockel, vollkommen mit weißen Tüchern verhüllt. Nur unten konnte man einen großen und klobigen, arg zerfetzten Schuh und daneben ein Knie in dunkelgrüner Farbe des Denkmals erkennen. Ich hätte schon längst zur Toilette gemusst und verspürte jetzt einen ziemlichen starken Harndrang, so dass ich von einem Bein auf das andere herum „zappelte". Alma meinte dazu nur ganz „trocken": „Wenn Du mal musst, tu es doch gleich hier." Dabei kicherte sie fast gurgelnd auf.
Was mich „geritten" hatte, ohne zu überlegen sofort in Richtung Denkmal und damit auf den gezeigten verschlissenen Schuh zu pinkeln, kann ich bis heute noch nicht verstehen. Auf jeden Fall machten wir uns danach wieder schnell davon. In der einzigen Tageszeitung im ganzen Kreis stand zwei Tage später ein Artikel mit der Überschrift: „Säureattentat auf geplantes Kriegsgefangenendenkmal". Mein Onkel Heini las den Bericht gerade laut vor, als ich wieder einmal meine Oma und Tante besuchte. Darin vermutete der Verfasser, dass es sich um einen Anschlag der KPD handeln könnte oder dass er direkt von Agenten von „Drüben" durchgeführt worden sei. Gott sei Dank sei der Schaden nicht so groß. Es müsse nur wieder etwas mit Farbe ausgebessert werden. Doch sei der Künstler „erschüttert" über diesen Anschlag. Er wolle aber seine Restarbeit fortsetzen, damit pünktlich wie vereinbart am 25. November das Denkmal zur Erinnerung an die Kriegsgefangenen mit einem feierlichen Akt eingeweiht werden könne.

Feierlicher Akt und Offenbarung

Der Platz an der Kaiserstraße, auf dem das Denkmal stehen soll-te, hieß in der Vergangenheit schon einmal Kaiser-Wilhelm-Platz, dann Adolf-Hitler-Platz. Nach 1945 hatte er gar keinen Namen mehr. Die Bevölkerung benutzte, freilich nur in Gesprächen, weiterhin die alten Namen, je nach „Laune und Erinnerung". Nun sollte der Platz mit der Aufstellung des Denkmals auch gleich einen neuen Namen bekommen. Zu diesem Zweck hatte man dazu aufgerufen Vorschläge beim Rat der Stadt Vienenburg abzugeben. Wie man gehört hatte, wurde der Vorschlag der KPD „Platz des Antifaschismus" von vornherein abgelehnt.
Eine Kommission aus Heimatvertriebenenverband, Reichsbund, den demokratischen Parteien und weiteren Honoratioren sollte erst am Tag der Einweihung den neuen Namen bekanntgeben. Nun war die von den Initiatoren lang ersehnte Einweihung gekommen. Es war schon früh dunkel, ein starker Regenschauer hatte den Platz, der von ein paar zusätzlichen Lampen nur spärlich beleuchtet war, in ein geheimnisvolles Bild verwandelt. Ein Rednerpult mit der Deutschlandfahne, die noch schnell geholt werden musste (man hatte vorher die alte schwarz-weiß-rote Reichsflagge über das Pult gelegt) war von zwei Lampen beleuchtet. Dass zunächst die falsche Deutschlandfahne gezeigt wurde, sei ein „Versehen" des Rathaus-Hausmeister gewesen, entschuldigte sich später der Festredner Dr. Hagenstroh vom Reichsbund.
Aus Goslar war ein Zug des ansässigen neu aufgestellten Deutschen Grenzschutzes gekommen. Mit ihren Stahlhelmen, die ja noch von der vergangenen Wehrmacht stammten, und den langen Uniformmänteln sahen sie aus wie die Soldaten, die in der Vergangenheit so übel für die politischen Verbrechen der damaligen Machthaber hatten büßen müssen und von denen einige immer noch in sowjetischer Kriegsgefangenschaft waren. Auch ein Musikzug des Grenzschutzes war angetreten. Unterstützt wurde er durch das Trommler- und Pfeifencorps der Schützenbruderschaft, das bei einem solchen Ereignis natürlich nicht fehlen durfte. Mit uns Kindern ging man an diesem Spätnachmittag ziemlich moderat um. Wir durften sogar ganz vorne

vor den Zuschauern stehen, damit wir auch alles mitbekommen sollten, wie Heinz Knacke, der an diesem Tag alles organisiert hatte und ansonsten eine Schuhmacherei betrieb, über ein Megaphon ausrief.

In unmittelbarer Nähe des Pults hatte man auch die Frauen mit ihren Angehörigen platziert, die eine Nachricht von ihren Männern bekommen hatten, in welchem Lager sie sich befinden. Auch die, die bislang nichts von ihren Männern gehört hatten oder deren Männer als vermisst galten, standen mit steinernen Gesichtern und zum Teil in sich zusammengesunken dort. Plötzlich war es doch heller geworden, einige Grenzschutz-Polizisten, die ich vorher noch gar nicht gesehen hatte, hatten Fackeln angesteckt. Sie bauten sich links und rechts neben dem Rednerpult und neben dem noch mit Tüchern verhangenen Denkmal auf.

Ein Trommelwirbel setzte ein. Gastredner Hauptmann a. D. Peter Römers, Ritterkreuzträger mit Schwertern und Brillanten, ging zum Rednerpult. Er sprach gleich zu Beginn davon, dass man diesen Tag nicht für politische Auseinandersetzungen nutzen sollte. Dieses ruhte wohl noch von den Erfahrungen und dem Geschehen beim Gedenktag für die gefallenen Soldaten beider Weltkriege her. An dieser Veranstaltung hatte er auch teilgenommen. Dann redeten noch vier andere Redner, unter anderem auch der Bürgermeister Alle riefen zum Schluss immer den gleichen Satz aus: „Gebt unsere Kriegsgefangenen frei!"

Dann kam es zu der Enthüllung des Denkmals. Zuvor war der Bildhauer Moritz von Deerst, mit zum Rednerpult gekommen. Alle Redner hatten ihn für seine Arbeit gelobt und sich immer wieder bedankt. Die Gattin des Bürgermeisters zog an einer Schnur, und die Tücher fielen zur Erde. Das neue Mahnmal stand auf einem Sockel. Bis Anfang 1945 stand noch die Büste von Adolf Hitler auf diesem Sockel, ehe sie auf Weisung der britischen Alliierten „runtergehauen" worden war.

Jetzt sah man einen knienden, ausgemergelten glatzköpfigen Mann – mit freiem Oberkörper und schmerzverzerrtem Gesicht – mit einem Gewehr im Genick bedroht wurde. Dabei hatte er „flehentlich" beide Arme gen Himmel gestreckt. Ich musste

unvermittelt an das junge Mädchen denken, das zwar nun keine Ähnlichkeit mit dieser Abbildung hatte, aber für den Künstler während seines Schaffens wohl irgendwie eine „Inspiration" gewesen sein musste. Unter dem Mahnmal war ein Schild angebracht: „Gebt unsere Kriegsgefangenen sofort frei. Die Bürger der Stadt Vienenburg", war dort zu lesen.
Plötzlich ein lautes Kommando: „Zweiter Grenzzug stillgestanden! Präsentiert das Gewehr!", erscholl es über den Platz. Und weiter: „Zur Nationalhymne Augen rechts." Zum ersten Mal in meinem Leben hörte ich die Nationalhymne. Einige der erwachsenen Zuschauer – es war wohl ganz Vienenburg erschienen- versuchten mitzusingen. Ich hörte so etwas wie „Deutschland über alles…" Da ich den Text nicht kannte, glaubte ich, dass es dieser wäre. Aber ich war doch beeindruckt, weil die Musik, live vom Musikzug des Grenz-Schutzes gespielt, so massiv klang. Mir wurde ganz feierlich zumute.
Die Feierstunde näherte sich dem Ende, da entstand doch noch ein Tumult. Eine Frau, die ich nicht kannte und deren Mann als vermisst galt, schrie plötzlich mit einer kreischig-weinerlichen Stimme: „Ihr, die jetzt dieses veranstaltet, seid doch mit Schuld an dem ganzen dreckigen Krieg!" Es wurde schlagartig ganz still auf dem Platz. Und weiter: „Sie, Herr von Hagenstroh, sind doch ein hundertprozentiger Nazi gewesen und haben dafür gesorgt, dass mein Mann noch eingezogen wurde und nach Russland musste".
Herr von Hagenstroh, Vorsitzender des Reichsbundes, sagte nichts, sondern schaute nur erstaunt in die Richtung der Frau. Der Bürgermeister und seine Frau versuchten die erregte Mutter dreier Kinder im Alter von neun bis zwölf Jahren zu beruhigen. Doch sie wurde immer lauter, schließlich weinte sie nur noch bitterlich und kniete dabei dicht vor dem eben eingeweihten Denkmal. Ein „klassischer" Nervenzusammenbruch, meinte einer der Grenzschützer. Der Arzt Doktor Proste war als ehemaliger Militärarzt nur kurz in Britischer Gefangenschaft gewesen. Er war schnell zu Stelle und holte aus seinem Arztkoffer eine Beruhigungsspritze. Er verabreichte sie der weinenden Frau vor aller Augen. Jetzt ging es richtig los. Rufe wie „Immer die gleichen bestimmen, wo es langgehen soll!" waren noch die

harmlosesten. Man hörte auch so etwas wie „Vaterlandsverräter" und Ähnliches.
Ein paar wenige Männer schlugen sich. Da übergaben auf Befehl des Grenzschutzführers einige ihre Gewehre an ihre Kameraden. Im Nu hatten sie gemeinsam mit der Polizei die „Störer" im wahrsten Sinn des Wortes im „Schwitzkasten- und führten sie ab. Nun hatte man es plötzlich eilig. Die Namensgebung des Platzes stand doch noch aus. Das Schild war ebenfalls verhangen. Dr. Hagenstroh, der dies Einweihung vornehmen sollte, machte es kurz. Er freue sich, dass nun der Name, der im von CDU und Heimatvertriebenenverband vorgeschlagen wurde und die meisten Stimmen bekommen hatte, enthüllt werden könne. Dann wurde das Tuch vom Namensschild entfernt, und man konnte lesen: „Kaiserplatz"!
Große Unruhe entstand bei den anwesenden Zuschauern. Hatte der Platz nicht schon mal so oder so ähnlich geheißen? Hagenstroh begründete die Namensgebung damit, dass es in der deutschen Vergangenheit schließlich viele Kaiser gegeben hätte und das „Heilige Römische Reich Deutscher Nation" besonders unter Kaiser Karl dem fünften so etwas wie der Beginn von Gesamtdeutschland und Europa gewesen sei. „Das ist aber sehr weit hergeholt", rief Lehrer Großmanns laut dazwischen. Man konnte allgemein merken, dass die Leute doch etwas enttäuscht über die Benennung dieses Platzes waren. Dabei blieb es aber. Nun stand ein Denkmal für die noch Kriegsgefangenen deutschen Soldaten in der Sowjetunion auf dem alten und neuen Kaiserplatz in Vienenburg.
Die Tageszeitung hatte in ihrem Aufmacher berichtet. Darin hatte sie am meisten hervorgehoben, dass es ein solches Mahnmal für unsere Kriegsgefangenen Soldaten in ganz Niedersachsen wohl nur einmal gebe: Eben nur in dieser Stadt, was als beispielhaft besonders gelobt werden müsse. Wegen den anderen „unschönen" Ereignissen wurde die Vermutung geäußert, dass die Störer wahrscheinlich mal wieder von denen „da drüben" gekauft worden wären.

Ein Weihnachts-Gedicht

Oft hatten wir schon Anfang Dezember viel Schnee, und es war bitter kalt. Für die richtige Weihnachtsstimmung brauchte ich aber keinen Schnee, ich liebte einfach diese Jahreszeit, weil sich die meisten Einwohner bemühten, freundlicher miteinander umzugehen, wie ich es empfand. Doch in diesem Jahr war es immer noch ungewöhnlich mild. In den Schulen wurde schon lange vorher von einigen Klassen für die große Weihnachts- und Jahresabschlussfeier geprobt. Es gab kleine Theaterstücke oder auch Gesangs- und Gedichtvorträge. Die Klasse von Lehrer Krumm, der auch so etwas wie ein Heimat-Dichter war, führte immer von ihm geschriebene Stücke auf. Sie waren stets besonders spannend, worüber besonders wir Jungs uns freuten, weil die Geschichten oft lautstark mit vielen Aktionen versehen waren. Nur diese Aufführungen hatten meistens mit der Weihnachtszeit wenig zu tun.

In unserer Klasse sollte in diesem Jahr nur von einem Jungen, als Knecht-Rupprecht verkleidet, ein Gedicht vorgetragen werden. Gedichte zu lernen und auch vorzutragen fiel mir nicht schwer. Im Gegenteil. Wenn sich andere davor zu drücken versuchten, war ich immer mit dabei, zumal ich auch die Reime schnell lernen konnte. Für mich stand also schon so gut wie fest, dass ich es wäre, der vor allen Klassen das Gedicht: „Von draus' vom Walde komm ich her…" vortragen würde. Darauf freute ich mich schon besonders.

Eine plötzliche Grippewelle aber überzog in dem Jahr fast das ganze Land. Auch ich wurde davon betroffen und musste das Bett hüten. Normalerweise käme mir so etwas nicht ungelegen, um der Schule mal fern zu bleiben, aber nicht zu dieser Zeit. Mein Ehrgeiz bestand doch darin, das Weihnachtsgedicht im Vienenburger Saal vor allen Klassen vorzutragen. Ich bat meine Schwester, meinen Lehrer zu fragen, welches Gedicht wir lernen mussten, um in die Auswahl zu kommen. Meine Schwester teilte mir dann mit, dass mir einer der beiden Zwillingsbrüder des Zahnarztes Schilling Bescheid geben werden. Ansonsten müsse wie vorher vorgeschlagen „Draus' vom Walde" gelernt werden. Die beiden Zwillinge, obwohl nicht eineiig und nicht auch nicht sehr ähnlich, gingen immer gleich gekleidet. Im Winter hatten sie für uns andere Jungs, so sahen wir es, ziemlich „albernde" Pudelmützen mit langen Bommel auf dem Kopf. Sie wurden von ihrer Großmutter sehr behütet. Das gipfelte darin, dass sie täglich zur Schule gebracht und wieder abgeholt wurden, was zu damaliger Zeit nicht nötig war und auch von keiner anderen Familie gemacht wurde.

Die beiden waren auch sonst für uns Jungs ein bisschen komisch. Ich hatte trotzdem auf Bitten meiner Mutter mal versucht, mit ihnen zu spielen. Aber sie durften nach der Schule nur in ihren Garten und nicht wie ich es gewohnt war ziemlich weit „rumstromern". Auch lagen die beiden mir überhaupt nicht, und so hatte ich keinen Kontakt mit den zweien. Nach gut einer Woche ging es mir wieder besser, ich durfte aufstehen und in die Schule gehen. Keiner der beiden Zwillinge – weder der etwas größere und dünnere Frank noch der etwas kleinere Thomas – waren in dieser Zeit bei uns zu Hause vorbeigekommen, um mitzuteilen was für die Weihnachtsvorführung gelernt werden sollte. Also ging ich davon aus, dass das mir bekannte Gedicht den „Zuschlag" bekommen hatte.

Doch als der Lehrer nach zwei anderen Unterrichtsstunden endlich auf unseren Weihnachtsbeitrag zu sprechen kam, musste ich erfahren, dass eine Kurzgeschichte, mit dem Titel: „Wie die Englein und Zwerge im Himmel Spielzeug, als Wünsche der Kinder, basteln" ausgesucht worden war. Dieses Stück hatte unser Lehrer selbst geschrieben. Es sollte nun von den Kandidaten, davon gab es nur drei – die Zwillinge und ich – vorgetragen werden. Der Bessere sollte dann diese Geschichte an dem Abend der Schulauffühhrungen dem versammelten Publikum auswendig, wenn auch auf einige Strecken nur „sinngemäß", vortragen.

Wut kam in mir hoch. Ich versuchte noch schnell bei meinem Nachbarn einen Blick auf diese Geschichte, die alle mitgeschrieben hatten, zu erhaschen. Die übrigen Mitschüler hatten sie ebenfalls auf dem Tisch liegen. Da rief mich der Lehrer schon auf. Ich sagte, dass ich davon ausgegangen wäre, wegen meiner Krankheit Bescheid zu bekommen, welches Gedicht oder welche Weihnachtsgeschichte sonst anstehen würde und

ich daher von „nichts etwas gewusst" hätte. Da erhoben sich die beiden wie auf Kommando und erklärten mit treuherzigem Augenaufschlag, fast im Chor, sie hätten dieses doch eine Person – an welche wussten sie angeblich nicht mehr – in dem Haus, in dem ich wohnte, in einem Umschlag schriftlich übergeben.
„Ihr lügt!", schrie ich darauf hin.
Aber unser Lehrer, der auch Patient bei dem Vater der Zwillinge war, sagte, ich solle hier nicht „rumbrüllen" und mich setzen, denn er würde den Beiden schon glauben. Jetzt war es leider klar: Der Größere und „Dünne" machte schließlich, nachdem beide vorgetragen hatten, dass „Rennen". Und, „wie niedlich", durfte der andere als Engel verkleidet dabeistehen, während sein Bruder als Knecht Ruprecht die Geschichte vortragen sollte. An sich fand ich das ganze Stück irgendwie ziemlich „bescheuert", doch so abgewiesen zu werden, hatte mich doch sehr gekränkt.
Meine anderen Mitschüler konnten nicht verstehen, warum ich darüber so erbost war. „Sei doch froh, dass du nicht wie so ein Dummbeutel dastehen musst", war unter anderen ein Kommentar. Ich spürte schon damals, dass es keinen Zweck hatte, persönliche Empfindungen zu erklären. Für mich war es eben dieses „Prickeln" im Bauch vor so einem Auftritt. Ich durfte einmal bei einer ähnlichen Aufführung mitspielen und auch einige Sätze als Zwerg verkleidet aufsagen. Seitdem ließ es mich nicht mehr los, möglichst vor vielen Menschen etwas vorzuführen oder etwa ein Gedicht vorzutragen. So sagte ich nur: „Es stinkt mir aber, dass die so gelogen haben."
Das leuchtete ein – und einige meiner „Kumpels" versprachen mir schließlich, wenn mir der Gedanke nach „Rache" an die beiden in den Sinn kommen sollte, würden sie mir irgendwie helfen.

Rache ist „süß", doch eigentlich auch „Mist"

Eigentlich wollte ich mich nach einigen Tagen schon mit der ganzen Sache abfinden. Aber als der Abend der Schulaufführungen immer näher rückte, sehnten sich meine Gedanken immer mehr nach Rache. Als ich einmal ein Pferdefuhrwerk von

Bauer Wulf mit geladenem frischem Mist in unserer Straße entgegenkommen sah und mir dabei die Nase wegen des beißenden Geruchs zuhalten musste, kam mir dazu ein „Geistesblitz". Ich wusste nun, was in der noch nicht verarbeiteten Angelegenheit getan werden musste. Zunächst galt es aber einen Weg zu finden, während der Aufführungen, die nun in drei Tagen stattfinden sollte, hinter die Bühne zu kommen.

Ein Zufall half mir dabei. Frau Lehrerin Kottendruv, die in jedem Jahr für den Ablauf der Weihnachts-Schulaufführungen zuständig war, kam am nächsten Tag in unsere Klasse. Mit ihrer etwas zu hohen Stimme bemerkte sie, dass noch ein paar Helfer hinter der Bühne für die Aufführungen gebraucht würden. Ich meldete mich ganz bewusst nicht und hoffte, dass unser Klassenlehrer Broeger mich fragen würde, ob ich bereit wäre, zu helfen: So, als wenn er mir einen gewissen „Ersatz" für den entgangenen Auftritt anbieten müsse.

Meine Strategie – ich hatte damals nicht im Entferntesten eine Ahnung, dass es sich um eine solche handeln könnte – ging dabei auf. Mit zwei weiteren Mitschülern, Emil und Friedrich, die sich gemeldet hatten und mit denen ich „gut konnte", waren wir nun für alle anfallenden Arbeiten hinter der Bühne eingeteilt. An dem Nachmittag der großen Schulaufführungen, die am Abend stattfinden sollten, ging ich mit meinen Mitstreitern, die von mir über meine „Absichten" eingeweiht waren, zum Hof von Bauer Meisner.

Ich hatte mir schon einen der großen alten „Jutesäcke" und viel Zeitungspapier besorgt. Dann fragte ich, ob wir etwas Mist haben könnten. „Was wollt ihr denn mit dem Mist anfangen?", wurden wir von Gustav, dem Bruder von Alma, gefragt. Er ging aber, ohne eine Antwort zu erwarten, bloß kopfschüttelnd weiter seiner Arbeit nach. Er konnte mich gut leiden und musste immer lachen, wenn ich meinen Onkel Heini in Gestik und Auftreten nachmachte. Wir fingen an, den Mist päckchenweise ordentlich in Zeitungspapier einzuwickeln und vorsichtig in den Sack zu legen. Wir machten das mit Hilfe einer Mistgabel, sehr vorsichtig, sodass wir uns nicht allzu sehr schmutzig machten und zu sehr anschließend stinken mussten. „Es ist ja genug da, bedient euch nur", meinte Gustav noch lachend. Er fragte aber sonst auch weiterhin nicht nach. Er murmelte noch so etwas wie „Der Uwe kommt vielleicht immer auf Ideen.", ehe er „von dannen" schritt.

Mit einer Schubkarre, die wir uns vom Hof ungefragt ausliehen, brachten wir dann unsere „Fuhre" zum Vienenburger Hof. Weil das Zeug so fürchterlich stank, deponierten wir den Sack hinter einem Lattenzaun am hinteren Bühneneingang und deckten sie mit einer Plane, die wir uns ebenfalls vom Hof „ausgeliehen" hatten, gut ab. Jetzt musste das, was ich mir ausgedacht hatte, auch klappen. Wenn nicht, gab es noch einen anderen Plan, der aber nicht so wirkungsvoll sein würde.

Es stinkt zum Himmel

Alle Besucher, einige Stadtoberen, Eltern, Verwandte und die übrigen Lehrer und Schüler, die in dem Jahr nichts vorführen mussten, hatten sich an dem traditionellen Weihnachts- Vorführabend schick angezogen, soweit es ging. Da wir ja für Arbeiten eingeteilt waren, hatten wir uns die ältesten Sachen angezogen – auch schon im Hinblick darauf, dass wir eventuell etwas von der „Stinkerei" abbekommen würden. Nach endlosen Reden von beiden Direktoren der Volks- und Mittelschule sowie Aufführungen der anderen Klassen – wobei wir mit unnützem Holen und Bringen von Gegenständen beauftragt wurden – war es dann bald soweit.

Der „Dünne" kam ganz wie ein alter Schauspieler hinter die Bühne. Er sah in seinem Knecht-Ruprecht-Anzug wie die Witzfigur „Kohlenklau" aus. Aber erst mal sein Bruder! Als Engel verkleidet und sogar die Lippen rot geschminkt, seine Wangen ebenfalls leuchtend rot angemalt, machte er eine seltsame Figur. Wir hatten schon vorher abgesprochen, bloß nicht zu lachen, sondern immer „beflissen" den Brüdern unsere Hilfe anzubieten. Als erstes fragte Emil mit süßlicher Stimme, ob er denn auch einen großen Sack dabeihätte. Wir wussten, dass er nur seinen Turnbeutel und – wie phantasielos – seine Turnschuhe auf die Bühne mitnehmen würde.

„Das hat mir keiner gesagt", so der dünne Zwilling. „Aber ein Knecht Ruprecht mit Sack mit etwas drin – das macht die ganze

Aufführung noch schöner", sagte ich daraufhin, mit einer Stimme, die bedeuten sollte: „Vertrau mir nur!" Ob wir denn noch einen besorgen könnten und – da meinte er ganz schlau zu sein – mit irgendetwas füllen könnten? „Zum Beispiel mit Papier", fügte er noch hinzu. Wir taten so, als wenn wir lange überlegen müssten, wo wir nun plötzlich so etwas herkriegen sollten. Schließlich sagten wir, wenn er auf die Bühne gerufen werde, sollte er mit seinem Bruder einfach losgehen und sich nicht umsehen. Wir würden dann, wenn wir eine solche „Requisite" aufgetrieben hätten, ihm diese einfach in die Hand drücken.
Er solle den Sack dann einfach hinter sich herziehen und so tun, als wenn er sehr schwer wäre. „Aber auf keinen Fall umsehen", trichterte ich ihm noch ein, ansonsten würde das für die Zuschauer blöd aussehen, hatte ich noch begründet. Klassenlehrer Broeger ging nun bis zum Bühnenrand, um unseren Klassenbeitrag anzukündigen. Dabei erklärte er lang und breit, wie er auf die Idee gekommen war, so eine kurze Weihnachtsgeschichte zu schreiben. Er bemerkte noch – das war für mich der Gipfel -, dass schließlich drei Kandidaten zur Auswahl gestanden hatten, sie vorzutragen. Dann erwähnte er meinen vollen Namen und sagte, dass ich nicht gelernt hätte. Von den Zwillingen aber könne es Frank Schilling am besten. Deswegen solle er heute Abend mit seinem Bruder Thomas auf das Herzlichste begrüßt werden.
Hatte ich bis dahin doch Bedenken, ob das auch unbedingt das Richtige sei, was wir nun vorhatten, so war dieses nach der Rede von unserem Klassenlehrer ganz schnell verflogen. Ich freute mich schon „diebisch" auf das, was in wenigen Minuten stattfinden sollte. Emil und Friedrich hatten in der Zeit, während der Lehrer sprach und die Zwillinge gespannt auf ihren Auftritt warteten, den Jutesack mit dem „weihnachtlichen" Mist in Zeitungspapier hervorgeholt. Sie warteten an der hinteren Bühneneingangstür auf mein Zeichen.
Mit der Zeit hatte sich der ganze Inhalt in dem Zeitungspapier ganz aufgeweicht, und es „leckte" schon durch den Sack durch. Schnell winkte ich meine „Mitverschwörer" herbei: Beinahe zu spät, denn die beiden Brüder hatten es ziemlich eilig, nach dem

letzten Satz unseres Lehrers fast auf die Bühne zu rennen. Doch ich hielt den Dünneren fest und flüsterte: „Nicht umsehen, du weißt schon..."
Tatsächlich hielten sie sich an die Abmachungen, und so konnte ich Frank Schilling den gut zugeschnürten „Mistsack" in die rechte Hand drücken. Es stank jetzt schon unheimlich, was die Beiden vor Aufregung aber nicht zu bemerken schienen. Sie schritten bis zur Mitte der Bühne. Frank schleifte den Sack, wie man bemerken konnte, mit größter Mühe hinter sich her. Die Schleifspur verfärbte sich immer mehr in stinkend-öligen Farben. Schon jetzt fingen einige im Saal zu kichern an. Doch die Beiden, ganz auf ihren Auftritt konzentriert, schauten sich nicht um. Der Dünne begann mit der blödsinnigen Geschichte. Dazu hatte er wohl eine bestimmte Gestik einstudiert und „fuchtelte" mit den Armen nach jedem Satz ungelenk umher. Den Sack hatte er neben sich abgestellt. Daraus floss weiterhin ungebremst die braun-schwarze „Brühe". Gerade sagte er ein paar Namen von Zwergen und Englein auf, die tolle Puppen und Holzspielzeug für die „artigen" Kinder in Vienenburg basteln sollten, da rann es schmutzig stinkend vom Bühnenrand in den Saal.
Vorne saßen wie immer die gesamte Lehrerschaft und ein paar andere wichtige Leute, oder solche, die sich dafür hielten, mitsamt dem Bürgermeister. Sie sprangen wie gehetzt auf. „Pfui, das stinkt nicht schlecht", rief nun ein Vater laut – worauf großes Gelächter aus dem Saal folgte und die „schöne" Vorführung mit weiteren Zurufen unterbrach wie: „Dieser Vortrag soll wohl gleich zum Himmel stinken, damit die etwas schneller arbeiten."
Daraufhin hörte der „Dünne" mit seiner komischen Gestik auf. Er sagte kein Wort mehr, während sein Bruder nur „starr" grinste. Langsam, fast in Zeitlupe, drehte er sich zu uns um. Wir taten betroffen, und ich machte eine entsprechend bedauernde Handbewegung. Doch Friedreich konnte sich nicht mehr halten und fing laut zu lachen an. Da wurde es höchste Zeit zu verschwinden, denn wir konnten nach dieser von uns inszenierten Einlage wohl mit einigem rechnen.

Die Strafe folgt…

Wir griffen unsere Jacken und liefen so schnell wir konnten in Richtung evangelische Kirche im Oberdorf. Dort in der Nähe gab es auch einen Teich mit viel Gestrüpp und Schilf am Wegesrand. An kalten Wintertagen war er zugefroren, und wir spielten dort oft mit selbstgemachten Schlägern aus Ästen Eishockey. Jetzt wollten wir uns an diesem Ort erst einmal verstecken und abwarten, bis die Aufführungen vorbeigehen sollten.
Es fing dann plötzlich an zu schneien, und uns wurde aber immer mulmiger zumute. Nach anfänglichem Lachen und Rumalbern über unseren gelungenen „Anschlag" sagten wir bald gar nichts mehr. Immer mehr kam mir ins Bewusstsein, dass das, was wir da gemacht hatten, doch vielleicht doch zu übertrieben und verletzend war. Am liebsten, so ein kurzer Gedanke von mir, wäre ich zu den Zwillingen gegangen, um mich dafür zu entschuldigen.
Schließlich, nach fast einer Stunde, die mir noch länger vorkam, erhob ich das Wort: „Ihr braucht keine Angst zu haben, ich nehme alles auf mich." Schließlich sei es ja meine Idee gewesen, fügte ich noch etwas leiser hinzu. Doch das wollten meine „Mitstreiter" nicht auf sich sitzen lassen. Es entstand ein ziemlich lautes Durcheinander-Gebrülle, was uns irgendwie guttat. Nur gut, dass es keine Wohnhäuser in der Nähe gab!
Nach einigem Zögern gingen wir dann auseinander und wollten uns am andern Tag um 18 Uhr an derselben Stelle treffen. Als ich mit zitternden Knien zu Hause zur Tür hereinkam, stand schon mein Vater vor mir. Ohne ein Wort zu sagen, setzte es drei kräftige Ohrfeigen. Ich fing daraufhin laut zu Weinen an, während meine Mutter meinen Vater zu beschwichtigen versuchte. An sich hatte ich ja damit rechnen müssen. Mir fiel aber auf, dass mein Vater nicht schimpfte, wie es sonst seine Gewohnheit in ähnlichen „Fällen" war. Ich musste mich schließlich setzen und von Anfang an den ganzen Hergang erzählen.
Während ich erzählte, konnte ich bemerken, dass mein Vater, aber auch meine Mutter, oft zur Seite blickten, damit ich ihr „Schmunzeln" nicht bemerken sollte. Meine Schwester, die natürlich auch im Saal bei der weihnachtlichen Schulaufführung gewesen war, hatte alles schon einmal meinen Eltern erzählen

müssen. Direktor Sossenbacher, mein ehemaliger Klassenlehrer, hatte sie beauftragt, diese – so drückte er sich aus – „größte Unverschämtheit und Frechheit, die ihm je untergekommen wäre – umgehend meinen Eltern mitzuteilen.
Es schien, als wenn ich von meinen Eltern wohl nicht mit weiteren Strafen rechnen musste. Mit den Ohrfeigen war das wohl abgegolten. Ich sollte mich aber noch persönlich bei den Zwillingen und auch bei deren Eltern entschuldigen. „Warte mal ab, was sich die Schule für euch noch ausdenkt", meinte mein Vater noch – und damit sollte er Recht behalten. Am anderen Tag ging ein Getuschel los, als ich auf den Schulhof kam. Meine Freunde standen in einer Ecke des Schulhofes bedrückt herum. „Was soll uns schon passieren?", meinte Emil. „Vielleicht ein Ausschluss von dieser Schule?", bemerkte daraufhin Friedrich. Ich sagte nur: „Warten wir es ab.". Dann schworen wir noch, trotzdem zusammenzuhalten, egal was jetzt kommen sollte.
Unser Klassenlehrer machte ein ernstes Gesicht, als die Unterrichtsstunde begann. Er sprach von drei unnützen „Lausejungen", die den Bogen dermaßen überspannt hätten, wie es vorher noch von keinem Schüler getan worden war. Bei einem solchen Anschlag, der in der Stadt so noch nicht vorgekommen wäre, sei mit einer schweren Strafe für die Übeltäter zu rechnen. Dann rief er uns auf. Wir mussten nach vorne zum Lehrerpult kommen. Er sagte, dass wir leider nicht von der Schule verwiesen werden könnten, da eine andere Schule zu weit – nämlich erst in Bad Harzburg – sei. Das Gesetz verbiete es, uns dahin zu verweisen. Aber er wolle eine Strafe, die von fünf ausgesuchten Schülern aus unserer Klasse vorgeschlagen werden sollte, an uns verhängen.
Er gebrauchte tatsächlich das Wort „verhängen", was in uns, als er es sagte, schon Angst auslöste. Schließlich schickte er uns aus dem Klassenzimmer. Nach fast einer halben Stunde wurden wir wieder in das Klassenzimmer gerufen. Wieder mussten wir uns am Lehrerpult aufbauen. Langsam kam in mir auch Wut hoch über die ganze Zeremonie. „Ich möchte noch was sagen", hörte ich mich plötzlich selber sprechen. „Du sagst hier erst mal gar nichts mehr", rief unser Lehrer aufgeregt dazwischen. „Sind wir hier im Mittelalter?", schrie ich, allen Mut zusammen-

nehmend, zurück. Das schien Eindruck zu machen. In der Klasse war es jetzt „mucksmäuschenstill" geworden. Lehrer Broeger schrie daraufhin mit rotem Kopf: „Fünf Eurer Mitschüler, die ich hier nicht nennen werde, haben sich für Euch folgende Strafen ausgedacht: „Ihr werdet fünf Schläge mit dem Rohrstock empfangen, außerdem drei Wochen je zwei Stunden nachsitzen, und vom nächsten Schulausflug werdet ihr ausgeschlossen!"

Der Schulausflug bestand aus einer Wanderung im „Harly", unserem dicht bewaldeten Höhenzug des Ortes. Darauf konnten wir sowieso verzichten, weil wir den Wald ziemlich gut kannten und oft darin spielten. Unser Lehrer gab dann die Anweisung, uns – je mit dem Gesäß zur Klasse – nach vorne zum Lehrepult zu beugen. Als Erster „empfing" Emil seine Strafe. Ich kam als letzter dran.

Meine beiden „Mittäter" hatten die Schläge mit dem Rohrstock ohne eine Miene zu verziehen (nur Emil hatte einen roten Kopf dabei) entgegengenommen. Als ich dran war und mich der zweite Schlag mich traf, hielt ich den Rohrstock, plötzlich mit der rechten Hand hinter mich greifend, fest. Ein Schreckensruf ging durch die Klasse. Ich stand blitzschnell auf und versuchte den Stock zu zerbrechen. Das gelang mir nicht, aber ich warf ihn in die Ecke des Klassenzimmers und lief aus dem Klassenraum. Alles war sehr schnell geschehen, sodass weder der Lehrer noch die Schüler irgendwie reagieren konnten.

Zu Hause angekommen, erzählte ich das eben Erlebte meinen Vater. Der sprach daraufhin leise mit meiner Mutter. „Ja", sagte er zu mir gewandt, „ich habe es kommen sehen, auch die Schule wird sich noch etwas Unangenehmes für euch ausdenken." Dann befahl er: „Mitkommen!" Er nahm mich an der Hand, und wir gingen zurück zur Schule.

Er bat meinen erstaunten Klassenlehrer, der gerade vom Rektorzimmer kam und den Vorfall mitgeteilt hatte, um ein Gespräch unter vier Augen. Allerdings sollte ich dabei sein. Er sprach leise und doch bestimmt: „Herr Broeger, in unserer Familie bestimme ich ganz alleine, wann und wie meine Kinder bestraft werden." Broeger wollte etwas sagen, doch mein Vater erhob nur den Zeigefinger und bedeutete ihm, ihn nicht zu

unterbrechen. Dann fuhr er fort: „Dass die Bengels eine Strafe verdient haben, meinetwegen, aber nicht in dieser Art und Weise." Das werde er auf keinen Fall dulden, im Übrigen hätte ich meine Strafe zu Hause schon bekommen.
Zu mir gewandt sagte er nur kurz, dass ich jetzt wieder in die Klasse gehen sollte – und ging ohne einen weiteren Gruß mit festem Schritt aus dem Schulgebäude. Kurz vor dem Ausgang drehte er sich noch einmal um und erhob nochmals den Zeigefinger zum Lehrer gewandt. Diese Geste hätte sowohl dem Lehrer, nichts weiter zu veranlassen, oder auch mir, mich zu benehmen, gelten können. Als ich mit dem Lehrer zurück in den Klassenraum kam, ging er schweigend einen Schritt vor mir. Alles war still. Ich setzte mich auf meinen Platz, und der weitere Unterricht wurde fortgesetzt.
So hätte ich es mir gewünscht! Doch meine Eltern unternahmen gar nichts. Etwas zaghaft, meinte nur Mutter, dass die Reaktion doch etwas zu hart wäre. Mein Vater, schickte mich zurück zur Schule, mit den Worten: „Das ist nun mal die Strafe."
Nach der Pause ging ich nicht wieder in die Klasse zurück. Lieber lief ich ein wenig im Ort herum. Nachdem der Unterricht vorbei war, schlich ich mich dann in die Klasse und holte meine Schultasche ab. Am nächsten Schultag reagierte Broeger nicht mehr darauf, sondern tat so, als wenn er mich gar nicht sehen würde. Noch lange danach hatte er des Öfteren versucht mich zu benachteiligen. So schrieb ich dreimal hintereinander bei Aufsätzen eine Vier bis Fünf, obwohl ich ansonsten besonders in diesem Fach immer gute Noten geschrieben hatte.
Wir „Attentäter" wollten an sich auch noch die, die „unsere Strafe" in der Klasse bestimmt hatten, ausfindig machen. Ich hatte so einige in Verdacht. Besonders eine zu groß und zu breit gebaute Mitschülerin, deren Namen ich vergessen habe, hatte ich im „Visier". Aber es kam nicht mehr dazu, da im bald kommenden Schuljahr die Klassen aufgelöst und anders bestimmt wurden. So ging nach ein paar Monaten alles wieder seinen normalen Gang in dieser Schule, die wahrscheinlich nach heutiger Sicht mit einer „Strafanstalt" verglichen worden wäre, die es so gar nicht geben dürfte.

Wir kannten es damals nicht anders. Bei den Zwillingen hatte ich mich zwischenzeitlich im Beisein meiner Mutter entschuldigen müssen, auch bei den Eltern und sogar bei den Großeltern. Das war für mich fast die schlimmste Strafe. Emil und Friedrich benahmen sich, nach dem alles durchgestanden war, doch etwas anders wie sonst. Friedrich bemerke nur einmal, dass sie die kompletten Schläge bekommen hätten und ich dabei ja noch gut weggekommen wäre.

„Man sieht sich im Leben immer zweimal!" Dieser Satz hatte in meinem Leben schon des Öfteren die „personifizierte" Gültigkeit. Lehrer Broeger galt zur damaligen Zeit, als eine zukunftsgewandte Lehrkraft, die mit neuen Methoden unterrichtete. Aus heutiger Sicht müsste er wegen eben dieser Methoden suspendiert werden. Ich sah ihn später also wieder.

Ich verbrachte mal wieder, von Köln aus, einige Tage in Vienenburg. Als ich an einem Tag das städtische Freibad besuchte, traf ich ihn. Broeger war immer noch Lehrer und beaufsichtigte eine Jungenklasse beim Schwimmen. Schon wollte ich auf ihn zugehen und ihn bei dieser Gelegenheit auf den von mir nicht vergessenen Vorfall barsch ansprechen, als ich bemerken konnte, wie zusammengesunken und fahl er aussah. So ging ich nur an ihm vorbei und wünschte noch einen „Guten Tag". Broeger schaute mich mit großen Augen an und grüßte zurück. Offensichtlich hatte er mich nicht mehr erkannt. Eilig ging ich weiter. Die Zeit heilt alle Wunden heißt es. Aber die Narben können bleiben – und hin und wieder Schmerzen bereiten!

Der „Amts-Garten" und ein Schatz

Der anschließende Winter, der dann doch noch nach diesem Ereignis unerbittlich einsetzte, war wieder mal sehr kalt. Meine Mutter gab mir zwei lange Hosen, die ich übereinander anziehen musste, wenn ich zur Schule ging. Wir heizten nur im Wohnzimmer mit einem alten eisernen Ofen, sodass im Schlafzimmer am Morgen das Fenster voller „Eisblumen" war. Besonders hart erschien es uns, wenn der Schnee aus einem dunklen, grauen Himmel herunterfiel, meistens noch mit Sturm und Wind, sodass wir Kinder auch nicht Schlitten fahren konnten.
Die Wollhandschuhe, durchnässt und kalt an den Fingern, schützten meist gar nicht. Wenn ich darüber klagte, sagten meine Eltern nur, dass ich ja ein Junge wäre und sie damals als Kinder überhaupt keine Handschuhe besessen hätten. Dann blieb einem nichts Anderes über, als seine Hände an dem gusseisernen Ofen wieder zu wärmen und das Kribbeln in den Fingern tapfer zu ertragen – um nach einiger Zeit doch wieder in den Schnee hinaus zu gehen.
Der Frühling setzte endlich ein, der große Kirschbaum im Garten am Haus unserer Wohnung blühte im Mai besonders schön. Wenn die Sonne strahlte, konnten wir Jungs uns auch wieder unseren Spielen zuwenden. Einige aus dem Oberdorf, in der Nähe der Burgdomäne, mit denen ich sonst wenig zu tun hatte, fragten mich eines Tages, ob ich nicht Lust hätte, Karten zu spielen. Nun saßen wir doch wieder drinnen, während draußen die Sonne schien, und spielten „Mau-Mau". An einem Nachmittag kamen aber einige auf die Idee, doch rüber in den Garten an der Burg auf Entdeckungsreise zu gehen. Der Tag war einfach zu schön, um noch weiter drinnen zu sitzen, um Karten zu spielen.
Es war natürlich verboten, in dem Amtsgarten, wie er auch genannt wurde – und vor langer Zeit wohl auch noch ringsum einen Wassergraben gehabt haben musste – zu spielen. „Malle", „Jallo", „Stenz", waren die Spitznamen meiner neuen Spielkameraden. Die richtigen Namen habe ich nie gekannt. Mit dabei war auch noch ein Mädchen, das sich wie ein Junge fühlte, aber mit weiblichem Vornamen Hannelore hieß (kurz „Hanne" ge-

rufen). Alle gemeinsam spielten wir „Räuber und Gendarm". Die „Obrigkeit" war schnell ausgemacht: Malle und ich mussten die anderen als „Räuber" suchen. Dazu hatten sie etwa acht Minuten Zeit und Gelegenheit, sich in dem großen mit vielen Büschen, Bäumen und Gräsern bewachsenen Garten zu verstecken. Es wurde noch ein Ruf ausgemacht, ähnlich wie aus den schwarz-weißen Tarzan-Filmen mit dem amerikanischen Schauspieler „Jonny Weismüller" als Tarzan, falls man uns von Seiten der Gutsverwaltung überraschen sollte.

Die Suche dauerte schon fast 15 Minuten, und Malle und ich hatten schon keine Lust mehr an diesem Spiel, als wir plötzlich einen lauten Schrei hörten, der von Hanne kommen musste. Dann Stille. Doch plötzlich wieder ein Schrei, diesmal etwas leiser. Ich reagierte, indem ich versuchte, den bekannten Urwaldschrei aus den Tarzan-Filmen nachzuahmen. Da kam auch schon eine Antwort, wie wir es vorher ausgemacht hatten, wahrscheinlich aber von Stenz. Schnell liefen wir in die entsprechende Richtung, Unterwegs stieß ich immer wieder das bekannte „Ah uha" aus, wahrscheinlich, um uns auch etwas Mut zu machen.

Als wir über eine alte Holzbrücke liefen, sahen wir circa fünf Meter von der Burgmauer entfernt Stenz und Jallo stehen, die wie erstarrt in ein großes Erdloch schauten. „Sie ist plötzlich da eingebrochen und hineingefallen", so aufgeregt Stenz, während Jallo kreidebleich war und nichts mehr sagte. „Aber ihr solltet euch doch verstecken", rief Malle mit hoher Stimme. Ich empfand die Bemerkung in dieser Situation als überflüssig. „Wir wollten euch ein wenig ärgern", meinte Jallo. Von Hanne hörten wir nichts. Wir konnten sie auch nicht sehen. Ich rief laut ihren Namen, doch es kam keine Antwort. Jetzt bekamen wir es doch etwas mit der Angst zu tun. „Hat einer eine Taschenlampe?", ich hatte noch nicht ganz ausgesprochen, da flitzte Malle auch schon los. Dabei keuchte er nur „zu Hause".

Da er es ja nicht weit hatte, dauerte es auch nicht lange, bis er wiedererschien. In der Hand hielt er eine große Stab-Taschenlampe, wie sich jeder Junge zur damaligen Zeit als Geschenk wünschte. Wir leuchteten in das Loch und sahen ein altes, mit nassen Mauern versehendes Verlies oder was dieses geheim-

nisvolle Kellerloch sonst war. Da sahen wir auch schon das Mädchen. Sie hatte die Augen auf und starrte uns nur an. „Haltet mich fest", sagte Jallo, und er kletterte in das dunkle Verlies, das aber durch den ziemlich hellen Schein der Taschenlampe einigermaßen ausgeleuchtet war.
„Ich habe solche Angst", kam es plötzlich von der nun nicht mehr so burschikosen Hanne. Ich rief: „Tut dir etwas weh?" Nun etwas leiser antwortete sie: „Ja, mein Fuß." Irgendwie war ich schon wieder beruhigt. Wenn es weiter nichts wäre, hatte sie ja noch mal Glück gehabt. Nun wollten alle in das doch so überraschend gefundene Verlies. Wer weiß was sich da noch so alles finden würde?!
Und: Tatsächlich! In einer Ecke stand eine große Truhe mit eisernen Beschlägen. „Ein Schatz!", entfuhr es uns fast gleichzeitig. Und auch Hanne war wieder munter, als wir dann bei ihr waren. Sie schien ihren schmerzhaften Fuß, den sie sich – wie sich später herausstellen sollte – nur leicht verstaucht hatte, vergessen zu haben. Ich übernahm nun das weitere. Zunächst ließ ich alle „bei Blitz und Donner" schwören, keinem Menschen von diesem Fund etwas zu erzählen. Und sollten sich irgendwelche Schätze in der Truhe befinden, sollten wir nochmals darüber beratschlagen. Alle stimmen zu. Jetzt brauchten wir einen Gegenstand, um die Schlösser an der Truhe zu öffnen.
Mit einem alten Mauerstein, der dort herumlag, schlugen wir immer wieder auf die Schlösser ein. Es dauerte fast zehn Minuten, bis die alten Dinger brachen. Gespannt öffneten wir den Deckel. Vielleicht beinhaltete diese Kiste ja einen großen Schatz und würde uns alle reich machen – so hofften wir es. Was wir nun darin fanden, enttäuschte uns zunächst, doch die Neugierde ließ uns alles weiter genau zu untersuchen. Wir fanden etliche glitzernde Dolche, Embleme mit Totenköpfen, Uniformschulterstücke, Urkunden in goldenem Rahmen, Orden und Ehrenzeichen sowie drei Alben mit Fotos. Die Bilder zeigten zum Teil SS-Männer mit ein paar abgemagerten Leuten in Sträflingskleidung, die in gekrümmter Haltung, einige mit freien Oberkörpern und einen Strick um den Hals, ängstlich und mit weit aufgerissenen Augen in die Kamera schauten. Die Männer in ihren schwarzen Uniformen standen grinsend dabei.

Einer von ihnen, deutlich zu erkennen – er schien jünger zu sein als die Anderen auf dem Foto – war Droschke!
„Deckel zu!" rief ich. „Das ist gewiss kein Schatz aus dem Mittelalter", schrie ich nun geradezu aufgeregt. Malle meinte, dass er wohl besser den Fund dem jetzigen Gutsverwalter Herrmann Droschke mitteilen sollte. „So ein Quatsch", krächzte Hanne dazwischen: „Der ist doch darauf zu sehen." Sie wollte erst einmal mit ihrem Vater sprechen, was nun zu tun wäre. Schließlich waren wir ja unerlaubt in den Burg-Garten geklettert, was bekanntlich verboten war.

Hannes Vater, Klaus Winger, war besonders bei uns Jungs in der ganzen Stadt bekannt. Er gehörte zum örtlichen Tischtennisverein und war schon mal Landesmeister in dieser Sportart. Er wirkte immer gut gelaunt und ging mit seiner Tochter eher in „kumpeliger" Weise um. Sie nannte ihn auch nicht Papa oder Vater, sondern rief ihn nur bei seinem Vornamen, was in der damaligen Zeit ziemlich ungewöhnlich erschien. Wir mussten noch warten, bis er nach Hause kam. Er arbeitete als Gemeindeangestellter im Rathaus, Referat Bauwesen.

Als er endlich kam und sein Fahrrad abgestellt hatte, überschüttete ihn seine Tochter gleich mit den Geschehnissen, die wir erlebt hatten. „Langsam", lachte er nur und ließ sich alles noch mal von vorne erzählen. Er dachte lange nach, dann schüttelte er mit dem Kopf und sagte nur: „Jetzt hat dieser Sklaventreiber Droschke wohl endlich mal was am Hals." Dieser Zusammenhang schien uns einigermaßen einzuleuchten. Den Gutsverwalter Droschke mochten im Ort die wenigsten Leute. Bei der Kartoffelernte konnten damals Kinder zur Ernte freiwillig eingesetzt werden. Es gab für einen halben Tag von sechs bis zwölf Uhr eine Mark.

Auch ich hatte es einmal versucht und nach drei Stunden den Korb mit den Kartoffeln im hohen Bogen an den bereitstehenden Anhänger „geknallt". Ständig hatte Droschke uns mit derben Worten zur Eile angetrieben. Wir sollten gefälligst im Laufschritt die aufgesammelten Kartoffeln zum Wagen bringen, brüllte er uns immer wieder an. Alles ging ihm nie schnell genug. Mit mir gaben damals noch vier weitere Kinder diese „Schinderei" auf. Den Lohn hatten wir für die Stunden, die wir schon auf dem Kartoffelfeld gearbeitet hatten, natürlich auch nie gesehen. „Wer die Arbeit abbricht, bekommt einen Scheißdreck", hatte er noch hinter uns hergerufen.

Herr Winger schickte uns nach Hause und nahm uns das Versprechen ab, keinem Menschen – zunächst auch nicht unseren Eltern – von dieser Sache etwas zu erzählen. Er versprach uns, sich darum zu kümmern und seine Tochter würde uns Bescheid geben, was dann weiter geschehen sollte. Schon in der darauffolgenden Woche teilte uns Hanne mit, dass wir am Dienstag um 16 Uhr an der Fundstelle im Amtsgarten sein sollten. Es würden dann von einigen Herren noch ein paar Fragen gestellt werden.

Als wir ankamen, standen vier Männer in langen Mänteln mit Hüten, wie sich herausstellen sollte, von der Landeskripo Niedersachsen, sowie drei Orts-Polizisten ernst blickend am verabredeten Treffpunkt. Auch der Gutsverwalter Droschke war anwesend. Er schaute uns grimmig an, so, als wenn er uns einschüchtern wollte. „Ach da seid ihr ja", sagte einer mit den Mänteln. Er ließ uns noch einmal erzählen, wie wir diese Sachen gefunden hatten. Danach machte er eine Pause und starrte Droschke ziemlich lange an. Der hielt seinen Blick lange aus, senkte dann nach einer Weile doch seinen Kopf. In diesem Augenblick sagte ein weiterer Beamte: „Herr Droschke, sie sind vorläufig festgenommen." Mir kam es so vor, als wenn die Kriminalbeamten „eine lästige Pflicht" wahrnehmen mussten. Zu uns gewandt sagte dann ein Beamter nicht gerade freundlich und in einem barschen Ton: „Das wäre es, ihr könnt jetzt nach Hause gehen." Eigentlich wollte ich noch fragen, was denn der Gutsverwalter Droschke eigentlich gemacht hatte und weswegen er nun verhaftet worden war. Wir hatten ja die Fotos gesehen und fühlten instinktiv, dass es sich hier um etwas Grausames und für uns nicht Fassbares handeln müsse. Besonders bei mir löste das seit Beginn des Fundes Beklemmungen aus. Aber wir wagten es in dieser Situation nicht mehr, weitere Fragen zu stellen.

Natürlich berichtete die Tageszeitung, wenn auch nicht besonders groß, am Wochenende darüber. Man erfuhr, dass Droschke wohl als Kriegsverbrecher angeklagt werden würde. Als ein paar Bekannte meines Vaters sich mal im Toto-Kiosk darüber unterhielten und ich zufällig dabei war, bemerkte Berthold Schreiner, von Beruf Schlachter und zurzeit arbeitslos: „So ein Blödmann, hebt so ein Zeug auf, was ihn belasten kann." Alle Männer lachten herzlich darüber, und damit war die Sache vergessen. Nach etwa drei Jahren wollten einige Vienenburger den ehemaligen Gutsverwalter Droschke in Hildesheim gesehen haben. Er soll dort einen kleinen Lebensmittelladen betrieben haben.

Mit und ohne Folgen

Die alte Eisenbahnbrücke, deren ursprüngliche Schienen in Richtung Magdeburg über Halberstadt führten, war für uns Kinder wirklich imposant. Die ganze Strecke war gesperrt, da es an der Zonengrenze nicht mehr weiterging. Die Brücke führte über den Fluss Radau und eignete sich prima zum Spielen. Die Gleise waren nicht abmontiert worden, um sie neu zu verwerten. Dieses sollte aber, wie man erzählte, in naher Zukunft geschehen. Deswegen konnten wir immer noch waghalsig darauf herumkletterten und mit viel Fantasie Cowboy-„Eisenbahnüberfälle" nachahmen. Oben von der Brücke aus sahen wir plötzlich einen Mann, so Mitte 20, mit einem kleinen Mädchen an der Hand. Er zog das Mädchen fast hinter sich her. Noch ganz mit unserem Spiel beschäftigt, machten wir doch das Zeichen leise zu sein und versteckten uns so gut es ging.
Als die Beiden näherkamen, bemerkten wir, dass die Kleine leise vor sich hin weinte und zu dem Mann sagte, dass sie wieder zu ihrer Mutter wollte. Hermann, Klaus und Rolf, mit denen ich spielte, verhielten sich weiterhin still. Der Mann kam auch nicht auf die Idee, mal in die Höhe zu gucken, sondern ging schnellen Schrittes weiter, das Mädchen immer noch hinter sich herziehend. Ich spürte, dass hier etwas nicht in Ordnung sein müsse, und meinte das Kind in Gefahr zu sehen – obwohl zu damaliger Zeit Kindesentführung oder Missbrauch kaum bekannt war.
Ohne weiter zu überlegen, kletterte ich von der Brücke. Die Anderen machten es mir nach. Wir liefen hinter dem Mann mit Kind her, die jetzt gut 20 Schritte weitergegangen waren. Jetzt erst bemerkte der Erwachsene uns. Er blieb stehen und „blökte" uns an: „Was wollt ihr denn?!" Ich schrie, allen meinen Mut zusammennehmend, zurück: „Wo wollen sie mit dem Kind hin?". Er antwortete aufgeregt: „Das geht euch einen feuchten Dreck an!". Dabei fing das Mädchen noch lauter an zu weinen. „Hier stimmt doch was nicht", meinte nun Rolf, der inzwischen nahe genug herangekommen war. Dabei hatte er auch schon einen Arm des Mädchens erfasst, um es aus der Hand des Mannes zu befreien. Der holte aus und wollte Rolf schlagen, doch wir

anderen Zwei hatten die Situation schnell erkannt. Mit vereinten Kräften und Geschrei stürzten wir uns jetzt auf den Mann. Während er dabei hinfiel, ließ er das Mädchen los.
Sie hatte dabei plötzlich aufgehört zu weinen. Schnell nahm ich ihr Händchen, und wir liefen mit ihr stadteinwärts. Als wir uns nach einiger Zeit umsahen, stellten wir fest, dass der Mann zwar aufgestanden war und auch hinter uns hersah, uns aber offensichtlich nicht weiterverfolgen wollte. Das Mädchen starrte nur wie verloren in eine Richtung. „Wie heißt du denn?", fragte ich ein wenig außer Atem. „Angelika", sagte sie mit zaghafter Stimme. Dann schwieg sie wieder und sagte auch nach mehreren Nachfragen nicht ihren Nachnamen. Uns war klar, dass wir mit ihr zur Polizei gehen mussten. Irgendetwas, das spürten wir nun immer mehr, konnte da einfach nicht stimmen. Man hatte schon gehört, dass Erwachsene Kinder missbrauchen könnten.
Auch wurde uns immer eingeschärft, besonders als wir noch jünger waren, bloß nicht mit Fremden mitzugehen. Doch worum genau es sich nun in diesem Fall, bei dem wir eingriffen hatten, handeln könnte, war uns gar nicht bewusst. An der einzigen großen Straßenkreuzung begegnete uns Herrmann Teichmann, auch „Henne" genannt. Der circa 19-Jährige war bei der Stadt als Straßenarbeiter angestellt und galt als ein wenig „geistig zurückgeblieben". Aber er hatte eine verblüffende Fähigkeit. Henne kannte alle Abfahrt- und Ankunftszeiten der Personenzüge mit den jeweiligen Anschlüssen des Bundesbahn-Bahnhofs in Vienenburg. Meistens hielt er sich, wenn er nicht als Straßenreiniger arbeiten musste, dort auf.
Es gab im Ort viele Reisende, die gar nicht erst auf den Fahrplan schauten, sondern wenn sie Henne erblickten, gleich nach ihren Zügen fragten. Der gab sofort präzise Auskunft, besser als ein Bahnbediensteter. Er wusste auch die Verspätungen und Ausfälle der Anschlusszüge in Goslar aufzusagen. Trotzdem galt er bei den meisten Anwohnern als ein wenig „unheimlich" – zumal er die Einwohner in der Stadt bis auf wenige alle mit Namen hersagen konnte und erstaunlicherweise darüber hinaus auch wusste, wo sie wohnten. Um ein paar Ecken war ich sogar

mit ihm verwandt, was ich aber nie erzählte und bei Nachfragen einfach verneinte.

Beinahe hätte Henne wohl nicht das Erwachsenenalter erreicht. Die Nazis wollten ihn als Kind in eine sogenannte „Gesundheitsvorsorge für schwache Kinder" schicken. Was das bedeuten konnte, hatten viele Betroffene in unvorstellbarem Ausmaß erst nach dem Krieg erfahren. Als „Unwertes Leben" nach der Nazi-Ideologie wurden sie oft einfach ermordet. Den Eltern oder Erziehungsberechtigten schrieb man dann einfach, dass es bei einem notwendigen operativen Eingriff zu Komplikationen gekommen sei, wobei der „kleine Patient" leider verstorben wäre. Einige Eltern ahnten aber nach einiger Zeit, dass ihr Kind bei Aufforderungen, ihr wenig oder stark behindertes Kind in die Obhut der Nationalen Gesundheitsfürsorge zu geben, in Gefahr war. Sie wehrten sich deshalb so gut sie konnten, damit ihrem Kind so etwas Schlimmes nicht widerfahren sollte.

Die Mutter von Henne, wohl eine Großtante meines Vaters, hatte sich in ihrer Not damals an meinen Vater gewandt, als die Aufforderung kam, ihren Sohn wie vorgeschrieben in eine Anstalt abzugeben. Mein Vater hatte nach eigenen Angaben noch nie etwas darüber gehört und konnte auch nichts ausrichten. Da wagte sie für diese Zeit etwas fast Unvorstellbares. Sie baute sich vor dem Rathaus im benachbarten Goslar auf, mit einem großen, selbst geschriebenen Schild. Darauf stand: „Mein Kind bleibt bei mir." Goslar war schon damals als Reiseziel, wenn auch nicht so wie in den darauffolgenden Jahren nach dem Krieg, bekannt. Es besuchten sehr oft zum Beispiel Touristen aus Schweden und anderen skandinavischen Länder diese alte Kaiserstadt. Wie ich von ihr selber einmal erfuhr, hatte mein Vater wohl auch deswegen ihr dazu geraten.

Die Machthaber und deren Schergen dieser unseligen Zeitepoche hatten wohl eine weitere Öffentlichkeit und Aufmerksamkeit – womöglich sogar im Ausland – in diesem Fall gescheut. Henne brauchte nun zu keiner unseligen „Gesundheitlichen Verschickung".

Ende der 1940er Jahre sollte er sich dann auch einmal wegen des Verdachts von Missbrauch verantworten. Aber seine Mutter konnte damals glaubhaft machen, dass da nichts dran wäre.

Im Gegenteil, sie schob diese Verdächtigungen auf die ehemaligen Nazis, die nicht verwunden hätten, dass sie ihren Sohn nicht bekommen hätten, um ihn umzubringen. Da könnte auch etwas dran gewesen sein. Das erzählte sie auch jedem, mit dem sie in ein Gespräch kam. Schließlich wurde das schwebende Verfahren aus Mangel an Beweisen und wegen Zweifeln an den Aussagen des vermeintlichen Opfers niedergeschlagen. Eine ausreichende Klärung des Falles hatte nie stattgefunden.
„Wo wollt ihr denn mit Angelika Müller hin?", fragte er uns, während wir trotz seiner Frage einfach weitergingen. Mir kam es schon ziemlich komisch vor, dass er sofort ihren Namen wusste, zumal er noch hinzugefügte: „Die wohnt doch in der Flussstraße 12 a!" Ich blieb stehen und sagte mit ruhiger, eindringlicher Stimme: „Erstens geht dich das nichts an, und zweitens sagst du zunächst keinem Menschen etwas davon, verstanden?!" Er lachte nur kurz auf, setzte seinen Hut etwas weiter in den Nacken und ging wieder mal in Richtung Bahnhof, seinen Lieblings-Aufenthaltsort.
Jetzt wussten wir also, wie das Mädchen mit vollem Namen hieß und wo es wohnte. Die Polizeiwache hatte eine große Klingel über dem Briefkasten. Etwas bange schellten wir mehrmals, bis ein mürrischer Polizeibeamter in Uniformhemd und Hosenträger an die Tür kam. Es war Hauptwachtmeister Paul Völlner, er stammte aus dem gleichen Dorf wie mein Vater. Er herrschte uns so gleich an. „Was ist los?" Was wollt ihr denn hier?" Jetzt redeten alle ziemlich gleichzeitig, so dass der Ordnungshüter uns wieder anschrie und uns in den Wachraum der Polizeistation befahl. Ich stellte mich noch einmal mit Namen vor, was zur Folge hatte, dass der Hauptwachtmeister etwas milder gestimmt wurde und so auch gleich fragte, wie es meinem Vater gehe. „Gut", antwortete ich sehr hastig und erzählte noch einmal den ganzen Vorgang.
Als ich geendet hatte, sagte er nichts, stand von seinem Schreibtisch auf und bediente ein Mikrofon auf einem großen Kasten. „Heinrich an Emma, bitte kommen!", sprach er in das Mikrofon. Er wiederholte es mehrmals, bis sich ein weiterer Polizeibeamter meldete. „Hier Emma an Heinrich, bitte kommen!" hörten wir nun deutlich. „Wo seid ihr jetzt gerade?", fragte

unser Polizeibeamter in der Wache. „Wir sind gerade in dem Dorf Lengde, Hauptstraße, Ecke Kuhstraße, keine Vorkommnisse." Wir Jungs konnten damals diese für uns „sensationelle Technik" nur bestaunen. Die gesamte Gegend war noch nicht sehr lange mit Streifenwagen ausgerüstet, damit fing man erst nach und nach an. Davor taten es zum Teil noch ein paar alte Volkswagen-Pkw oder von den Besatzungsmächten bereitgestellte Jeeps, die sicherlich für diese Zwecke nicht die schlechtesten Fahrzeuge waren. So besaß der gesamte Kreis Goslar vorläufig gerade einmal drei neue VW-Käfer als Streifenwagen, die die Gegend absichern sollten. Offensichtlich genügte das zu damaliger Zeit. „Fahrt mal in die Flussstraße 12a in Vienenburg zur Familie Müller. Sagt denen, dass wir hier ihre Tochter Angelika haben. Sagt aber auch gleich, dass ihr wahrscheinlich nichts passiert sei, es müsse aber mindestens ein Erziehungsberechtigter mit zur Wache kommen." Aus dem Gerät kam jetzt: „In Ordnung." Die Zeit bis zum Eintreffen des Streifenwagens kam uns sehr lang vor, weil Hauptwachtmeister Völlner in Papieren auf seinem Schreibtisch „rumkramte" und derweil von uns weiter keine Notiz nahm.
Auch Angelika rutschte schon auf ihrem Stuhl unruhig hin und her. „Wann kommt denn die Mami?", fragte sie mich dabei oftmals leise. Endlich schrillte die große Polizeiklingel. Die Mutter von Anglika Müller stürmte auf uns zu, riss ihre Tochter vorm Stuhl hoch – sie hatte neben mir gesessen – und schrie mich und meine Gefährten so laut an, dass wir zunächst gar nicht verstanden, was sie meinte. Gleichzeitig waren aber die begleitenden Polizisten herangekommen, um sie zu beschwichtigten. Dabei hielten sie Frau Müller fest und zogen sie ein paar Meter von uns weg. „Nun lassen Sie doch erst einmal die Jungs erzählen, was los ist", sagte nun Völlner. Jetzt weinten aber erst mal das Mädchen und die Mutter. Beide hatten sich einander geklammert, so dass alle Anwesenden ein paar Minuten geduldig warteten. Diese Gefühlausbrüche hatten mich doch ziemlich mitgenommen, und so bat ich Klaus, den Hergang zu erzählen. Doch Klaus verhaspelte sich, und wie ich meinte, erzählte er auch alles ein wenig umständlich, sodass ich wieder eingriff und zu Ende erzählte.

Ich bemerkte auch gleich, dass wir zwar nichts Schlimmes gesehen hätten, doch das Ganze uns doch so eigenartig vorgekommen war, dass wir einfach eingreifen mussten. Frau Müller saß, während sie sich alles anhörte, ihre Tochter auf ihren Schoß, mit fast starren Augen auf ihrem Stuhl. Sie seufzte nur – und schwieg dann. Keiner der Polizisten forderte sie auf, etwas dazu zu sagen, sondern ließen ihr Zeit und waren gespannt, wie sie sich dazu äußern würde. Währenddessen fiel mir plötzlich wieder ein, wo ich das Mädchen und auch ihre Mutter schon mal gesehen hatte.

Es war nach den Ereignissen beim Schützenfest. Das kleine Mädchen mit dem blauen, gepunkteten Kleid auf dem Karussell war Angelika, das dort mit ihren Eltern war! Dieses Bild hatte ich nicht vergessen können – so friedlich und stimmungsvoll, nach den erlebten „Turbulenzen" auf dem Schützenplatz.

Frau Müller redete schließlich leise, dass alle große Mühe hatten, etwas zu verstehen: „Wir haben unsere Tochter schon seit den Mittagsstunden vermisst, weil sie vom Spielen nicht zum Essen nach Hause gekommen war. Nachdem wir sie in der näheren Umgebung gesucht und dabei auch mehrmals ihren Namen gerufen hatten, erzählte uns unser Nachbar, dass sie an der Hand meines Stiefbruders Alexander Zweifall weggegangen sei." Es kam durch weitere Nachfragen des Hauptwachtmeisters heraus, dass ihr Stiefbruder, zurzeit nur auf Besuch, schon einmal wegen Kindesmissbrauchs in einem minder schweren Fall eine Gefängnisstrafe von zwei Jahren in Braunschweig abgesessen hatte. Nach freiwilligen Therapien galt er nun als nicht mehr rückfällig. Zur damaligen Zeit waren die Gesetze in solchen Fällen an sich noch viel härter, was bis zur gesetzlich angeordneten Kastration gehen konnte.

Bevor sich ihr Stiefbruder eine Stelle als gelernter Schlosser suchen wollte, war er für ein paar Tage bei seiner Schwester untergekommen. Siegmund Müller, ihr Ehemann, war von Anfang an dagegen gewesen. Es gab auch lange Diskussionen darüber, und der Haussegen bei den Müllers hing seit dem Eintreffen von Alexander ziemlich schief. Doch sie hatte nur den einen Bruder, wenn auch von einer anderen Mutter, und sonst keine weiteren Geschwister mehr. „Ich wollte doch nur helfen, dass

er wieder ein normales Leben führen kann, zumal wir keine Eltern mehr haben, sie sind doch alle im Krieg umgekommen", hatte sie, immer noch mit leiser Stimme, hinzugefügt. Die Eltern waren Ende 1944 in einem Flüchtlingstreck aus Ostpreußen gen Westen bei einem Angriff der sowjetischen Luftwaffe umgekommen.
„Moment mal", unterbrach jetzt plötzlich Hauptwachtmeister Völlner: „Wir müssen sofort eine Fahndung rausgeben. Weiterhin müssen Sie, Frau Müller, sofort mit dem Kind zu einer ärztlichen Untersuchung, ich rufe gleich bei Ihrem Hausarzt an!" Dann wies er seine Kollegen an, doch einmal in die Nähe der alten Eisenbahnbrücke zu fahren, um zu schauen ob sich der Verdächtige dort noch „rumtreiben" würde. Erst dann schaute er zu uns rüber: „Ihr könnt jetzt nach Hause gehen: Wenn ich noch Fragen haben sollte, melde ich mich bei deinen Eltern", sagte er zu mir gewandt. Dann schob er uns eilig aus dem Wachraum.
Es wurden keine Fragen an uns von Seiten der Polizei mehr gestellt. Es gab aber auch keinen Dank oder sonst eine Geste, weder durch die Polizei noch von der Familie Müller, und auch nicht von unseren Eltern. Lange Zeit wussten meine und ich Spielgefährten nicht, wie dieses Geschehen nun ausgegangen war. Erst mein älterer Bruder hatte mir dann nach einigen Monaten, nachdem er sich erkundigt hatte, etwas sagen können. Offensichtlich war es, auch Dank unseres Eingreifens, zu keinem Missbrauch an dem Mädchen gekommen. Alexander Zweifall hatte sich aber „aus dem Staub" gemacht und ward nie wiedergesehen. Nur ein altes Fahrrad war eines Tages aus dem Schuppen verschwunden. Angeblich hatte er auch keine weitere Nachricht oder eine Adresse bei seiner Schwester hinterlassen. Viel später, nach einigen Jahren, hatte man sich erzählt, dass er zur französischen Fremdenlegion gegangen war. Dort soll er bei heftigen Kampfhandlungen im damaligen Indochina gefallen sein.
Für mich selber hatte ich schon früh die Lehre daraus gezogen, dass man niemals mit Beifall oder Belobigungen rechnen kann, auch wenn man bereit ist sich einzumischen und damit zu helfen, eventuell Schlimmeres zu verhindern.

Vorsicht, der Zirkus ist in der Stadt!

Ungläubig starrte ich eines Tages am frühen Nachmittag in Richtung Kreuzung Kaiserstraße: Elefanten, mindestens sechs an der Zahl – daneben Männer mit langen Stöcken – gingen in Richtung Schützenplatz. Die großen Dickhäuter „trampelten" verhältnismäßig leise die Straße hoch, nur umgeben von einer kleinen Staubwolke. Schnell hatten sich immer mehr Einwohner versammelt, die dem „Umzug" mit gehörigem Respekt und Abstand zusahen. Bei uns Kindern löste das von Anfang an eine große Begeisterung aus.

Wir liefen mit den Männern und ihren Elefanten einfach mit. Sie zogen unter lautem Brüllen und Rufen durch die Treiber an einen kleinen Wasserbrunnen, der in einem kleinen Kanal mündete – er war für die Landwirtschaft gedacht, damit sich die Bauern an heißen Sommertagen mit frischem Quellwasser versorgen konnten. Hier tranken die gewaltigen Tiere mit ihren Rüsseln, die sie dann zum Maul führten, erst einmal ausgiebig. Dann ging es weiter. „Prima!", rief der kleine Paul: „Wie in den Tarzan-Filmen." Ich sagte nur: „Ja." Denn die hatten wir bisher alle gesehen, wenn sie bei uns im Kino liefen.

Am Schützenplatz angekommen, sahen wir, dass schon ein Zelt für die übrigen Tiere, Käfige und viele andere Wohnwagen angekommen waren. Nur seltsam, dass wir von dem ganzen vorher nichts mitbekommen hatten! Weder hatte es eine Vorankündigung in der Zeitung gegeben noch irgendwelche Plakataktionen oder ein so genanntes „Hörensagen". Gerade war man dabei, das eigentliche Zirkuszelt aufzubauen.

Wir freuten uns, und einige kleinere Kinder klatschten in die Hände. Es war noch nicht lange her, da gab es im Kino den amerikanischen Film „Die größte Schau der Welt (The Greatest Show on Earth)". Ich durfte ihn mir in der Nachmittagsvorstellung anschauen. Er dauerte zweieinhalb Stunden, nur unterbrochen von einer Pause. Dieser Film hatte auch einen Oskar bekommen, was ich aber erst viel später mitbekommen sollte. Die Geschichte spielte im Zirkusunternehmen „Ringling Brothers and Barnum & Bailey". Auch wenn ich die Handlung zum größten Teil damals nicht so richtig verstanden hatte, war ich doch hell begeistert von diesem farbenfrohen und ereignisreichen Film. Besonders der gleichnamige Soundtrack ist mir bis heute in Erinnerung geblieben.

Nun hatten wir tatsächlich in unserer kleinen Stadt auch einen Zirkus. Auch wenn er mit dem im Film nicht zu vergleichen war, waren wir schon auf die Vorstellungen mit ihren Tieren, Akrobaten und Artisten gespannt. Am Schützenplatz angekommen, begannen sofort einige Männer, mit kleinen Zäunen den gesamten Bereich abzusperren. Es waren, nachdem die paar Erwachsenen, die mitgegangen waren, sich aber bald wieder entfernt hatten, nur noch ein paar Kinder anwesend, die weiterhin neugierig das ganze Geschehen weiterverfolgen wollten. Doch plötzlich rief ein großer hagerer Mann, er hatte offensichtlich in dem Zirkusunternehmen etwas zu sagen: „Heh, Francesko, geh mal mit Klaus zu dieser blöden Brut da drüben und sagt denen, dass sie abhauen sollen." Kaum gesagt, kamen schon zwei Burschen in Unterhemden und ziemlich verschwitzt auf uns zu. Sie waren ungefähr 13 bis 15 Jahre alt. Wir hatten noch gar nicht so richtig diesen verhältnismäßig rüden Akt begriffen, als unser Spielgefährte Werner schon einen Schlag mitten ins Gesicht bekam. Er strauchelte, konnte sich aber nicht mehr auf den Beinen halten und fiel hin.

„Abhauen, ihr kleinkarierten Dummsäcke!", rief der eine dabei. „Kommt, wir verschwinden!", rief ich, und wir liefen schnell etwa 20 Meter weiter. Aus dieser sicheren Entfernung drehten wir uns noch einmal um und riefen ein paar der schlimmsten Schimpfworte, die uns einfielen, in Richtung Zirkus. Zu Hause erzählte ich meiner Mutter davon: „Ja, das fahrende Volk, da weiß man nie, was dahintersteckt", sagte sie. Und gleich in einem Atemzug: „Da gehst du mir aber vorerst nicht wieder hin." In der Schule hatte sich am anderen Tag schon alles rumgesprochen. Alle, auch die Erwachsenen, waren ziemlich verärgert, aber auch enttäuscht über die rüde Art, wie sich die Zirkusleute in der Stadt präsentierten. „Ich dachte, die wollen doch hier was zeigen und verdienen", sagte Willy Hüsch vom gleichnamigen Einzelhandelsgeschäft: „Die können aber auch Ärger bekommen", fügte er noch hinzu. Die Neugierde trieb uns aber am Nachmittag wieder hin zum Zirkus, um zu sehen, wie weit

„die" jetzt waren. Das große Zirkuszelt war jetzt auch aufgebaut. Am Eingang wies der große Schriftzug „Zirkus Hollmann" auf den Namen hin.

Der große, hagere und für uns unfreundliche Mann stand in einem eingefassten Abschnitt. Er war mit ein paar Pferden beschäftigt, als auf seinem Dienstfahrrad Oberwachtmeister Peter Schunk eintraf: „Sind sie hier der Zirkusdirektor, oder so etwas Ähnliches?", fragte er den hageren Mann. „Ja ich bin hier der Direktor, was wollen sie denn?", antwortete der im mürrischen Ton. Der Ordnungshüter verlangte nun nach den behördlichen Genehmigungspapieren. „Ich muss meine Pferde putzen und habe für so einen Blödsinn jetzt keine Zeit", „knurrte" der Zirkusdirektor nur. Das Gespräch zwischen den Beiden wurde immer lauter, bis es dem Wachtmeister zu viel wurde: „Hören sie genau zu", sagte er drohend: „Sie dürfen bis auf weiteres hier keine Zirkusvorstellung geben, ehe alles geklärt ist und sie die nötigen Papiere vorlegen können."

Damit „schwang" er sich auf sein Fahrrad und wollte wieder losfahren, als ihn unvermittelt eine Pferdebürste – geflogen wie ein Geschoss – am Tschako traf, so dass er durch die Wucht vom Fahrrad stürzte. Schnell war er wieder aufgestanden und hatte zu unser aller Entsetzen seine Pistole aus dem Halfter gezogen. Der Direktor hatte wohl erkannt, dass es für ihn „brenzlig" werden könnte und war in Richtung der Wohnwagen gerannt. Unser Polizist schrie hinterher: „Stehen bleiben, das ist ein Angriff auf Staatsorgane!" Aber der Direktor war schon nicht mehr zu sehen, so schnell war er verschwunden.

Plötzlich kamen ungefähr zehn Männer des Zirkus in einer Linie bedrohlich – sie waren mit Stöcken „bewaffnet" – auf den Wachtmeister und uns zu. Der gab sofort einen Schuss über die Köpfe der Männer ab. Vor Schreck warfen sie sich auf den Boden. Einer schrie um Hilfe. Schunk hob seinen „Tschako" auf, schwang sich auf seinen „Drahtesel" und fuhr eilig von davon. Wir Kinder liefen fast im gleichen Tempo hinter ihm her, so schnell wollten wir von diesem Ort wegkommen. Der Schreck war uns gewaltig in die Glieder gefahren. Mit so einer Entwicklung hatten wir nun doch nicht gerechnet.

Jetzt war der Skandal um den Zirkus öffentlich. Die Medien hatten schnell davon „Wind" bekommen. Man las in der Zeitung, dass am übernächsten Tag der NWDR aus Hamburg mit einem Rundfunk-Übertragungswagen zur Stelle sein wollte. Es hatten sich sehr viele Leute versammelt. Vertreter der Presse waren gekommen, nicht nur vom Goslarschen Boten, sondern auch dem Braunschweiger Tageblatt, dem Hildesheimer Anzeiger und anderen. Ein Übertragungswagen mit einer hohen Antenne war schon einsatzbereit. Das gesamte Zirkusensemble hatten sich die Kostüme angezogen.

Hinter den Zirkusleuten konnte man ein paar Schimmel mit wunderschönem Geschirr und zwei Elefanten, die so etwas wie eine Haube mit langer Feder auf den Kopf trugen, sehen. Der Zirkusdirektor hatte sich mit weißer Hose, Stiefeln und roter Zirkuslitevka „herausgeputzt". Die Zeitungsreporter fotografierten und befragten ihn, aber auch die anderen Mitglieder des Zirkus. Der Bürgermeister mit dem Landrat, einigen anderen Ratsherren zusammen mit dem Polizeipräsidenten, Polizeikollegen und natürlich Wachtmeister Schunk, standen am Übertragungswagen.

Die Frau des Zirkusdirektors – als solche wurde eine Dame mit langem blondem Haar und üppigen Busen vorgestellt – hatte sich einen geschickten Schachzug ausgedacht, um in einem guten „Licht" dazustehen. Sie rief: „Erst mal einige Erfrischungen, die Herren!". Jetzt kamen in einer Reihe ein paar Mitglieder von ihrem Ensemble mit Tabletts aus dem Versorgungszelt. Darauf waren kleine Häppchen und Getränke, auch drei Flaschen mit Korn. Entsprechende Gläser waren auch dabei. Das alles wurde den Umstehenden angeboten.

Mir war gleich ein Mädchen mit schwarzem Haar, das ihr fast bis zum Po gereichte, aufgefallen. Sie war angezogen wie eine Trapez-Artistin. Als sie gerade bei mir vorbeiging, konnte ich in ihre dunklen Augen sehen – und war nichts wie weg! „Möchtest du auch was?", fragte sie mich lächelnd. In dem Augenblick war ich doch ziemlich perplex, sagte aber geistesgegenwärtig: „Ja die Flasche Korn, hätte ich gerne." Sie musste darüber so laut lachen, dass alle Versammelten zu uns herüberschauten. „Bitte Ruhe, Aufnahme!", rief plötzlich einer vom

Nordwestdeutschen Rundfunk. Man begann zunächst, den Zirkusdirektor zu interviewen. Der konnte plötzlich in einem ganz ruhigen Ton mit bedauernden Gesten sprechen. Er behauptete, dass die Eskalation nur von dem Ordnungshüter ausgegangen sei. Dann sagte er noch wörtlich: „Das dann noch auf uns ohne Grund geschossen wurde, ist in diesem Land einfach nicht zu fassen." Er fügte noch hinzu, dass man so etwas Willkürliches doch wohl nur bei den Nazis gekannt hätte.

Während er das sagte, hatte er auch uns gesehen und bemerkte, dass wir ja auch dabei gewesen seien und mitbekommen hätten, wie sich der Polizist Schunk aufgeführt habe. Da ich ziemlich vorne stand, hatte mir der Reporter sofort das Mikrofon unter die Nase geschoben und wollte dieses bestätigt wissen. Ich brauchte gar nicht lange zu überlegen. Ich hatte mal einen Satz aufgeschnappt, den ich jetzt selber anbringen konnte: „Da können wir aber nicht beipflichten." Dabei drehte ich mich zu meinen Kameraden um, die mir zunickten. „Aber ihr habt doch gesehen, dass der auf uns geschossen hatte", rief der Zirkusdirektor jetzt laut mit gewohnter Aggression. „Der hat nur in die Luft geschossen, alles andere wissen wir nicht", sagte Werner schnell. Der Herr Zirkusdirektor schaute uns an, als wenn er uns auf der Stelle niederschlagen wollte.

Aber das hatten er und sein „Anhang" sich selbst zuzuschreiben. Weil sie uns ohne Grund so gemein behandelt hatten, sahen wir nun keinen Grund, denen irgendwie beizustehen. Außerdem entsprachen unsere Aussagen ja auch der Wahrheit. Jetzt sprach auch der Polizeipräsident und führte in klaren Worten aus, dass anhand der Fakten und der Sachlage, der Oberwachtmeister sich im Rahmen der Verhältnismäßigkeit richtig verhalten hätte. Es ginge nicht an, dass man in Ausübung seiner Dienstpflichten bedroht und sogar angegriffen würde. Der Bürgermeister war sichtlich bemüht das Ganze zu „entschärfen", auch weil die Öffentlichkeit weit über die Grenzen von Vienenburg hinaus nun durch die Medien bestens informiert wurde.

Schließlich einigte man sich darauf, dass, wenn die nötigen Genehmigungen nachträglich vom Zirkus eingereicht würden, die Vorstellungen des Zirkus unmittelbar beginnen könnten. Daraufhin überlegte der Polizeipräsident einen Augenblick und verkündete, dass er sich bei der Staatsanwaltschaft dafür einsetzen werde, das eingeleitete Verfahren wegen Angriffs und Bedrohung gegenüber einem Polizeibeamten wegen Geringfügigkeit einzustellen. Man konnte merken, dass die Kollegen von Oberwachtmeister Schunk nicht damit einverstanden waren. Sie hätten es wohl lieber gehabt, dass der Zirkusdirektor und seine Männer, die ihm helfen wollten, einen Denkzettel bekommen hätten.

Trostlose Vorstellung

Nach einem weiteren Tag begannen nun endlich die Vorstellungen. Jeweils am Nachmittag und am Abend. Natürlich wollten wir nun diese auch besuchen. Aber wie an Eintrittskarten kommen? Meine Eltern hatten mir schon gesagt, dass es kein Geld dafür geben würde. Wir kamen gerade mit dem Notwendigen so über die Runden. Mein Vater war immer noch arbeitslos. Nur durch gelegentliche Unterstützung von meiner Tante, zum Beispiel auch mit Hausgeschlachtetem, ging es gerade so. Nicht viel anders sah es auch bei meinen Spielgefährten aus. Schon hatten wir überlegt, uns einfach in eine der Vorstellungen „reinzuschmuggeln", als Werner auf eine bessere Idee kam. „Fragen wir doch einfach mal bei der Polizei beziehungsweise bei Wachtmeister Schunk danach", meinte er.
Die Überlegung war zwar nicht sehr weit gegangen, aber irgendwie mussten wir ja mal anfangen an Karten zu kommen. Den Oberwachtmeister begegneten wir zufällig am Rathaus. Schnell sprachen wir ihn mit unserer Bitte an. Schunk, der an sich wenig lachte, grinste breit. „Da habt ihr aber Glück gehabt, gerade heute sind bei uns auf der Polizeistation Freikarten abgegeben worden." Und er fügte noch hinzu: „Wohl um etwas wieder gut zu machen." Dann erklärte er noch, dass einige Beamten zu einem Lehrgang müssten und er selber keine Lust verspüre, sich bei diesen „Zigeunern" eine Zirkusvorstellung anzusehen. Besonders nicht nach diesem Vorfall.
So kamen wir an die Freikarten und waren jetzt auf die Zirkusvorstellung gespannt. Zunächst begrüßte der Direktor die Zuschauer, aber er wurde sofort von einem Clown mit einer Tröte

laut unterbrochen. Das fanden wir ja noch lustig. Der Clown fing dann an, Brot in eine viel zu kleine Geldbörse zu stopfen. Man hatte uns schon früh beigebracht, nicht mit Lebensmitteln zu spielen – und dass es war eine große Sünde wäre, Brot wegzuwerfen, was aber bei uns auch nicht vorkam. Die meisten von uns hatten noch die mageren Zeiten gleich nach Kriegsschluss miterlebt: Wenn auch nicht sehr bewusst, dafür waren wir zu dieser Zeit noch zu jung. Aber was Hunger hieß, das hatte sich doch in unserem Bewusstsein eingebrannt. Deswegen fanden wir dieses überhaupt nicht komisch.

Auch von den Erwachsenen war keiner bereit, hier eine Regung zu zeigen. Das muss wohl dem Spaßmacher auch aufgefallen sein, und er wurde mit seinen „lustigen" Aktionen immer unsicherer. Selten, und wenn, dann wurde nur sehr dürftig applaudiert. Der Clown verstand es während der ganzen Zeit einfach nicht, das Publikum auf seine Seite zu bringen. Er wurde darüber immer ärgerlicher, das ging sogar so weit, dass er anfing, das Publikum zu beschimpfen: „Ihr seid wohl heute alle mit geschrumpften Köpfen in diesem Kaff aufgestanden", rief er. Ein lautes Buh- und Pfeifkonzert war die Folge. Nach dieser Zumutung verschwand er endlich – für alle Anwesenden eine Wohltat!

Dann wurden „eine der schönsten Pferdedressuren" mit „rassigen Pferden" angekündigt. Vier Pferde liefen in die Manege, gefolgt von der Frau des Zirkusdirektors, in einem langen Lederkleid, mit Schlitz an der Seite. Dabei schwang sie eine Peitsche. Sie „schnallte" mit der Peitsche, und die Pferde wechselten die Richtung. Man konnte dabei erkennen, dass die Tiere sehr abgemagert waren. Das hatten wir anfangs, als wir sie noch draußen gesehen hatten, gar nicht so bemerkt. „Die bekommen aber wohl wenig oder gar nichts zu Fressen", meinte ziemlich laut Wolfgang Wulff, der Sohn von Bauer Wulff. Die Dressurleiterin muss das wohl gehört haben und ließ die Peitsche mehrmals „knallen", so dass die armen Tiere aus dem „Tritt" kamen und in ihrem Lauf zögerten.

Ganz gemein empfanden es alle so, dass die Dame aus Wut darüber einem der Pferde etwas „überzog". Es ertönte ein erneutes „Buh" und wiederum starkes Pfeifen im Zirkuszelt. Die Dressur wurde abgebrochen, und es geschah so etwa fünf Minuten gar nichts mehr. Unerwartet wurden dann einige Geräte aufgebaut und ein Seil gespannt. Schon dachten alle, dass jetzt wieder so eine „kaputte Nummer" kommen würde. Doch als die ausnahmslos jüngeren weiblichen Artistinnen, niedlich anzusehen, hereingelaufen kamen, wurden sie heftig beklatscht, obwohl sie ja noch nichts vorgeführt hatten. Ich bemerkte gleich, dass auch das schöne Mädchen mit den langen dunklen Haaren und den glutvollen Augen dabei war. Sie hatte auch noch ganz „graziös" einen kleinen Schirm in der Hand. Mit einer lauten Musik, die von einem alten Plattenspieler mit Trichter aus einer Ecke des Zirkuszelts kam, liefen die Mädchen nun wechselweise über das Seil. An sich hatte ich nur Augen für die Eine, deren Name ich nicht kannte.

Alle Zuschauer bemerkten, dass diese Vorführung zwar noch nicht perfekt war, aber mit großer Freude und mit Eifer dargebracht wurde. Nachdem sich alle nach dem Ende verbeugt hatten, ernteten sie ihren verdienten Applaus. Ich rief sogar „Bravo", meinte aber natürlich nur „sie", das Mädchen mit eindrucksvollen Augen. Danach kamen aber auch noch die großen Elefanten. Alle, die wir schon auf bei der Ankunft des Zirkus gesehen hatten, machten mit. Sie liefen ebenfalls, wie vorher die Pferde, im Kreis. Mal hoben sie den Fuß hoch, ungefähr drei Mal – und damit war auch diese Nummer beendet.

Den Jongleur, der dann zum Schluss der Zirkusvorstellung auftrat, wollten die meisten schon nicht mehr sehen. Sie gingen schon zum Zeltausgang. Wir aber wollten bis zum „bitteren Ende" bleiben, mussten aber feststellen: Auch diese Nummer war gerade mal schlecht als recht. Es dauerte nur noch zwei Tage, und dieser Zirkus war in einer Nacht abgebaut. Als wir wieder zum Schützenplatz kamen, um mal zu sehen, wie es weitergehen würde, war er schon weitergezogen. Nichts, bis auf die niedergedrückten Grasflächen, wies mehr darauf hin. Schade war es nur, dass nun keine Gelegenheit mehr bestand, das Mädchen mit den schwarzen Haaren und den schönen Augen näher kennen zu lernen. Auch ihren Namen würde ich nun nicht mehr erfahren.

Manchmal sieht alles ganz anders aus

Zeitungsreporter mit Visionen und Gespür für etwas Besonderes gab es in der Harzgegend zur damaligen Zeit nur wenige. Die „Kunst" einer guten Berichterstattung beschränkte sich auf Reportagen aus der Provinz. Recherchen für eine besondere Aufdeckung, zum Beispiel aus der politischen Vergangenheit oder auch Gegenwart, wurden dem Leser nur selten geboten. Das musste man erst wieder lernen: Obwohl die meisten Redakteure mit Leib und Seele ihren Beruf ausübten und besonders die Älteren es begrüßten, keine „Schere" mehr im Kopf haben zu müssen, wie in der Nazizeit.
Ein junger Journalist beim Goslarschen Boten, Frank Möhrle, fand das Geschehen um den Zirkus Hollmann eigenartig. Bei seinen Recherchen erfuhr er, dass die gesamte Zirkusmannschaft aus dem Osten nach Vienenburg gekommen war – aus Doberschau-Gaußig, einem kleinen Ort im Erzgebirge. Um mehr zu erfahren, fuhr er dort hin. Dabei gab er beim Einreiseantrag nicht seine Absicht preis. Einen westlichen Journalisten hätte man wahrscheinlich nicht mit offenen Armen im sozialistischen Deutschland empfangen. Er hatte noch Verwandte in Dresden und gab an, er wolle diese besuchen. Nach zwei Monaten erschien ein Bericht von „F.W." im Goslarschen Boten: „Ein Zirkus, der keiner sein wollte!"
Die Leser erfuhren nun mit Erstaunen die Hintergründe um den Zirkus, „der sich so anders" in unserer Stadt gezeigt hatte. Demnach war der Zirkus Hollmann seit Generationen ein Familienunternehmen aus dem Erzgebirge. Sie hatten im Krieg viele Aufführungen durchführen können, zum Teil auch Engagements der Wehrmacht im Rahmen von Fronttheatern und der Organisation KDF (Kraft durch Freude).
Als die Alliierten Bomber Dresden vollständig zerstörten, kamen zwei von drei Kindern dabei um – eine Tochter und ein Sohn, sie befanden sich gerade auf einer Artisten-Weiterbildung. Der älteste Sohn von Elfriede und Franz Hollmann hatte schon früh bekundet, nicht das Zirkusunternehmen übernehmen zu wollen. Er studierte anfangs zwei Semester Agrarwissenschaften in Leipzig. Doch alle Studenten wurden noch zur Wehrmacht eingezogen, und die Universität stellte ihren Lehr-

auftrag ein. Zum Glück kam er nicht in Kriegsgefangenschaft und schloss sich früh nach Beendigung des Krieges der neuen KPD in Ostdeutschland an. Er arbeitete sofort in der „Gruppe Ulbricht" mit. Sie bestand vor allem aus geschulten „Altkommunisten", die aus Moskau kamen, um das sozialistische Deutschland aufzubauen. Schnell machte er in diesem System und später als Mitglied der SED (Sozialistische Einheits-Partei) Karriere.
Seine Eltern sah er nun sehr selten. Sie vermochten auch nicht richtig zu erzählen, was er machte und wo er sich befand. Sie hatten als seine Adresse nur eine Postfachnummer in Dresden zur Verfügung, um mit ihm in Kontakt zu bleiben. Noch bis in die 1950er Jahre hielten die alten Holtmanns den Zirkus aufrecht. Ihre drei Großkatzen, einen Löwen und zwei Tiger, hatten sie schon dem Zoo in Leipzig übergeben. Die Einnahmen wurden immer weniger. Da beide krank waren, entschlossen sie sich schließlich, den gesamten Zirkus zu verkaufen. Da gab es aber noch ein Problem, das ihnen Sorgen bereitete: Im Mai 1944 hatten sie von einer Roma-Familie, die an sich schon lange Jahre in der Gegend ansässig war, ein Baby im Alter von einem Jahr in ihre Obhut genommen. Die Eltern wollten sich aus Angst, dass auch sie noch deportiert werden sollten, in einem anderen Land verstecken.
Leena behandelten sie wie Ihr eigenes Kind. Gegenüber den Nazi-Machthabern hatten sie immer erklärt, es handele sich um das uneheliche Kind ihrer Tochter, die in Dresden umgekommen war. Deswegen wurde sie auch aus Vorsicht in Leni umbenannt, und sie gaben ihr ihren eigenen Familiennamen. Sie hieß für alle unverfänglich nun auch Hollmann. Keiner fragte in diesen Zeiten irgendwie nach. Auch nach dem Krieg blieben sie dabei, obwohl dazu nun kein Grund mehr bestand. Vielleicht geschah das aber auch, weil sich die leiblichen Eltern bis dahin noch nicht gemeldet hatten und verschollen blieben. Die Zukunft dieses Kindes wollten sie auf jeden Fall gesichert wissen.
Der Bericht war in Fortsetzungen geschrieben und erschien immer an den Samstagen. Alle sprachen jetzt darüber und warteten gespannt auf die nächste Wochenendausgabe. Leni lernte

schnell, den Zirkus zu lieben. Sie konnte kaum laufen, da musste sie schon überall mit dabei sein. Kaum war sie sechs Jahre alt, da wollte sie als Artistin und Seiltänzerin immer mit in die Manege. Die Hollmanns förderten das alles so gut es ging. Zur Artistengemeinschaft war etwa 1948 eine Familie Stranak gekommen: Er, Ilgard, als Allround-Artist wie er sich wörtlich vorstellte, und sie, Rebecca, als Dressurreiterin. Sie hatten einen Sohn im Alter von neun Jahren: Francesco. Hollmanns konnten dringend Hilfe gebrauchen, besonders die alltäglichen Arbeiten mit den Tieren und auch der Behördenkram fielen ihnen immer schwerer. Familie Stranak machte sich bald unentbehrlich. Als es dann zum Verkauf kam, boten sie sogleich an, den Zirkus zu übernehmen. Die Mittel dazu wären für sie kein Problem, denn sie hätten große Wertgegenstände versteckt, das alles könnten sie nun verkaufen.
Hollmanns überlegten nicht lange. Als Forderung sollte aber das ganze Personal, außer Leni, übernommen werden. Die Kaufsumme wurde festgelegt. Als es nun mit Vertrag und zur Übergabe kommen sollte, hatte Stranak noch eine Bitte. Er wollte als „Probe" mit dem Zirkus auf Tournee gehen, um zu sehen, wie er und seine Familie mit den Mitgliedern des Zirkus zurechtkommen. Danach wäre alles „im Lot". Im Übrigen hätte sich Leni an die Stranaks gewandt und wollte weiter beim Zirkus bleiben. Hollmanns besprachen das mit ihrem Notar. Der sah an sich keinen Grund, dieses abzulehnen. Sie hatten sich während der ganzen Zeit gut mit allen verstanden. Sie waren stets sehr freundlich und hilfsbereit. Besonders auch gegenüber Leni: Für sie hatten sie immer ein kleines Geschenk als Überraschung bereit.

Frau Stranak meinte oft, wenn sie eine Tochter gehabt hätte, hätte sie genauso wie „unser kleines Mädchen", so nannte sie Leni, sein müssen. Noch nicht einmal ein Drittel der Kaufsumme wurde zunächst übergeben. Den „Rest" wollten sie nach Rückkehr ihrer Tournee aushändigen.
Zunächst wussten die Hollmanns noch von einem Gastspiel in Magdeburg. Danach hörten sie lange Zeit gar nichts mehr. Wie der Zirkus in den Westen reisen und auftreten durfte, blieb für

alle ein Rätsel. Der Verfasser dieser Aufdeckungsstory vermutete, dass es Helfer in hohen ostdeutschen Parteiämtern gegeben haben musste, sonst wäre es nicht möglich gewesen. Der größte Teil von den Stammartisten des Ensembles hatte inzwischen unter dieser neuen Leitung nicht mehr mitmachen wollen. Sie waren schon vor der Verlegung in den Westen abgesprungen und heuerten bei einem anderen Zirkus an.

Nachdem die ehemaligen Besitzer dieses alles erfahren mussten, baten Sie ihren Sohn um Hilfe, schließlich war noch ein großer Betrag offengeblieben, den sie für ihr weiteres Leben fest eingeplant hatten. Der hatte sich alles angehört, dabei mitgeschrieben und mit dem Kopf genickt, als wisse er mehr über diese Familie Stranak.

Als mir wie immer meine Tante die Zeitung mit dem Bericht nach ein paar Tagen zum Lesen gab, ging mir „ein Licht auf": „Leni" hieß also das „niedliche" Mädchen mit den dunklen Haaren und Augen, die nicht nur ich so bewundert hatte. Sie war allen aufgefallen. Mir war klar, dass ich sie wohl niemals wiedersehen würde. Ich fragte mich aber, wo sie jetzt wohl sei und ob es gut gehen würde.

Zunächst endete der Bericht. Der Chefredakteur wollte in dieser Richtung keine weiteren Veröffentlichungen mehr zulassen. Doch unser Reporter Frank Möhrle ließ nicht locker. Nach zwei Monaten erschien dann doch noch eine Fortsetzung mit der gleichen Überschrift und dem Untertitel: „Neue Enthüllungen". Inzwischen war auch die Staatsanwaltschaft in Braunschweig durch diese Berichterstattung aufmerksam geworden. Sie ermittelte gegen die Familie Stranak wegen Betrugs und Vortäuschung falscher Tatsachen.

Durch einen Zufall hatte sich ein Leser, der aus Bielefeld stammte und dort seine Angehörigen besucht hatte, bei der Polizei gemeldet. Er berichtete, dass sich schon seit einer geraumen Zeit in Werther, einem kleinen Ort in der Nähe von Bielefeld, auf einer freien Wiese einige Zirkus-Wohnwagen und entsprechende Zugmaschinen befanden. Auf einem der Wagen stand weit sichtbar der Schriftzug „Zirkus Hollmann". Die Einheimischen fanden es auch etwas sonderbar, dass auf dem Platz weiter nichts geschah. Man sah auch kein aufgebautes Zirkuszelt, und es wurden auch keine sonstigen Bewegungen beobachtet.

Bis durch westliche Behörden etwas Licht in das Dunkel gebracht werden konnte, war Frank Möhrle schon weiter. Er hatte inzwischen herausgefunden, dass wohl das Ganze, wie schon vermutet, eine eingefädelte Sache war. Doch muss wohl bei der ganzen Angelegenheit doch irgendetwas aus dem „Ruder" gelaufen sein. Nachdem der Sohn von Hollmanns sich der Sache angenommen hatte, wurde ziemlich bald vom staatlichen DDR-Künstlerdienst der Rest des Kaufpreises – und noch dazu, wie es hieß, ein Ausgleichsbeitrag für entgangene Einnahmen – auf das Konto seiner Eltern überwiesen.

Ihr Sohn meldete sich per Telefon von seiner Dienststelle – dem „MfS" (Ministerium für Staatssicherheit) und bat dringend darum, damit die Sache als erledigt zu betrachten: „Bitte sagt auch in eurem eigenen und in meinem Interesse niemand etwas davon", hatte er noch eindringlich hinzugefügt. Dass die Hollmans überhaupt ein Telefon besaßen, lag daran, dass sie die Verbindung schon vor dem Krieg schon hatten und sie in der DDR als volksstaatlich gefördertes Künstlerunternehmen galten.

Eine Befürchtung, dass sie die Umstände und damit Schwierigkeiten um den Verkauf ihres Familienzirkus verbreiten würden, bestand ohnehin kein Anlass. Sie waren froh, dass das Ganze ein Ende hatte, auch wenn es ihnen ein Rätsel blieb, wie das Ganze in einen Zusammenhang zu bringen war. Nur Leni wollten sie wieder gerne bei sich haben, das hatten sie auch ihrem Sohn mitgeteilt. Endlich wussten sie nun auch, wo und mit was ihr Sohn tätig war. Dabei hatten sie ein Gefühl zwischen Zufriedenheit über die Gewissheit, was ihr Sohn „machte", aber auch niemals nachlassender Skepsis.

Doch jetzt konnten sie an ihrem Haus, das sie auch immer als Winter-Quartier genutzt hatten, einige nötige Reparaturen in Auftrag geben und weiter ihren Lebensabend genießen. Leni wurde auf Bitten des Familienministeriums der DDR von den Bundesbehörden in den Zug gesetzt. Sie durfte wieder zu ihren vermeintlichen Großeltern zurück: „Mir ist es immer gut gegangen, mir hat es an nichts gefehlt", erzählte sie den Holl-

manns. Sie hatte nur die täglichen Vorstellungen vermisst, die nicht mehr stattgefunden hatten.
Den Grund hatte Frau Stranak immer mit Schwierigkeiten der Zirkus-Haustechnik erklärt. Der Verfasser dieser Aufdeckungs-Story war noch einmal mit großen Schwierigkeiten und der Gefahr verhaftet zu werden, in den kleinen Ort nach Ostdeutschland gereist. Er hatte jetzt die feste Vermutung, dass sich das ganze Geschehen um den Zirkus aus dem Osten unter dem Begriff der „Spionage", einordnen lassen müsse. So fand er heraus, dass die Stranaks mit dem Zirkus, immer unter der Aufsicht und Führung des Staatssicherheitsdienstes und vielleicht auch des sowjetischen Geheimdienstes KGB mit Sitz in Karlshorst, in den Westen eingeschleust wurden. Sie sollten von Anfang an keine oder nur wenige Zirkus-Vorführungen stattfinden lassen. Vielmehr sollte nach und nach alles im Westen verkauft werden. Der Erlös wäre an die Ost-Staatsorgane gegangen.
Er stellte ferner die These auf, dass die Zirkusleute geheime und sogenannte Infiltrierungs-Maßnahmen im Westen durchführen sollten. Im Grunde konnten sich die Leser jetzt auch erklären, warum diese Vorstellungen des Zirkus nicht so ganz den allgemeinen Erwartungen entsprochen hatten. Wie, wo und bei wem nun die Stranaks im Westen eventuell spionieren oder etwas anderes im Auftrag der Machthaber im Osten durchführen sollten, blieb allerdings für immer den Lesern verborgen.
Nach Überprüfung durch die Staatsanwaltschaft im Westen wurde festgestellt, dass man wenig gegen den „Interims-Zirkusdirektor" und seiner Familie in der Hand hatte. Es bestanden ja keine Forderungen der ehemaligen Inhaber des Zirkus mehr, und auch ein „Aufführungszwang" wäre wohl schwerlich durchzusetzen. Ansonsten hatten die Stranaks sich nach den Vorfällen in Vienenburg nichts mehr zu Schulden kommen lassen. Peinlichst wurden daraufhin immer alle Verordnungen und behördlichen Weisungen, wie Platzgebühren oder Untersuchungen der Tiere durch einen Veterinär, befolgt. Wahrscheinlich hatte der schon gegründete Bundesnachrichtendienst in Verbindung mit den Geheimdiensten der West-Alliierten ihre Erkenntnisse. Doch dieses alles gelangte wohl nicht zu irgendwelchen Maßnahmen.

An einem Tag im September setzte sich der gesamte Zirkustreck wieder in Bewegung in Richtung Osten. Unter den Beobachtungen des Bundesnachrichtendiensts ging es nach Helmstedt und dort über die Zonengrenze. Vorher wurde alles ordnungsgemäß bei den Zollbehörden abgewickelt. Auf der Ostseite Deutschlands wurden sie gleich von mehreren Männern, die mit dunklen Limousinen der Marke Moskowitsch bereitstanden, in Empfang genommen und weiter in das Landesinnere begleitet. Doch drei Personen hatten gefehlt: Ilgard Stranak, seine Frau Rebecca und Sohn Francesco.
Ein westlicher Grenzbeamter hatte es bei der Passkontrolle einem Mann zugeflüstert, der wie gelangweilt in der Nähe gestanden hatte. Dieser verzog keine Miene. Erst als der gesamte Treck drüben ankam, hatte er ein kleines Doppel-Fernglas aus der Brusttasche gezogen und angestrengt beobachtet, wie es da drüben weitergelaufen war. Die Stranaks hatten sich wohl heimlich in einer Nacht, bevor es wieder in den Osten gehen sollte, davongemacht. Mit oder ohne Hilfe westlicher Organe, das konnte der Redakteur auch nicht herausbekommen. Damit endete der Bericht von dem jungen Zeitungsreporter Frank Möhrle. Er soll später lange bei einem großen Nachrichtenmagazin – bekannt für Enthüllungsstorys – tätig gewesen sein. Ich konnte noch einige Jahre nach diesem Erlebnis nicht mehr ohne Argwohn eine Zirkusvorstellung besuchen.

Der treue Freund

Unser Familien-Samstagsvergnügen bestand oft darin, sich gemeinsam am Radio ein Hörspiel anzuhören. Es gab zwar schon Fernsehen, aber kaum eine Familie in der Stadt besaß ein solches Gerät. Direkt bei uns um die Ecke hatte ein kleines Elektro-Fachgeschäft aufgemacht. Eines Abends sah ich vor dem Schaufenster eine Menschenansammlung. Ich drängelte mich durch die Gruppe der Erwachsenen, um auch etwas mitzubekommen. Was da zu sehen war, begeisterte mich sofort. Ein Fernseher war eingeschaltet. Es lief die Unterhaltungssendung mit dem Titel: „1 zu 0 für Sie". Ein Conférencier in einem auffälligen karierten Jackett führte so unterhaltsam durch das Programm, dass alle gebannt zusahen und keiner redete.
Peter Frankenfeld hieß der Quiz-Master, der so anders als die Moderatoren im Hörfunk sprach und jetzt dort auf dem Bildschirm in schwarz-weiß zu sehen war. Ich lief schnell nach Hause, denn normalerweise hätte ich längst nicht mehr draußen sein dürfen. Doch meine Eltern gingen sogar auf mein Bitten mit und schauten sich die Abendsendung mit mir an. Von jetzt an durfte ich immer neben dem Kinderfernsehen auch diese „Schau" vor dem Elektrogeschäft Schäfer ansehen, die ich auf Anhieb so großartig gefunden hatte.
Es gefiel mir, dass mit einer Leichtigkeit, ganz unkompliziert, die Zuschauer spontan bei den Spielen mitmachen durften – vorausgesetzt, sie fingen die „Spieluntertassen" auf, die von dem Moderator persönlich ins Publikum „geschossen" wurden. Zwischendurch traten zum Beispiel Künstler auf, die wir bisher nur im Radio gehört hatten. Sänger wie Rudi Schuricke sangen den Schlager „Capri-Fischer" oder der junge Vico Torriani aus der Schweiz den Titel „Bella Bella Donna". Friedel Hensch und die Cypriers waren damals allen deutschen ebenfalls ein Begriff. Über den „Gassenhauer" „Ach Egon, ich hab' ja nur aus Liebe zu dir ein Glas zu viel getrunken", lachten sich damals alle „kaputt". Nun konnte man sie sehen – und alle fanden es ganz toll.
Mein Vater meinte nur dazu, dass „der mit der karierten Jacke" nur die Leute durch den „Kakao" ziehen würde und er ihn

ansonsten auch nicht mögen würde. Im Gegensatz zu mir. Nach mehreren Sendungen, die alle drei Wochen ausgestrahlt wurden, fand ich immer mehr Gefallen daran. Ich stellte mir in meinen Gedanken und Träumen vor, vielleicht auch einmal selbst vor einem Publikum zu stehen, um es auf diese Weise zu unterhaltenen. So einen Wunsch spürte ich schon sehr früh in mir.
An einem späten Juli-Abend wurde es – ungewöhnlich für diese Jahreszeit – etwas kälter, so dass ich mir eine wärmere Jacke holte. Ich wollte weiter wieder ungestört die berühmte Quiz-Sendung ansehen. Als ich mich wieder an den Leuten vor dem Elektro-Geschäft vorbei „schob", fiel mir ein größerer Hund auf, der dicht an der Menschenansammlung saß. Ich beachtete ihn nicht weiter und schaute zunächst weiter der Fernsehsendung zu. Nach einiger Zeit wollte ich doch einmal sehen, ob der Hund immer noch da war. Zwischen den Leuten konnte ich erkennen, dass er wohl noch nicht einmal seinen Platz gewechselt hatte. Er saß da, wie eine Porzellanfigur, immer noch auf der gleichen Stelle und schaute nur gebannt in das Schaufenster wo der Fernseher „flimmerte". Ich ging zu ihm hin. Er wedelte sofort mit dem Schwanz: „Hallo", sagte ich und streichelte ihn dabei: „Was machst Du denn hier? Sicher wartest du auf dein Herrchen."
Ich nahm an, dass der oder die Hundebesitzer sich bei den „Außenzuschauern" vor dem Schaufenster befinden. So schaute ich mir das Programm erst einmal weiter an. Die Sendung war vorbei, damit auch das Fernsehprogramm, und die Leute gingen auseinander. Aber keiner hatte sich um den Hund gekümmert. Dieser hatte sich jetzt mit dem Kopf auf seine Vorderpfoten hingelegt. Christian Wesche aus meiner Klasse, der auch immer vor dem Schaufenster stand, wenn diese Sendung ausgestrahlt wurde, meinte zu dem Hund gewandt: „Der gehört sicher keinem, nimm du ihn doch." Ich antworte: „So einfach wird das wohl nicht gehen." Aber Christian zuckte nur mit den Achseln und entfernte sich ebenfalls.
Nachdem ich einige Zeit abgewartet hatte, rief ich ihn zu mir. Der braun-schwarze Hund, ein Mix aus Jagdhund und einer anderen Rasse, kam wieder mit dem Schwanz wedelnd auf mich zu. Nachdem ich zu ihm „Platz" gesagt hatte, setzte er sich so-

fort artig hin. „Erzogen bist du aber", sagte ich zu ihm gewandt. Er stellte seinen Kopf schräg und schaute mich weiter unverwandt an. Ich mochte Hunde, obwohl ich auch mal von einem „leicht" gebissen wurde. Es war kein bösartiger Hund gewesen, der mich beim Spielen attackierte. Durch ein gerufenes Kommando war er irritiert und hatte falsch reagiert. Es geschah, als ich „zu Gast" in der Villa Sirius war. Der Enkel vom alten Sirius bekam alles. So hatte er in der großen Parkanlage ein eigenes Blockhaus und wollte immer mit mir spielen: Gottfried, so hieß der spätere Erbe des Konzerns und des Anwesens. Sein Vater war im Krieg gefallen, so dass er einmal alles erben würde. Er hatte mich eines Tages angesprochen, ob wir nicht mal zusammen Cowboy bei ihm spielen könnten.

Meine Eltern hatten natürlich nichts dagegen gehabt, dass ich mit dem Enkel des reichsten Mannes der Stadt – er besaß unter anderem mehrere Kiesgruben und entsprechende Baugeschäfte – spielen durfte. Ich konnte schon als Kind den Vorfall mit dem Jagdhund richtig einschätzen, so dass ich weiterhin auch vor großen Hunden keine Angst hatte. Uns wurde in der Familie auch immer beigebracht, Respekt gegenüber Tieren zu zeigen. „Einen Hund einfach so zu streicheln, kann problematisch werden, wenn man ihn nicht kennt. Aber mit ruhiger Stimme und ohne flüchtige Gesten auf einen Hund zuzugehen, das hilft auch bei Begegnungen mit anderen Tieren", hatte mein Vater uns eingetrichtert.

Meine Zuneigung und Freundschaft zu Hunden muss schon im zarten Babyalter begonnen haben. Mein Vater hatte drei Monate nach meiner Geburt einen Schäferhund-Welpen mit nach Hause gebracht – zur Freude der ganzen Familie, die schon immer einen Hund im Hause haben wollte. Weil er grau-weiß war und dabei einen Kopf wie ein kleiner Wolf hatte, nannte sie ihn auch so. Er wurde natürlich schnell größer und war nach neun Monaten bereits ausgewachsen, während ich immer noch ein kleines Baby war und noch nicht richtig laufen konnte. „Wolf" war immer bei mir, um mich beschützen. Ob in der Sandkiste oder im Haus, er ließ mich nie aus den Augen. Wenn ich draußen spielte und dabei versuchte in Richtung Schweriner See, direkt an unserem damaligen Haus, zu „krabbeln", hielt er mich

am Hosenboden fest. Ich soll dann geschrien haben, während er mich, bis in die Spielsandkiste zurückzog.
Das hatten meine Eltern und Geschwister des Öfteren vom Wohnzimmerfenster aus dem mit Reed gedeckten Haus mit großer Erheiterung beobachten können. Man könnte fast behaupten: Ein Hund hat mich im Babyalter mit erzogen. Meine Erinnerungen daran sind natürlich nur schwach. Was blieb, ist vielleicht eine gewisse Eingebung, mit Hunden, aber auch mit anderen Tieren umzugehen.
Nach Kriegsende und der Verhaftung meines Vaters durch die britische Besatzung fiel es meiner Mutter immer schwerer, uns Kinder zu versorgen. Aus dieser Not heraus fasste sie den Entschluss, dass es das Beste wäre, den Hund zu einem „Schlachter" in ihr Heimatdorf Bad Kleinen zu geben, der einen Wachhund suchte, um dafür mit Wurst und Fleisch versorgt zu werden. Schlachtermeister Petersen hatte schon immer, wenn die Familie zu Besuch bei den Großeltern nebst Hund war, „ein Auge" auf ihn geworfen. Er fand Wolf einfach toll.
So kam der Tag, dass der Hund mit traurigen Augen und angelegten Ohren, als wenn er wüsste, dass es ein Abschied für immer sein sollte, die Familie verlassen musste. Da nutzte auch kein Protest meiner Geschwister, die deswegen viel geweint hatten und es auf keinen Fall wahrhaben wollten, dass nun „unser Wolf" nicht mehr zur Familie gehören sollte. Mehrmals hatte sich unser Schäferhund von der Kette, an der ihn die neuen Besitzer hielten, losgerissen. Er war aber immer wieder eingefangen worden. Einmal gelang es ihn jedoch, von Bad Kleinen bis nach Schwerin und dann zu unserem Haus zu laufen. Entkräftet, aber mit unendlicher großer Freude, war er an meiner Mutter hochgesprungen, als sie die Tür aufmachte, weil sie ein Geräusch gehört hatte.
Man hatte sich auch erzählt, dass Wolf einfach in den Personenzug von Bad Kleinen nach Schwerin gesprungen wäre. In Schwerin angekommen, soll er dann einige Zeit in der Nähe des Bahnhofes gesehen worden sein, ehe er wohl den Weg zu seinem ehemaligen – und für ihn immer noch – „Zuhause" gefunden hatte. „Möglich wäre das gewesen", hatte mein Bruder Paul dazu gesagt. Schließlich wäre er ja des öfteren mit der Familie

im Zug mitgefahren, wenn wir Oma und Opa von Schwerin aus in Bad Kleinen besucht hatten. Doch Wolf musste unter großen Tränen meiner Geschwister wieder zurück zu der Schlachterfamilie. Obwohl es für ihn dort ausreichend zu Fressen gab, hatte man ihn eines Tages regungslos vor seiner Hütte vorgefunden. Das Herz schlug schon ganz schwach, bis er eine Stunde nach dem Auffinden verstarb. Der ortsansässige Tierarzt, der ihn anschließend auf Bitten meiner Mutter untersuchte, hatte erklärt, dass er nicht etwa vergiftet wurde, sondern sein Herz, vermutlich aus Kummer, nicht mehr schlagen wollte.
Alle trauerten um „Wolf", den Schäferhund-Rüden, wie um einen Menschen. Er wurde nicht alt, doch bei mir und meinen Geschwistern ist er bis zum heutigen Tag unvergessen. Diese Geschichte und die Erlebnisse um unseren einzigen Hund hatte ich in der Familie immer wieder gehört. Jedes Mal überkam mich ein Gefühl von großer Traurigkeit.
Die Hündin, die jetzt vor mir saß, hatte kein Halsband um. Sie gehorchte weiterhin sofort, als ich nur leise sagte: „Komm mit." Ich wusste und ahnte, dass ich wohl den Hund nicht einfach behalten konnte, weil meine Eltern nicht nur was dagegen haben würden, sondern wir uns auch keinen Hund halten konnten. Die Wohnung war viel zu klein. Und das tägliche Fressen für so ein großes Tier, Pflegekosten und Hundesteuer hätten wir nicht aufbringen können.
Doch ich konnte nicht anders und ging mit ihm nach Hause. Mein Vater hatte ja, mit seinen drei Geschwistern, in der Wassermühle in dem Dorf Beuchte, wo sie aufwuchsen, „zehn" Hunde. Immer wieder hatte er davon erzählt. Er kannte auch noch alle Namen der Tiere, die mit ihm und seinem Bruder immer auf die Jagd gegangen waren. So hoffte ich in dieser Situation auf Verständnis für mich und den „gefundenen" Hund. Als ich zur Tür hereinkam und die Hündin mir folgte, kam von meiner Mutter sofort: „Was willst du denn mit diesem Hund in unserer Wohnung?!" Eilig erzählte ich, wie ich ihn vorgefunden hatte. „Den habe ich noch nie im Ort gesehen", sagte mein Vater nur lakonisch.
Mein Bruder, der gerade zu Besuch war, meinte: „So einen Ähnlichen habe ich schon mal im Dorf Lengde, als ich noch

Bäckergeselle war, beim Brot ausfahren gesehen." Darauf erklärt gleich meine Mutter: „Er kann auf keinen Fall hierbleiben." Ich antworte: „Aber ich weiß doch nicht, wo er wohnt." Mittlerweile war es draußen schon ziemlich dunkel geworden. Da kam von meinem Vater nur der Satz: „Der muss erst mal was zu Fressen bekommen". Es wurden Reste aus Kartoffeln mit übrig gebliebenem Gemüse zusammen gemengt und dem Hund zum Fressen gegeben. Er, oder besser sie, schlang alles mit einem großen Appetit herunter. Die anschließend gefüllte Schüssel mit Wasser „schlappte" sie nur in wenigen Sekunden vollständig leer, so dass nachgefüllt werden musste.
Ich nannte sie jetzt einfach „Senta". Zu meiner Erleichterung sagte mein Vater nach einiger Zeit, während er sie dabei streichelte: „Der Hund kann erst einmal im Fahrradschuppen schlafen, hol' mal einen alten Jutesack vom Boden. Aber morgen siehst du zu, dass du ihn wieder loswirst!" Dazu beauftragte er mich, zunächst auch bei meiner Tante und Oma nachzufragen. Wenn das kein Ergebnis bringen würde, müsse ich Senta zur Polizei bringen. Es gab zu damaliger Zeit kaum Tierheime – das nächste, wie wir annahmen, war in Braunschweig. Glücklicherweise waren eben erst die letzten fünf Tage in den Sommerferien angebrochen, so dass ich mir wegen der Schule keine Gedanken machen musste und mich ganz auf „meine" Hündin Senta konzentrieren konnte.
Am nächsten Morgen gegen 07.30 Uhr hörten wir einen Aufschrei. Es war Frau Kern aus der Nachbarwohnung. Sie wollte ihr Fahrrad aus dem Schuppen holen, um wie an jeden Morgen zum Bäcker zu fahren. Mit einem Satz war ich aus dem Bett. Ich lag ohnehin schon lange wach. Senta stand schwanzwedelnd vor unserer Nachbarin, die aber nur ängstlich den Hund anschaute. Ich beruhigte sie und hielt Senta ein wenig fest, sodass Frau Kern mit ihrem Fahrrad schnell davoneilen konnte. Sie hatte wohl schon als Kind immer Angst vor Hunden gehabt. Da konnte das Tier noch so harmlos und freundlich aussehen wie Senta.
Am Abend vorher, während ich schon im Bett lag, hatte mir mein Bruder aus einem alten Gürtel ein Halsband gefertigt. Als Leine dienten zwei dicke Kordeln, die zusammengeflochten

wurden. Es war schon ein tolles Gefühl, als ich nach einem kurzen Frühstück – Senta hatte lediglich eine Scheibe Brot mit Margarine bekommen – mit ihr an der Leine losgehen konnten. Ich genoss richtig die Blicke, als wir „Zwei" an den Leuten vorbeigingen. Dabei hatte ich ein Gefühl der besonderen Sicherheit, das mein „Begleiter" vermittelte. Meine Tante und meine Oma im Vienenburger „Oberdorf" wunderten sich, als ich mit Senta zur Tür hereinkam. In der Küche wurde gerade das Mittagessen zubereitet. Gewisse Gerüche aus dieser Zeit sind mir bis heute in Erinnerung geblieben. Dazu gehört auch der Geruch von frisch zubereiteter Bohnensuppe mit viel Kartoffeln und Speck. So etwas, auch dicke Suppe genannt, gab es in dem Haushalt meiner Oma und meiner Tante sowie deren Mann des Öfteren.

Auch an diesem Tag konnte ich den Essengeruch schon vom Weiten riechen. Der Hund hatte schon, während wir ins Haus gingen, ganz interessiert mit der Schnauze in der Luft geschnuppert. „Möchtest du auch was?", fragte mich meine Tante und schaute auch Senta dabei an. Die Hündin schaute aber nur mich an, als wenn sie ausdrücken wollte: „Ich habe wohl einen gewaltigen Appetit, auf so etwas Leckeres." Ich sagte: „Nein, gebt lieber meinem Begleiter etwas, ich habe zur Zeit keinen besonderen Hunger." Meine Tante, die Gutmütigkeit in Person, machte sich sogleich daran, aus zwei großen Kellen von dem Eintopf die Bohnen heraus zu fischen, damit der Hund keine unnötigen Blähungen nach dem Fressen davontragen sollte.

Meine Oma, die Schwester meiner Tante, meckerte aber daraufhin los: „Was willst du denn mit dem Köter hier? Und überhaupt – das gute Essen, ist doch viel zu schade für so ein Vieh!" Meine Tante beschwichtigte, wie immer, während mein Onkel, schon wieder nach dem Essen in seinem Lehnstuhl sitzend, nur gelangweilt und ohne Kommentar das ganze Geschehen verfolgte. Senta fraß alles auf und bekam auch noch ein Schälchen Wasser dazu. Ich war erleichtert. Zunächst hatte Senta für den Tag das nötige Fressen erhalten. Leider wussten die Drei auch sie nicht, woher der Hund stammen könnte.

Eine kurze Bleibe für das Tier bei ihnen lehnten sie ab, da sie noch zwei Katzen und auch einen kleinen Hunde-Rüden den sie

„Mäuschen" nannten, hatten. Er zwar schon sehr alt, aber man wusste nicht, ob er sich mit anderen Hunden vertragen würde. Er war gerade nicht im Haus, sondern lag in der Nähe des Hühnerstalls, wo die Mittagssonne besonders stark schien und sein Fell wärmte.
Was sollte ich jetzt nur machen? Mittlerweile waren alle nach draußen gegangen. Vor dem Haus stand immer eine große Bank mit einem alten Tisch. Dort saßen wir eine ganze Weile. Senta hatte sich vor uns hingelegt und schaute mich wieder mit ihren, so kam es mir vor, traurigen Augen an. Ich hörte gar nicht mehr, was eigentlich meine Oma und meine Tante noch so fragten, sondern überlegte angestrengt, wie ich es doch noch schaffen könnte, Senta zu behalten. Doch mir fiel keine brauchbare Lösung ein. Aber ich wollte mich nicht so einfach von dem Hund trennen. Ich lief mit Senta zurück nach Hause.
Meine Mutter wollte gerade zum Einkaufen gehen, als sie mich kommen sah: „Na, du hast wohl kein Glück gehabt, mit dem Hund, so wie es aussieht?" Ich log: „Doch. Eine Nacht darf ich bei Tante und Oma mit Senta verbringen, dann wollen sie mir morgen helfen, wie es weitergehen kann." Meine Mutter schaute zwar etwas skeptisch, doch sie wollte meinen Vater davon unterrichten und gab mir noch eine Decke für mich mit.
Nun ging ich zunächst zu den Okerwiesen, dort ließ ich Senta von der Leine und wir spielten mit einander. Dabei war sie ein geschickter Hund, der stets das geworfene Stöckchen wieder zurückbrachte und vor mir hinlegte, bis ich es wieder warf. Ich hatte so ein Gefühl, als wenn es Senta auch großen Spaß machen würde, so mit mir zu spielen. Sie stieß Laute aus, die nach Freude klangen. Über das Toben und Spielen vergaß ich die Zeit.
Wenn ich daran zurückdenke, waren es zwar nur kurze Momente im gesamten Leben. Aber ich erinnere mich immer wieder mit einer gewissen Wehmut daran. Dann habe ich wohl ein Lächeln in meinem Gesicht, wie andere dann feststellen können. Ohne dass sie den Grund dafür erkennen können.
Es wurde schon „schummerig". Da ich keine Uhr besaß, schätzte ich die Uhrzeit auf spät abends ein. Nach Hause konnte ich nach meiner Lüge nicht einfach zurückkehren. Also be-

schloss ich, mich mit Senta im Wald des angrenzenden Höhenzugs Harly zu verstecken und die Nacht dort zu verbringen. Ich hatte sie nicht wieder an die Leine genommen, und so sprang sie noch voller Freude über unsere Spielerei auf den Wiesen immer an mir hoch, während wir in den Wald gingen. Zunächst suchte ich eine Höhle, die ich mit meinen Spielkameraden schon mal beim Spielen im Wald aufgesucht hatte. Sie hieß August-Kräuter-Höhle. Derselbe soll vor langer Zeit tatsächlich in der Höhle gehaust und verschiedene Kräuter zu Medizin verarbeitet haben. Mit der Zeit wurde es immer dunkler. Die Waldgeräusche nahm ich immer intensiver wahr. Dabei wurde es mir doch ziemlich unheimlich zumute. Aber durch Senta, die jetzt brav neben mir her trottete, verspürte ich doch etwas mehr Sicherheit. So waren wir wohl in dem dunklen Wald schon fast eine halbe Stunde gelaufen, ohne dass ich die Höhle gefunden hatte. Mir wurde so langsam klar, dass ich sie in der Dunkelheit in dem Harly-Wald auch nicht mehr finden würde.

Der Gedanke, sich einfach mit dem Hund zusammen unter einen Baum zu legen und dann mit der Decke zuzudecken, sollte so langsam zu einem Entschluss werden müssen. Plötzlich sah ich durch die Bäume an einer Lichtung ein spärliches Licht aufleuchten. Schnell bewegten wir uns in diese Richtung. Erleichtert stellte ich nach einiger Zeit fest, dass wir am sogenannten alten „Schacht 2", dem versunkenen Salzbergwerk, herausgekommen waren. Hier standen noch die ehemaligen Werksbaracken, die jetzt von Flüchtlingen bewohnt wurden, bis sie eine Wohnung erhalten sollten. Auch mein Schulfreund Walter Drusin wohnte dort.

Ich hatte in Erinnerung, dass es dort in der Nähe einen alten Schachteingang gab, der erst nach einigen Metern zugemauert war. Dort würden wir übernachten. Der Boden war zwar hart, aber ich fühlte mich doch sicherer, weil ich aus dem Schacht rauschauen konnte. In der hinteren Ecke machten wir es uns so gut es ging bequem. Senta legte sich dicht an mich, ich deckte uns mit der Decke zu. So war es recht angenehm, da der Hund viel Wärme abgab. Wir müssen wohl beide schnell eingeschlafen sein. Plötzlich, es war am frühen Morgen, und am Schachteingang war es schon etwas heller, schreckte Senta hoch und fing leise an zu Knurren!

Geistesgegenwärtig hielt ich ihr vorsichtig die Schnauze zu. In dem Augenblick hatte ich am Stolleneingang ein paar dunkle Umrisse von Männern gesehen, die damit beschäftigt waren, große Kisten direkt in der Nähe des Eingangs abzustellen. Ich bedeutete mit dem Finger auf dem Mund zur Senta gewandt, sich ruhig zu verhalten. Die schlaue Hündin schien zu begreifen. Sie verhielt sich still, schaute aber aufmerksam mit aufgerichteten Ohren unverwandt in die Richtung des Geschehens. Mein Herz klopfte so laut, dass ich befürchten musste, die Männer – ich konnte insgesamt drei erkennen – hätten das gehört. Sie unterhielten sich in einer mir unbekannten Sprache, die irgendwie hart klang.

Plötzlich wurde einer etwas lauter. Es hörte sich wie ein Kommando an, das er den anderen in einer mir unbekannten Sprache zu geben schien. Dann entfernten sie sich mit schnellen Schritten aus dem Bereich des Stollens, ohne die abgestellten Kisten wieder mit zu nehmen. Nach einiger Zeit konnte ich hören, dass in einiger Entfernung ein Auto, offensichtlich ein Lastwagen, gestartet wurde und wegfuhr. Jetzt erst wagte ich es wieder, laut zu atmen. Schnell lief ich, vorneweg Senta, zum Stolleneingang.

Eigentlich sollte ich mich mit dem Hund, so schnell wie es ging, von diesem Ort entfernen. Doch die Neugierde trieb mich dazu, einmal nachzuschauen, was wohl in den Kisten war. Alle waren mit einem Schloss versehen und übereinandergestapelt. Bei einer Kiste war ein Brett etwas lose. Ich konnte es ganz leicht zur Seite biegen und in die Kiste schauen. Ich staunte nicht schlecht. Halb in Fettpapier eingewickelt, lagen in der Kiste mindestens acht Maschinenpistolen, wahrscheinlich lagen in den anderen die gleichen Waffen. Wie sich später herausstellen sollte, handelte es sich um russische Maschinenpistolen der Marke „Kalaschnikow". Doch etwas erschrocken über den „Fund „liefen" wir aus dem Bereich des Bergbaustollens.

Abschiedsschmerz

Der Hund spürte wohl, dass dieser Ort eine gewaltige Spannung ausströmte, und er lief, ohne dass ich was gesagt hätte, in Richtung des Waldes, aus der wir ursprünglich gekommen waren. „Gut, Senta!", hatte ich zu ihr gesagt: „Hier müssen wir so schnell wie möglich weg." Senta lief nun etwa drei Schritt vor mir her und fand genau den gleichen Weg zurück. Als wir an der alten Eisenbahnbrücke mit dem Fluss Oker angekommen waren blieb sie stehen und schaute mich aufmerksam an. „Ich habe jetzt aber keine Zeit mehr zum Spielen", murmelte ich fast vor mich hin. Doch sie hatte schon ein Stöckchen gefunden und es erwartungsvoll vor mir abgelegt. So blieb mir nichts Anderes übrig, als mit Senta noch eine ganze Weile zu spielen.

Mein ungutes Gefühl in der Magengegend nahm immer mehr zu. Schließlich sah ja alles ziemlich ungewiss für uns beide aus. Weiterhin wusste ich nicht, ob ich das Erlebte jemandem erzählen sollte – und welche Konsequenzen das für mich haben würde. Langsam machten wir uns beide auf den Heimweg. Als ich um die Ecke zu unserer Straße kam, sah ich zu meinem Erstaunen meinen Bruder, der gerade noch einen Tag Urlaub hatte, ehe er wieder in die Polizeischule nach Nordrhein-Westfalen musste, mit einem mir unbekannten Mann vor der Haustür stehen. Als er mich erblickte, winkte er aufgeregt zu uns rüber. Aber was war plötzlich mit Senta los? Wie angewurzelt blieb sie stehen. Ihr Schwanz stand waagerecht von ihr ab. Eine Pfote hatte sie dabei hochgehoben. Dann, mit einem Mal, stieß sie ein Geräusch zwischen freudigem Bellen aus, als ob sie irgendwas erzählen wollte. Sie wedelte stark mit dem Schwanz und lief so schnell es ging auf den Mann zu. Der rief nun auch ganz freudig den Namen „SENTA" aus, während der Hund voller Freude an ihm hochsprang. Also hieß die Hündin tatsächlich so. Es musste wohl eine bestimmte Ahnung gewesen sein, dass ich ihr den richtigen Namen gegeben hatte. Meine Gefühle schlugen Purzelbaum.

Einerseits freute ich mich mit Senta, wie ich sie genannt hatte. Offensichtlich hatte sie ihr Herrchen gefunden und wiedererkannt und war nun „außer Rand und Band". Andererseits ahnte ich, dass ich nun wohl Abschied von dem mir in der kurzen Zeit ans Herz gewachsenen Tier nehmen musste. Senta hielt plötzlich nach der minutenlangen Begrüßung ihres wieder gefundenen Herrchens inne. Sie kam auf mich zu und legte ihren Kopf auf meine Hand, die ich ihr entgegengestreckt hatte. Wieder stieß sie so ein Geräusch aus und leckte dabei ganz intensiv meine Hand. Ich konnte erkennen, dass mein Bruder ein wenig mit den Tränen kämpfen musste. Meine Tränen aber liefen mir, ohne dass ich es so richtig bemerkt hatte, schon eine ganze Weile die Wangen herunter. Aber warum stand plötzlich der Besitzer von dem Hund, nach der ganzen Zeit, bei uns vor der Tür?

Mein Bruder hatte sich erinnert, als er noch als Bäckergeselle auch in dem Dorf Lengde Brot ausfahren musste, wie er es gleich zu Beginn gesagt hatte, den Hund schon einmal gesehen zu haben. Es ließ ihm keine Ruhe. Er war mit dem Fahrrad in das Dorf gefahren und hatte schließlich mit Hilfe des Dorfpolizisten das Herrchen Fabian Bruchsiefer mit Namen ausfindig machen können. Der war hocherfreut über die Nachricht, dass sein geliebtes Tier wiedergefunden worden war. Er war schon seit ein paar Tagen auf der Suche nach seinem Hund, wie er beteuerte. Warum war der Hund überhaupt weggelaufen und das auch noch verhältnismäßig weit von seinem zu Hause entfernt?

Wie schon so oft im Leben gab es zwischen ihm und seiner Frau einen heftigen Streit. Es ging um eine Erbschaft, die nach Ansicht seiner Frau ihm alleine und so, meinte sie, damit auch ihr zugestanden hätte. Es „gärte" schon sehr lange in der Beziehung der beiden Eheleute. Er, pensionierter Beamter und sie, eine 14 Jahre jüngere Bauerntochter aus demselben Dorf, hatten keine Kinder. Die verhältnismäßig späte Heirat machte sie wohl auch nicht klüger, um in der Ehe voller Achtung und Vertrauen miteinander umzugehen. Wie mein Bruder später erzählte, galt sie, mit dem Vornamen Irene, als treibende Kraft aller Streitereien. Auch hatte sie hin und wieder ihren Mann betrogen und wohl auch damit nicht „hinter dem Berg gehalten". Jedenfalls wussten fast alle Einwohner in dem Dorf über die Affären der Frau Bruchsiefer, geborene Pfahl, Bescheid. Herr Bruchsiefer hatte sich auch deswegen vor zwei Jahren den

Hund angeschafft und unternahm jeden Tag lange Spaziergänge mit seiner treuen Kameradin.
Als er plötzlich wegen einer akuten Lungenentzündung ins Krankenhaus nach Goslar musste, hatte seine Frau nach ein paar Tagen die Gelegenheit ergriffen und war mit vielen Haushaltssachen und sämtlichem Bargeld sowie Sparbüchern mit Hilfe ihres heimlichen Geliebten aus der gemeinsamen Wohnung regelrecht „geflüchtet". Den Hund mochte sie ohnehin nicht. Eigentlich mochte sie überhaupt keine Tiere, was umso seltsamer war, da sie von einem Bauernhof mit eben vielen Tieren stammte. Also nahm sie ihn mit und setzte ihn auf der Fahrt in Richtung Braunschweig einfach aus.
Das würde auch erklären, warum Senta nicht wieder zurück in ihre vertraute Umgebung lief. Ihr Instinkt hatte ihr signalisiert, dass ihr geliebtes Herrchen nicht anwesend war. Der Instinkt eines Hundes ist dem von Menschen schließlich weit voraus. Wahrscheinlich war sie schon irgendwie auf dem richtigen Weg zu ihrem Herrchen, der noch im Krankenhaus Goslar lag- obwohl sie nicht wissen konnte, wo er sich befand, als ich sie dort vor dem Fernseh- und Rundfunkgeschäft sitzen sah.
Der pensionierte Beamte hatte auch ihre Leine mit Halsband mitgebracht. Er gab sie mir, was ich als eine nette Geste empfand. Behutsam löste ich das Provisorium, das mein zweitältester Bruder gefertigt hatte, und legte „meiner" Senta ihr gewohntes Halsband um. Dabei liefen mir wieder, ohne dass ich so richtig gemerkt hatte, Tränen über meine Wangen. Die Hündin jaulte leise und leckte mir quer über mein Gesicht. Ich ließ es geschehen. Auch Herr Bruchsiefer musste wohl ein wenig schlucken, als er diese Szene mit ansah. „Mach es gut mein toller Hund", sagte ich leise. Dann drückte ich dem Beamten im Ruhestand zum Abschied die Hand. Eigentlich wollte ich mich abwenden und schnell ins Haus gehen, um mit meinem Abschiedsschmerz alleine zu sein. Doch meine Blicke blieben bei Senta, und ich schaute mit meinen verweinten Augen den Beiden nach.
Langsam entfernte sich der Hund mit seinem wieder gefundenen Herrchen in Richtung Bushaltestelle, um nach Hause zu fahren. Plötzlich blieb die Hündin stehen. Sie sah nochmals in

meine Richtung, mit aufgestellten Ohren, während ihr Schwanz sich ganz langsam hin und her bewegte. Ich winkte in ihre Richtung, und ich wusste, dass ich Senta nicht wiedersehen würde.
„Nimm es nicht so schwer", sagte mein Bruder. „Sieh' mal, wenn der Herr Bruchsiefer seinen Hund nicht wiedergefunden hätte, wäre er doch, besonders jetzt in seiner Situation, sehr traurig gewesen." Außerdem machte er mich noch einmal darauf aufmerksam, dass unsere Eltern sich auch gar keinen Hund halten, geschweige denn leisten können. Er gab sich damals große Mühe mich zu trösten. Daher fand ich den Mut, ihm auch von dem Erlebten zu erzählen.
Schließlich war er in einer Polizeiausbildung und hatte womöglich einen Plan, wie ich aus dem Erlebten herauskommen könnte, ohne eine Strafe wegen dem unerlaubten Wegbleiben zu bekommen.

Offenbarung

Aber es blieb mir nichts Anderes übrig, als meinen Eltern davon zu erzählen. Denn, so meinte mein Bruder, früher oder später würden sie es doch herausbekommen – und dann wäre es vielleicht viel schlimmer. Außer einem Hausarrest von einer Woche hatte ich nichts weiter zu befürchten und nicht wie ansonsten üblich Prügel. Im Übrigen hatte nach drei Tagen meine Mutter ganz vergessen, dass ich ihn bekommen hatte, und somit konnte ich wieder draußen spielen.
Vorher aber, noch am gleichen Tag, ging mein Bruder mit mir auf die Polizeiwache, wo man mich ja schon kannte, wegen des Vorfalls mit der vermeintlichen Kindesentführung. In dem Raum hing erst jetzt ein großes Foto im Rahmen von Hauptwachtmeister Gläser mit einem Trauerflor an der Wand. Er war ja vor ein paar Jahren so gemein von sowjetischen Soldaten erschossen worden, als diese rechtswidrig über die Grenze Richtung Vienenburg gefahren waren.
Meine Aussagen wurden sorgfältig auf einer alten Schreibmaschine, wahrscheinlich stammte sie noch aus den 1920er Jahren, protokolliert. Als ich die Stelle im Zusammenhang mit den offensichtlich ausländischen Männern und den Maschinenpis-

tolen beschrieb, und weiter, wie ich die großen Kisten ein wenig aufgemacht hatte und darin die großen Pistolen mit einer Trommel vorfand – so beschrieb ich diese Waffen –, schauten sich die zwei Polizeibeamten vielsagend an. „Moment mal!", sagte der Hauptwachtmeister Behrens zu meinem Bruder und mir. Er griff zum Telefon und ließ sich mit der Bezirkskriminalpolizei in Braunschweig verbinden: „Hallo Heinz, hier Erich." Er wandte sich mit dem Telefon in Blickrichtung des kleinen Fensters, dabei sprach er sehr leise, sodass wir Mühe hatten etwas zu verstehen.

Aber ich hörte genau, wie er sagte: „Wenn das wahr ist, dann sind wir endlich bei diesen Brüdern auf der richtigen Spur. Endlich können wir auch einmal etwas zur Aufklärung von diesen Schweinen, gesteuert aus dem Osten, beitragen." Dann doch wieder ziemlich laut: „Also, wir werden den Jungen noch weiter befragen und ihn belehren, dass er anderen über das Erlebte kein Sterbenswörtchen erzählen darf." Er fügte noch hinzu: „Im Übrigen ist er mit seinem Bruder hier, dieser befindet sich gerade in polizeilicher Ausbildung bei der Bereitschaftspolizei in Nordrhein Westfahlen. Also bald ein Kollege, ha-ha, daher keine Bedenken."

Das Protokoll wurde abgeschlossen, und mein Bruder musste es unterschreiben, da ich noch nicht volljährig war. „Also, nicht mehr so viel rumstromern, es könnte auch mal gefährlich werden", meinte noch der andere Polizist, Oberwachtmeister Tate, lachend zu mir – und wir konnten nach Hause gehen.

Viel später bekam mein Vater von der Kriminalpolizei aus Braunschweig ein Schreiben. Darin bedankte sich ein Polizeikommissar ausdrücklich dafür, dass ich meine Beobachtungen gemeldet hätte. Man wäre dieser Waffenschmugglerbande, darum handelte es sich, schon lange auf der Spur gewesen. Sie hätten Waffen bis nach Italien gebracht. Da diese Bande offensichtlich mit dem sowjetischen Militär, oder besser gesagt einigen hohen Offizieren, zusammengearbeitet hatten, konnten sie wohl auch nicht auch nicht so schnell „dingfest" gemacht werden. Man wusste nur, dass es sich bei den Männern um zwei Rumänen und drei weitere Männer aus dem Ostblock handeln sollte.

Wie nach einer späteren Anfrage meines Bruders zu erfahren war, wurden sie doch noch gefasst – und lediglich über die Zonengrenze an die Behörden der DDR ausgeliefert. Was weiter mit ihnen geschehen ist, blieb allerdings für immer im Dunkeln. Man vermutete allerdings, dass sie nichts zu befürchten hatten, was auf der Hand lag. Schließlich war wohl alles mit Wissen und Billigung dazu noch Beteiligung der damaligen Machthaber in der DDR – das war nun mal die sowjetische Armee-Besatzung – geschehen.

Mein ältester Bruder Kurt bekam auch meine Erlebnisse und die Traurigkeit wegen Senta mit. Um mich ein wenig zu trösten, machte er den Vorschlag, mit mir zum nächsten Goslarer Schützenfest zu fahren. Er hatte es auch eingehalten, und im folgenden Jahr hatten wir eine Menge Spaß.

Die Wahl des Bürgermeisters

Wer gerade Bürgermeister war, wussten wir Kinder nicht. Aber auch die Bevölkerung von Vienenburg interessierte sich kaum für das Geschehen im Rathaus. Unser Klassenlehrer war schon in der Grundschule auf die Idee gekommen, den Kindern die Zusammenhänge in einer Stadt näherzubringen. Aus diesem Grund hatten wir unter anderem das Rathaus besucht, wo uns dann erklärt wurde, wie eine Stadt verwaltet wird. Das ehrwürdige Rathaus, erbaut in den 1920er Jahren, hatte mich beeindruckt, auch wenn ich den Ausführungen der einzelnen Sachbearbeiter und Referenten nur schwer folgen konnte.
Der damalige ehrenamtliche Bürgermeister, immer noch Hans-Adolf Freeke, war gerade nicht anwesend. Nun sollte bei der anstehenden Kommunalwahl ein neuer Bürgermeister gewählt werden. Aber auch der Amtierende stellte sich wieder zur Wahl, unterstützt wie auch in den vergangenen Jahren durch seinen Freund und Stadtdirektor Theodor Scheunen. Der war im Krieg als Verwaltungsbeamter im so genannten Protektorat Böhmen und Mähren (besetzte Tschechoslowakei) verpflichtet. Ansonsten wusste man nicht viel Privates über ihn.
Um die Bürger dafür zu interessieren und die Wahlbeteiligung anzuheben, wurden selbst gemachte Handzettel verteilt, Plakate geklebt und von den einzelnen Parteien zu Versammlungen über das Thema „Die Zukunft unsrer Stadt" eingeladen. Die sah nicht gerade „rosig" aus: Viele Arbeitslose, kaum Industrie, dann noch die Nähe zur Zonengrenze. Da waren nur die Bauern mit ihrer wieder florierenden Landwirtschaft und die Pensionäre sowie Verwaltungsbeamte in dieser Stadt einigermaßen zufrieden. Der Wohnraum für Familien war sehr knapp. Erst viele Jahre später begann man mit dem sozialen Wohnungsbau.
Der amtierende Bürgermeister war schon immer irgendwie Politiker gewesen. Vor Kriegsschluss gehörte er wie die meisten der NSDAP an. Er war zeitweise, bis zur Auflösung des Parlaments durch seine eigenen Nazis, sogar Reichstagsabgeordneter in Berlin. Aus dieser Zeit – die Abgeordnetenzeit wurde angerechnet – und der Tätigkeit als beamteter Gewerbelehrer in Goslar bezog er eine für die damaligen Verhältnisse nicht ge-

rade geringe Pension. Soldat brauchte er wegen eines angeblich angeborenen Herzfehlers nicht zu werden. Sein neu erbautes Haus war villenähnlich angelegt. Eigentlich war er so etwas wie ein Bürgermeister auf Lebenszeit. Keiner konnte sich so recht vorstellen, dass auch mal ein anderer Bürgermeister werden könnte.

Die Stadt wacht auf

Doch eines Tages fanden die Bürger einen besonderen Handzettel in ihren Briefkästen. Cornelius-Waldemar Marslowski stellte sich zur Wahl des Bürgermeisters. Er war bis zu dem Zeitpunkt bei den Bürgern nicht bekannt geworden. Keiner wusste, woher er kam und was er machte – nur, dass er wohl erst vor ein paar Monaten mit seiner Familie, seiner Frau einer Tochter und einem Hund angeblich von Süddeutschland nach Vienenburg umgezogen sein sollte. Er arbeitete aber in Celle an der Universität. Was er dort genau machte, wusste wiederum keiner.
Das war nun Gesprächsstoff genug in dieser Angelegenheit. Einige wussten zu berichten, dass die Familie mit Herrn Lankermann befreundet wäre, andere glaubten, dass er ebenfalls ein ehemaliger Emigrant sein müsse, da seine Kleidung so an das Englische erinnern würde. Sachliche Diskussionen, etwa was uns dieser Mann als Bürgermeister bringen wolle und was es der Stadt nützen würde, kamen gar nicht erst auf. Jedenfalls hatte Bürgermeister Freeke nur ein verächtliches Grinsen im Gesicht, als man ihn offiziell über seinen Kontrahenten berichtete.
„Was glaubt denn dieser hergelaufene Typ, wer er wäre?", sagte er im kleinen Freundeskreis. „Dieser Herr kann mir nicht gefährlich werden", so seine Überzeugung. Er nahm sich sogar eine Auszeit und fuhr wie auch in den vergangenen Jahren mit seiner Familie – seiner Frau und seinem Sohn Ralf – auf die Nordseeinsel Amrum, um mal zwei Wochen von dem ganzen „Blödsinn" Ruhe zu haben. Das hatte er noch vor seiner Abreise verkündet.

Eines Montags in aller Frühe rückten ein Bagger und mehrere Bauarbeiter an, die das Haus des Bürgermeisters Freeke zum Ziel hatten. Dem herbeigerufenen Nachbarn, seinem Freund und Stadtdirektor Scheunen, erklärte man, dass ein Hauptwasserrohr von Bad Harzburg kommend durch das Grundstück der Familie laufe. Es steht im Verdacht, leck zu sein. Deshalb müsse man einige Stellen im Garten aufreißen, um nachzusehen und auch eventuell den Schaden gleich zu beheben. „Davon weiß ich nichts", schrie Scheunen einen Herrn sogleich an, der sich als „Bauleiter" für dieses Unternehmen vorgestellt hatte. „Ich müsste es wohl doch wissen, schließlich bin ich der Stadtdirektor in dieser Stadt", fügte er noch wütend hinzu. Der vermeintliche „Bauleiter" blieb ganz ruhig und hielt Scheunen ein Papier von der niedersächsischen Hauptwasserbehörde aus Hannover unter die Nase.
Darin stand lediglich, dass ein Verdacht auf einen Riss in der Hauptwasserleitung entstanden sei, und zwar auf dem genannten Grundstück. Es dürfe demnach umgehend alles getan werden, um einen eventuellen Schaden zu beheben. Der Stadtdirektor kramte umständlich in seiner Hosentasche, um seine Lesebrille rauszuholen. Dann studierte er ungläubig das Schreiben. „Das kommt trotzdem nicht infrage. Ich werde mich erst einmal mit dem Herrn Bürgermeister in Verbindung setzen, ehe sie hier anfangen", erklärte Scheunen nun in einem hohen Schrillton. „Einen Moment bitte", sagte der Bauleiter nun leicht verärgert. Er wandte sich zweien seiner auch vermeintlichen Arbeiter zu – das ganze Arbeitskommando schien nicht aus dem Ort zu stammen – und sprach leise mit ihnen. Plötzlich, ohne Vorwarnung, schnappten sich die Beiden den Stadtdirektor links und rechts am Arm und brachten ihn zu seinem Haus zurück.
„Hilfe, Polizei!", schrie dieser. Doch der Bauleiter hatte nur in ruhigem Ton hinterhergerufen, dass er bis auf weiteres im Haus bleiben sollte und auch nicht telefonieren dürfte. Er brauche auch gar nicht nach der Polizei rufen, sie wäre schon „vor Ort". Scheunen versuchte es, im Haus angekommen, natürlich trotzdem. Er musste aber feststellen, dass die Telefonleitung nicht mehr funktionierte. Wütend wollte er wieder aus dem Haus

laufen, um sich lauthals zu beschweren. Doch er kam nicht weit. Polizisten standen nun vor seinem Haus, das etwas bescheidener ausgefallen war als bei Bürgermeister Freeke. Sie ließen ihn nicht mehr heraus.
Die Polizeibeamten, das konnte er noch erkennen, stammten auch nicht aus seiner Stadt. Es war so gegen 16 Uhr am selben Tag, als der nicht allzu große Bagger auf etwas in dem Garten von Bürgermeister Freeke stieß. Es wurde nun vorsichtig mit Spaten und anschließend mit den Händen weiter gegraben. Ein etwa 1,60 Meter großes, schmales Bündel, eingehüllt in vielen Laken, deren Farbe jetzt verkrustet und erdbraun anzusehen waren, kam zum Vorschein. Zwei Herren mit Hüten sowie drei Polizeibeamte, aber auch der neue Bürgermeister-Kandidat Marslowski und Herr Lankermann, standen bei den Herren. Dass diese Beiden dabei waren, war schon seltsam.
Vorsichtig öffneten weitere drei Männer, ganz in weiß gekleidet und mit Handschuhen und Mundschutz versehen, das eben ausgegrabene Bündel. Es wurde ein menschliches Skelett sichtbar! Unterhalb des Totenschädels hing noch eine silberne Kette mit einem Amulett, das nicht mehr zu erkennen war. Ein herbeigerufener Leichenwagen fuhr schließlich das gefundene Skelett in einem Zinksarg zum medizinischen Kriminalinstitut nach Hannover.
Ein Onkel und Vetter meines Vaters, Jörg Schaber, hatte alles von Weitem beobachten können, da er an diesem Morgen wie immer zu dieser Zeit mit seinem Hund seinen ersten Spaziergang machte, der auch am Haus des Bürgermeisters vorbeiführte. Neugierig geworden, war er dann zur Mittagszeit zurückgekehrt. So konnte er das Ganze aus sicherer Entfernung beobachten und uns anschließend fast detailliert schildern.

Licht ins Dunkle?

Schneller als im wahrsten Sinne des Wortes die Polizei erlaubte, hatte sich alles in ganz Vienenburg herumgesprochen: Auch, dass es sich wohl um keinen Riss oder sonst etwas an einer Hauptwasserleitung gehandelt hatte, sondern um langjährige Ermittlungen des Landeskriminalamt Niedersachsen. Umgehend wurden rund um das Geschehene die größten Spekulationen losgetreten. Da war zunächst das von gewissen Leuten initiierte Gerücht verbreitet, es handele sich hier um eine Kampagne des neuen Bürgermeisterkandidaten, unterstützt von Herrn Lankermann, um dem langjährigen Bürgermeister zu schaden und damit seine Wiederwahl zu verhindern. Andere wiederum, die dem wohlgefälligen Bürgermeister im Ort, nie sonderlich zugetan waren, freuten sich klammheimlich, dass dieser „Protz", wie sie ihn auch nannten, endlich einmal Schwierigkeiten bekommen sollte.

Die Zeitungen hielten sich in ihren Aufmachungen mit Spekulationen zurück. Daher waren die Berichte eher nüchtern und sachlich, fast wie aufgezählt, für die Leser dargestellt. Stadtdirektor Scheunen wurde vorübergehend festgenommen und nach einer Woche in der Landeshauptstadt Hannover, nach mehreren Verhören durch Beamte des Landeskriminalamts, wieder nach Hause entlassen. Bürgermeister Freeke wurde noch am selben Tag des grausamen Fundes auf seinem Grundstück in seinem Urlaubsort auf Amrum festgenommen und ebenfalls nach Hannover gebracht. Aber auch er kam nach zwei Wochen wieder frei und durfte nach Hause zu seiner Familie – aber mit gewissen Auflagen, darunter auch Hausarrest.

Der Landrat hatte den Stadtdirektor bis zur Aufklärung des Falles suspendiert und den Bürgermeister von seinen Aufgaben vorübergehend entbunden, wie es offiziell in einer Verlautbarung gestanden hatte. Mit den Amtsgeschäften eines Stadtdirektors wurde vorübergehend Dr. Hagenstroh vom Reichsbund beauftragt. Auch die Pflichten eines Bürgermeisters wurden von ihm übernommen. So langsam sollte etwas mehr Licht in das „Dunkel" kommen. Das medizinische Kriminalinstitut fand nach etwa zwei weiteren Monaten heraus, dass es sich bei dem gefundenen Skelett um eine weibliche Person im Alter um die 36 Jahre handeln würde. Weitere Ermittlungen hatten dann ergeben, dass es die vermisste polnische Zwangsarbeiterin Joschenka Karinowski war. Sie war verheiratet und mit ihrem Mann Joseph im Krieg aus einem Dorf Nähe Krakau aus Polen nach Deutschland verschleppt worden. Ihr Mann musste auf einer Domäne in Halberstadt schuften. Er starb dort sehr früh,

angeblich an einer Lungenentzündung. Joschenka kam nach Vienenburg und musste dort als Hausgehilfin im Haushalt des NSDAP-Mitgliedes und ehemaligen Reichstagsabgeordneten Hans-Adolf Freeke arbeiten!
Gegen Ende März im letzten Kriegsjahr 1945 war sie dann plötzlich angeblich verschwunden. Man hatte sie in der Stadt gekannt. Sie ging jeden Tag bei „Tamms und Garfs Kolonialwarengeschäft", wie es damals hieß, selbstständig für die Familie einkaufen. Aber sie sprach mit niemandem, meist blickte sie nur scheu mit ihrem blassen Gesicht auf den Boden, wenn ihr Passanten begegneten. Gottfried Freeke, der Vater von Hans-Adolf, ließ damals verkünden, dass sie wohl aus dem „Großdeutschen Reich" geflüchtet sein müsse, um wieder in ihre Heimat zu kommen, die bereits von den Russen befreit war.
„Die ist einfach abgehauen", hatte Großvater Freeke lachend erklärt, und damit war auch für alle Bewohner des Ortes die Angelegenheit erklärt und erledigt. Wer kümmerte sich schon in der damaligen Zeit um das Schicksal von Zwangsarbeitern?! Für die Meisten schien darüber hinaus klar zu sein, dass das Ende des Krieges nicht mehr lange auf sich warten würde. Alle hatten schon ein mulmiges Gefühl, wie es danach wohl weitergehen würde. Darüber öffentlich zu sprechen, wurde streng geahndet und konnte sogar die Todesstrafe, zum Beispiel wegen so genannter „Wehrkraftzersetzung", nach sich ziehen.

Ein Verbrechen?

Es vergingen nach dem Bekanntwerden, um welche Person es sich bei dem aufgefundenen Skelett handeln sollte, noch zwei Tage. Am dritten Tag, wieder in aller Frühe, fuhren drei schwere Kübelwagen der Landespolizei vor die Häuser von Bürgermeister Freeke und Stadtdirektor Scheunen. Die Häuser wurden umstellt, und die beiden Freunde, nachdem sie mit Lautsprechern „gebeten wurden" aus dem Haus zu kommen, verhaftet. Sie wurden in Handschellen gelegt und wieder in das Landesgefängnis Hannover gebracht. Bei dieser Verhaftung durfte die Presse dabei sein, die man vorher benachrichtigt hatte. Durch die langjährigen Ermittlungen und Verhöre in diesem Fall war man nun sensibel genug, nicht den Anschein zu erwecken, dass hier etwas ohne die Öffentlichkeit stattfinden sollte.

In einen etwas nun längeren Zeitungsartikel wurde dann den erstaunten Lesern unter anderem bekannt, dass der neue Bürgermeisterkandidat ein jüngerer Bruder von Joschenka war. Sie hieß mit ihrem Geburtsnamen ebenfalls Marslowski. Die Mutter der beiden Geschwister war eine Halbjüdin. So galten sie als nach der Nazi-Ideologie als nicht arisch und waren ständiger Verfolgung ausgesetzt. Sie versteckten sich bei einem Freund der Eltern, nahe der russischen Grenze. Der Bruder war, bevor die deutsche Wehrmacht ihr polnisches Dorf besetzt hatte, mühsam über Litauen und Schweden nach England geflüchtet. Dort arbeitete er bei der BBC beim Soldatensender Calais, da er neben russisch auch noch recht gut deutsch sprach. Der Sender strahlte Programme in deutscher Sprache aus. Allen Deutschen war es zu dieser Zeit streng verboten, diesen Sender abzuhören. Mit zum Teil flotter Jazz-Musik und unterhaltsamen Moderatoren, meist deutsche Emigranten, wurden die wahren Ereignisse des Krieges und Frontverläufe sowie die Verbrechen im Namen des deutschen Volkes den Hörern schonungslos mitgeteilt.

Ihr Vater hatte vor Ausbruch des Zweiten Weltkrieges lange In Berlin gelebt und als Buchbinder gearbeitet. Er liebte alles, was mit deutscher klassischer Musik oder Literatur zu tun hatte. So achtete er immer darauf, dass seine Kinder auch Deutsch lernen sollten.

Mühsame Recherchen

Der Bruder Waldemar-Cornelius erfuhr nach Beendigung des Krieges, dass seine Schwester und deren Mann nach Deutschland verschleppt wurden. Sein Schwager war dabei verstorben. Die Schwester sollte angeblich kurz vor Kriegsschluss versucht haben, wieder in ihre Heimat zu gelangen Dort war sie aber nie angekommen war. Deshalb hatte Waldemar-Cornelius so seine Zweifel. Aber er musste einzelne Suchaktionen, die er beabsichtigte, nach seiner Rückkehr nach Polen vorzunehmen, zunächst „hintanstellen". Alles musste sorgfältig vorbereitet werden. Außerdem sah er sich in seinem Geburtsland den politischen Unruhen gegenüber, die man in England schon vorausgesehen hatte. Nach der Übernahme der Staatsgewalt durch die Kommunisten wurde er gleich verhaftet und im Beisein eines sowjetischen Politoffiziers mehrmals verhört.

Ihm wurde vorgeworfen, ein westlicher Agent zu sein. Außerdem war man ohnehin misstrauisch, weil er so gut deutsch sprach. Da machte es auch gar nichts mehr aus, dass er ja bei einem für die Nazis verhassten Feindsender gearbeitet hatte. Der Kalte Krieg war schon angekommen und Waldemar-Cornelius Marslowski beschloss, so wie es sich ergeben sollte, wieder einmal aus seinem Heimatland zu flüchten.

Als man ihn, wie es hieß, „zunächst" auf freien Fuß setzte, flüchtete er umgehend nach Deutschland. Er sollte in dem noch ziemlich zerstörten Berlin ankommen. Vorerst konnte er dort wieder bei der britischen Militärkommandantur unterkommen. Neben einem Job als Dolmetscher und Auswerter von ehemaligen Unterlagen der früheren deutschen Wehrmacht konnte er Germanistik und Jura studieren. Bei einem Spaziergang auf dem Kudamm begegnete ihm seine jetzige Frau: Gerda, eine waschechte Berlinerin. Er hatte sie einfach angesprochen, als er sie an einem schönen Sommertag in ihrem „luftigen" Kleid sah, und zu einem Kaffee in das wieder entstandene Café Kranzler eingeladen.

Schließlich war ihm klar, dass er die deutsche Staatsangehörigkeit beantragen würde, da er wohl nie wieder in sein Heimatland und damit hinter den Eisernen Vorhang zurückkehren werde. Den deutschen Pass bekam er fast umgehend nach seiner Beantragung. Nachdem nun ein paar Jahre ins Land geflossen waren, beschäftigte er sich wieder mit dem mysteriösen Verschwinden seiner Schwester. Es sollte sich als sehr schwierig gestalten. Die Aussagen des sogenannten ehemaligen Arbeitgebers und entsprechende Protokolle der ehemaligen Reichspolizei hatte er angefordert und nach monatelangem Warten endlich in Kopie bekommen. Doch daraus ließen keine Erkenntnisse ableiten.

Die amtlichen Protokolle waren sehr kurz gefasst. Man hatte lediglich die Aussagen von Freeke und Scheunen aufgeschrieben und – wie es sich darstelle – auch nicht weiter nachgefragt. Schließlich versuchte Marslowski, persönlich nach ähnlichen Schicksalen in Vienenburg zu fahnden. Dabei stieß er auch auf den Pferdeschlachter Trussard. Dieser kannte zwar seine Schwester vom Ansehen, als er noch zwangsverpflichtet in der jetzt von ihm geleitenden Pferdeschlachterei arbeiten musste, konnte aber nicht weiterhelfen. Marslowski war es wichtig, bei seinem ersten Besuch in der Stadt nicht besonders aufzufallen. Deswegen bat er auch Trussard, nichts von seinem Besuch weiterzuerzählen. Daran wollte er sich halten.
Bei der Verabschiedung gab Trussard doch noch einen Tipp: „Gehen sie doch mal bei Herrn Lankermann vorbei, er ist ja als Emigrant nach England gegangen und zunächst als Mitglied der britischen Besatzungsmacht wieder zurückgekehrt. Vielleicht haben ja ‚die' etwas herausgefunden!" Marslowski und Lankermann verstanden sich sofort auf Anhieb, als sie sich nach einer Vorankündigung trafen. Doch Lankermann konnte nun so gar nichts über den Verbleib seiner Schwester wissen, da er ja erst nach Beendigung des Krieges nach Deutschland zurückgekehrt wäre. Auch seine Dienststelle habe sich nicht mit verschwundenen Zwangsarbeitern befasst – es sei denn, auf Anfrage des jeweiligen Landes, aus der diese stammten. Ja, er wusste bis dahin noch nicht einmal, dass es so ein Schicksal in dem Städtchen gegeben hatte.
Als sie sich verabschiedeten, versprach Lankermann, sich immer mal wieder umzuhören und auch mal „auf's Geradewohl" seine Kundschaft auf dieses Thema anzusprechen. Man wollte unbedingt in Verbindung bleiben.

Der entscheidende Hinweis

Marslowski war schon fast ein Jahr wieder in Berlin. Er freute sich über Nachwuchs: Eine Tochter, sie war mit total schwarzen Haaren zur Welt gekommen. Sie war gesund und beschäftigte das Ehepaar in den ersten Wochen erst einmal sehr ausgiebig. Mit der Suchaktion seiner Schwester war er trotz immer wieder mal nötigem Nachfragen nicht weitergekommen. Als der Briefträger an einem Samstag die Post brachte, war auch ein Brief ohne Absender dabei. Abgestempelt war er in Bad Gandersheim. Innen war nur ein Din-A-5- Blatt, darauf stand: SCHAUEN SIE MAL IM GARTEN DES BÜRGEMEISTERS VON VIENENBURG NACH! VIELEICHT ERFAHREN SIE DANN MEHR VON DEM SCHICKSAL IHRER VERSCHWUNDENEN SCHWESTER!

Geschrieben war der Text auf einer Schreibmaschine, wohl noch älterer Bauart. Nach Absprache mit seiner Frau machte sich Marslowski zunächst auf den Weg nach Bad Gandersheim. Hier erhoffte er etwas über den Absender zu erfahren, damit er sicher sein konnte, dass das Ganze nicht irgendeine bösartige Kampagne sei. Doch er kam nicht weiter. Keiner, besonders nicht von offizieller Stelle, wollte oder konnte ihm helfen. Besonders die Frage, ob sich ein Bewohner, der jetzt in Bad Gandersheim lebte, aus Vienenburg stamme könnte oder zeitweise dort gelebt hatte, wurde nicht beantwortet.

Also tauchte Marslowski wieder In Vienenburg auf. Mit seinem neuen Freund Lankermann, mit dem er sich besonders durch die erlebte Zeit in England verbunden fühlte, obwohl sie sich dort nie getroffen hatten, schmiedete er seinen Plan. Zunächst einmal mussten auch die Behörden mitspielen. Da er und Lankermann neben der deutschen Staatsangehörigkeit auch immer noch die britische besaßen, waren auch die englischen Besatzungsstellen behilflich und baten die deutschen zuständigen Behörden, wie das Landeskriminalamt, dem Ermittlungsplan zuzustimmen.

Er sah vor, zunächst alle Verdächtigen und auch das Umfeld im Unklaren über die wahren Absichten zu lassen. Hätte es sich herausgestellt, dass der anonyme Hinweis auf die Grabungen falsch gewesen wäre, könnte man den Behauptungen, ein Leck in der Hauptwasserleitung sei zu reparieren gewesen, bleiben. Auch dass Marslowski sich als Bürgermeisterkandidat eingeschrieben hatte, gehörte zu dem Plan. So kam es schließlich dazu, dass er so seine Schwester, zwar schon wie befürchtet, aber immer noch mit der Hoffnung, dass sich alles als nicht wahr herausstellen sollte, auf eine grausame Art wiederfinden musste.

Durch immer neue Verhöre, die nach den heutigen Gesetzen und Weisungen nicht möglich gewesen wären, gestanden Scheunen und Freeke endlich, die Leiche von Joschenka Marslowski vergraben zu haben.

Der Vorfall – die Strafe

Es war also im März 1945. An einem Samstag hatten die beiden Freunde im Wohnzimmer von Freeke ordentlich „gezecht". Freeke hatte von einem alten Schulkameraden, der als Offizier in Frankreich gewesen war, eine Flasche echten französischen Cognac geschenkt bekommen. Er hatte sie bei der Besetzung durch die deutsche Wehrmacht kistenweise „organisiert". Diese Flasche hatte man schon geleert. Danach wurden aus dem Keller noch etliche Flaschen Wein herbeigeholt. Man trank auf den baldigen Untergang ihres Großdeutschen Reiches, wie sie im Rausch grölten. Dabei wurden sie immer lauter und ausfälliger. Besonders zu Joschenka, die man stets herbeirief, damit sie ihnen nachschenken sollte.

Scheunen gab ihr, wenn sie wieder ging und ihm den Rücken zugedreht hatte, immer einen kräftigen Klaps auf den Po. Joschenka wagte nicht, dagegen aufzubegehren, sondern eilte so schnell es ging wieder aus dem Raum. „Es wird noch mal soweit kommen, dass uns diese Untermenschen regieren werden", rief Freeke ihr einmal hinterher. „Hast Du die schon einmal…?", fragte Scheuen unvermittelt. Freeke protestierte lautstark: „Doch nicht mit so einer! Obwohl – jetzt ist ja auch alles egal." Man rief erneut nach Joschenka. „Kennst du das Lied: ‚In einem Polen-Städtchen'?", fragte Scheunen. Joschenka verneinte. „Darin wird eine ‚Polakin' ... bis sie sterben muss", sagte Fricke in einem fast ruhigen Ton.

Joschenka hatte wohl umgehend die Gefahr für sie erkannt und schrie laut auf. Schnell waren die beiden bei Ihr, einer hielt ihr den Mund zu, während der andere ihren Rock hochstreifte. Sie beugten sie über den Wohnzimmertisch und vergewaltigten sie abwechselnd. Als sie von ihr schließlich abließen, war es plötz-

lich ganz still in dem Wohnzimmer. Joschenka wimmert nur leise vor sich hin, während sie sich wieder in Ordnung zu bringen versuchte. Doch plötzlich schrie es aus ihr raus: „Ihr verfluchten Nazi-Schweine, euch wird man zur Rechenschaft ziehen! Das werdet ihr büßen, ihr Verbrecher!" Sie hatte alles fast ohne Akzent rausgeschrien...
Scheunen und Freeke schauten sich nur kurz an. Da holte Freeke schon aus und schlug Joschenka derartig ins Gesicht, dass sie mit dem Kopf auf die Tischkannte des Wohnzimmertischs fiel. Sie blutete stark, war aber nicht bewusstlos, ihr leises Wimmern zeugte davon. Wie von Sinnen traten und schlugen jetzt die beiden „Herrenmenschen" auf sie ein, bis sie nicht mehr rührte. Nach einiger Zeit keuchte Scheunen: „Ich glaube, die ist tot." Freeke versuchte den Puls zu fühlen. Vergeblich!
Man wartete noch zwei Stunden und trank dabei weiter. Schließlich kam doch ein wenig Panik hoch. „Wir müssen sie wegschaffen", sagte Freeke schließlich. Scheunen nickten nur stumm mit dem Kopf. Nach eingehender Beratung kamen sie überein, sie im Garten, dort wo die Blumenbeete sind, zu verscharren. Als Freeke nach oben ging, um ein paar Bettlaken zu holen, stand sein Vater, der mit bei dem Ehepaar wohnte, in der Tür seines Zimmers. „Was war denn da eben für ein Krach?", fragte er. Freeke murmelte nur, dass man ein bisschen gezecht habe, ansonsten alles in Ordnung wäre. Er solle mal lieber wieder ins Bett gehen, mit seiner Bronchitis. Freekes Frau Hannelore war zu dieser Zeit zu Besuch bei ihrer Schwester in Wolfenbüttel. Sein Vater schaute ihn mit einem eigenartigen Blick an, wie Freeke noch bemerken konnte. Schließlich sagte er nur: „Macht bloß keinen Quatsch." Dann ging wieder ins Bett.
Als man die Leiche in die Bettlaken einwickelte, wollte Scheunen ihr auch die Kette mit dem Amulett vom Hals reißen. Möglicherweise in einem Augenblick, in dem er so etwas wie Mitgefühl empfand, sagte sein Freund: „Lass ihr das mal, sie hat ja sonst nichts mehr." Man hob das Grab aus, legte Joschenka hinein und stellte so gut es ging das Blumenbeet darüber wieder her. Freekes Frau hatte, als sie wieder zurückkam, sofort bemerkt, dass das von ihr angelegte Beet zerstört worden war. Doch ihr Mann beruhigte sie: „Ich habe da einen Fuchs

gesehen, der dort rumgewühlt hat. Ich habe ihn verjagt, doch da ist das Blumenbeet schon so durcheinandergekommen." Alle Sachen und die Kleidung von Joschenka wurden aus ihrem Zimmer im Kellergeschoss geholt und noch in derselben Nacht in eine alte Kiste gelegt, die Scheunen schnell herbeigeholt hatte. Anschließend wurde die Kiste mit Steinen beschwert und in das Kraterloch des abgesunkenen Salz-Bergwerks geworfen. Der Staatsanwalt beim Oberlandesgericht in Hannover hatte diesen Hergang beim anschließenden Prozess gegen Scheunen und Freeke in der Anklageschrift nach Aussagen und Indizien eingehend geschildert. Er forderte wegen vorsätzlichen Mordes für beide eine lebenslängliche Zuchthaus-Strafe, wie es damals hieß. Der Nebenkläger Marslowski hatte sich angeschlossen. Es war erst einige Jahre her, dass die Todesstrafe mit Gründung der Bundesrepublik Deutschland im Jahr 1949 abgeschafft wurde, ansonsten wären die beiden Beschuldigten wohl gehenkt worden.

Die zwei Anwälte der Angeklagten aber hielten der Anlage entgegen, dass sie nie vorgehabt hätten, die Zwangsarbeiterin zu töten: Im Gegenteil, das Opfer hätte es im Gegensatz zu anderen Zwangsarbeitern hervorragend angetroffen, im Haus des jetzigen Bürgermeisters. Sie sei immer sehr gut behandelt worden. Auch sei nicht klar, ob das Opfer nicht, wie die beiden Angeklagten übereinstimmend ausgesagt hatten, „freiwillig mitgemacht" habe. Das Ganze sei zwar irgendwie eskaliert, das aber sei dem gehörigen Alkoholkonsum zuzurechnen gewesen.

Die Urteilsbegründung lautete schließlich, wegen schwerer Körperverletzung mit Todesfolge, und Verstoßes gegen das Bestattungsrecht, gemeinsam ausgeführt: Zehn Jahre Zuchthaus für Freeke und acht Jahre für Scheunen. Letzterem wurde zugutegehalten, dass er angeblich versucht habe, Freeke noch von weiteren Schlägen abzuhalten, wie er ausgesagt hatte. Der Anklagepunkt wegen sexuellen Missbrauchs und Nötigung wurde aus Mangel an Beweisen eingestellt. Nach der Urteilsverkündung, beide hatten es ohne Regung zur Kenntnis genommen und dabei auch den Blickkontakt gemieden, schrie Freeke zu Scheunen gewandt auf einmal los: „Wir sind geschiedene

Leute, du warst genauso beteiligt an der Sache wie ich. Du bist ein erbärmlicher Verräter, der nur seine Haut retten wollte."

Gerechtigkeit, gibt es die?

Die Besucher hatten den Gerichtsaal schon längst verlassen. Marslowski saß immer noch auf seinem Platz und schaute aus den hohen Fenstern des Saales. Er stand langsam auf, kaum merklich schüttelte er mit dem Kopf und ging mit langsamen Schritten aus dem Gebäude.
Draußen standen ein paar Journalisten. Einer von der Hannoverischen Allgemeinen fragte ihn, ob er gegen das Urteil vorgehen und bei der Staatsanwaltschaft auf Berufung dringen werde. Marslowski wollte erst ohne eine Antwort weitergehen. Doch er drehte sich noch einmal zu den Reportern um und sagte mit fester Stimme: „Was würde es bringen? Ich glaube nicht, dass zurzeit in Deutschland eine höhere richterliche Instanz ein anderes Urteil fällen würde." Und weiter: „In diesem Land gibt es ja noch dieselben Richter, die noch vor Kurzem auf ihren Roben das Hakenkreuz trugen. Die Täter unter den Nazis oder auch Mitläufer werden so schnell nicht umdenken, auch wenn sie sich wie in diesem Fall an das Gesetz gehalten haben. Erst muss, so glaube ich, eine vollkommen andere Generation heranwachsen, damit sich die Werte, die ja schon deutsche Philosophen, Dichter und Denker vor Jahren für ein friedliches Miteinander vorausgesetzt hatten, wieder in den Köpfen festsetzen. Das sind unter anderem Humanität, Toleranz, Menschenwürde für alle Menschen, egal welcher Herkunft oder Religionszugehörigkeit, und schließlich Einfühlungsvermögen und Hilfsbereitschaft."
Sprach es und ging aufrecht, den Hut entschlossen tiefer in die Stirn gezogen, zum Hauptbahnhof. Er besuchte noch einmal Lankermann in Vienenburg, der bereits von dem nicht befriedigenden Urteil gehört hatte. Seine Kandidatur für den Bürgermeister gab er zurück und fuhr zu seiner Familie nach Berlin. Seitdem besuchte er nie wieder diese Kleinstadt. Die sterblichen Überreste seiner Schwester hatte er nach der Freigabe schon vor dem Prozess, auf eigene Kosten nach Berlin über-

führen lassen. Sie wurde auf dem Friedhof in Berlin-Spandau zur nun letzten Ruhe gebettet. Ihre silberne Kette mit Amulett wurde erneut dem Grab beigelegt. In dem Anhänger war ein kleiner grüner Smaragd – die Farbe des Lebens.

Andere dürfen leben

Nach sechs Jahren wurde Scheunen aus dem Gefängnis wegen guter Führung entlassen. Seine Frau hatte sich inzwischen von ihm getrennt, aber nicht scheiden lassen: „Ich bin doch nicht verrückt und verzichte auf dem seine Pension, wenn der mal stirbt", hatte sie das begründet. Denn es wurde ihm nur die Zeit im Gefängnis bei den Pensionsansprüchen abgezogen. Ansonsten hatte keine Dienststelle versucht, die gesamten Ansprüche abzuerkennen. Auf die Frage, was sie denn machen werde, wenn er vorhabe sich scheiden zu lassen, antwortete sie fast im Flüsterton: „Ich weiß noch so einiges von diesem Herrn. Der wird es nicht wagen, weil er dann nochmals in arge Schwierigkeiten kommen würde!" Scheunen kehrte nicht nach Vienenburg zurück, sondern kam bei einem „Kameraden" aus gemeinsamen Tagen im besetzten „Böhmen und Mähren" als Buchhalter seiner Firma in Wipperfürth unter.
Freeke durfte nach acht Jahren wieder in die Freiheit. Seine Frau hatte sich allerdings noch während der Haft von ihm scheiden lassen. Nicht lange nach seinem Gefängnisantritt hatte sie einen Studienrat, der bereits verwitwet war, in Gifhorn geheiratet. Freeke kehrte in sein Haus zurück. Er nahm sich eine Haushälterin und lebte sehr zurückgezogen bis zu seinem Tod im Jahr 1969.
Frau Frieda Scheunen kam nicht mehr in den Genuss, eventuell die Pension ihres Mannes nach seinem Tod erhalten zu können. Bei einer Wanderung durch den Oberharz im Jahr 1964 stürzte sie unglücklich von den „Rabenklippen". Die Wandergruppe, mit der sie ging, war schon wieder weitergegangen, aber Frau Scheunen soll nochmals zurückgegangen sein. Sie hatte der Gruppe auch etwas zugerufen, was aber keiner verstanden hatte. Erst der gellende Aufschrei von Frieda Scheunen ließ erahnen, dass hier etwas Schreckliches passiert sein musste. Eine

„Mit-Wanderin" will einen ihr unbekannten Mann gesehen haben, der mit einer „Schiebermütze" auf dem Kopf schnell in eine andere Richtung gelaufen sei. Aber kein anderer hatte das gesehen, obwohl alle ja schnellstens zur Unglückstelle gelaufen waren. Als sie geborgen wurde, stellte der Notarzt einen Genickbruch fest, der sofort zum Tode geführt hatte. Der „Harzburger Bote" berichtete darüber – und war auch auf die Spekulationen mit dem unbekannten Mann, der an der Unglücksstelle gesehen worden sei, eingegangen.

Ihr Mann, der ehemalige Stadtdirektor Scheunen, soll nicht lange nach der Beerdigung seiner Frau in Vienenburg, bei der er auch erschienen war, eine dreißig Jahre jüngere Frau aus Düsseldorf geheiratet haben. Natürlich gab es immer wieder viele Gerüchte um den Tod von Frieda Scheunen. Aber dass irgendwelche Ermittlungen aufgenommen wurden, wurde nicht bekannt.

Puppenspiele und späte Taufe

Bereits als Kleinkind soll ich, noch in der Kinderkarre, die Melodie von dem „Hohensteiner Kasper" mit dem Refrain „Tri, tra, trallala" nachgesungen haben, ohne dass ich schon sprechen konnte. Diesen fast schon „Traditionskasper" gibt es bis heute. Im Sonntagsnachmittagskino wurden im Vorprogramm in den 1950er Jahren hin und wieder Kurzgeschichten von der Hohensteiner Puppenbühne gezeigt. Ich war immer begeistert von Kasper, Gretel, Seppel, der Großmutter, dem Teufel und dem Hund Wuschel. Auch inspirierte mich ein Buch aus dem Bücherschrank meiner Eltern, das ich gelesen hatte: „Pole Poppenspeeler".

Als ich an einem Weihnachtstag auf dem ansonsten nicht üppigen Gabentisch eine kleine Kasperbühne und die dazugehörigen Puppen vorfand, war ich überglücklich. Es waren zwar keine Hohensteiner und von der Qualität auch nicht so aufwändig – aber ich freute mich, dass ich jetzt endlich selber Kasperletheater aufführen konnte. Zunächst dachte ich mir kleine Geschichten aus, die ich zu Hause durchspielte. Dann kam ich auf die Idee, draußen irgendwo vor Kindern so etwas aufzuführen. Bei unserem Nachbarn in der Straße wurde ich fündig.

In einem geräumigen Schuppen bei Meiers gab es eine Tür, die oberhalb 80 Zentimeter Platz ließ. Sie war wie geschaffen für eine provisorische Bühne, um meine Figuren mit Geschichten zur Geltung zu bringen. Der „Eintritt" war frei. Ich freute mich immer, wenn sich durch Mundpropaganda tatsächlich ein paar Kinder vor der „Bühne" versammelt hatten. Manchmal waren auch die Mütter mit dabei.

Noch nach vielen Jahren wurde ich von einer Mutter, die damals mit ihrer Tochter eine „meiner Vorstellungen" angesehen hatte, während eines Besuchs in der Stadt darauf angesprochen. Immer den Teufel durch Kasper und seine Freunde zur Strecke bringen zu lassen, empfand ich auf die Dauer aber zu langweilig. Ich dachte mir ein Stück aus, in dem der Teufel nur halbwegs böse und ansonsten ziemlich tollpatschig vorkam. Den Kindern schien es zu gefallen, wenn der Teufel zum Beispiel stotterte oder des Öfteren die Richtung vergaß, in die er gehen wollte und dabei heftig mit der Großmutter zusammenstieß. Den Ausruf „Hallo, ich bin der „Teu-Teu-Teufel!" hatten alle Kinder in der Straße behalten, und sie riefen es sich aus Spaß gegenseitig zu.

Als ich einmal nach einer Vorführung geendet hatte, sprach mich ein etwa 16jähriger, rundlicher Mann an. Er hatte auch mit seinem Neffen der Vorstellung zugeschaut. „Ich finde es gut, dass du den Teufel mal so dargestellt hast. Man soll sich zwar vor dem Teufel vorsehen, aber keine Angst haben", meinte er, und weiter: „Du könntest doch, wenn du Lust hast, mal bei unseren Kindergottesdienst-Kindern etwas aufführen." Ich fragte, was es damit auf sich hätte und was „Gottesdienstkinder" denn wären?

Er erklärte, dass diese Kinder der Evangelischen Gemeinde später einmal konfirmiert würden oder wie die Jungs dem CVJM, Christlichen Verein junger Männer, angehören. An der Ecke Kaiser-/Okerstrasse hatte ich schon so einen Schaukasten vom CVJM gesehen. Doch interessiert hatte es mich nie. Dann fragte er, der sich jetzt als Friedrich Richard vorstellte, noch, welcher Konfession ich den angehöre. „Keiner", sagte ich nun etwas hastig: „Ich glaube ‚gottgläubig'". Mir war so eine Frage immer unangenehm, ohne zu wissen, warum. „Macht nichts", sagte nun Friedrich immer noch freundlich: „Nächste Woche am Dienstag um fünf haben wir zum Beispiel vom CVJM eine kleine Zusammenkunft. Du bist herzlich eingeladen, ins Evangelische Gemeindehaus zu kommen." Ich bedankte mich artig, hatte aber vor, so einer Einladung keine Folge zu leisten.

Ins Gewissen geredet

Im Haus meiner Tante Anna hing im Flur ein eingerahmtes Bild. Darauf zu sehen war der „gekreuzigte" Jesus mit einem Untertitel: „Ich und mein Haus wollen dem Herrn dienen." Am darauffolgenden Sonntag, als ich wie immer mein Taschengeld bei meiner Tante abholen durfte, um damit die Nachmittagsvorstellung im Kino zu besuchen, fragte ich meine Tante im Beisein meiner Oma, was denn der Spruch genau bedeuten würde. Da hatte ich nun etwas gesagt! Meine Oma schimpfte gleich darauf los: „Das du das nicht wissen kannst, kommt nur daher, dass du nicht getauft bist und keinem christlichen Glauben angehörst. Du bist eben ein Heide. Ich habe deine Eltern nie verstanden, warum sie dich nicht taufen lassen haben." Meine Tante, wie immer etwas sanftmütiger, fügte nun hinzu: „Du würdest es sofort verstehen, wenn du zum Religionsunterricht gegangen wärest."

Dann erklärte sie mir, was dieses Bild bedeutete: „Alle im Haus befindlichen Bewohner, wie ich selber, mein Mann, dein Onkel Heini und deine Oma, leben im christlichen Glauben der Evangelischen Kirche, und dieses wird mit dem Bild verdeutlicht." Was das weiterhin heißen würde, sollte ich, wenn ich dann endlich getauft werden würde, schon lernen und darin aufgehen. Sie redeten noch eine ganze Weile auf mich ein, ohne dass ich aufmerksam zugehört hätte. Dann versprachen sie mir noch, wenn ich getauft und schließlich konfirmiert würde, mir neben Geschenken auch einen schicken Konfirmationsanzug zu kaufen. Das wäre aber noch ein paar Jahre hin, und da meine Tante und Oma nicht mehr „die Jüngsten" waren, würde wohl dieses Versprechen nicht so eingehalten werden können.

Doch die Vorstellung, einen schicken Anzug geschenkt zu bekommen, empfand ich trotzdem als erstrebenswert. Nun erzählte ich auch von meiner Begegnung mit dem jungen Mann vom Christlichen Verein Junger Männer. „Das kann nur der Sohn von dem früheren Presbyter Richard sein, der hatte mal eine ganze Zeit in Spanien gelebt, ich glaube er war bei so einem Militärverbindungsposten – eine ordentliche Familie", so meine Oma: „Es ist bestimmt ein Fingerzeig von einer ganz anderen Stelle, und ich sage es nochmals: Es wird Zeit, dass du endlich getauft wirst." Auch meine Tante pflichtete bei: „Geh auf jeden Fall mal da hin. Das sind alles, wie ich gehört habe, anständige Menschen, da kannst du nur von lernen." Meinen Eltern hatte ich erst ein paar Tage später von dem Gespräch erzählt, und auch dass ich den jungen Mann vom CVJM getroffen hätte.

„Du kannst dort hingehen und dich auch taufen lassen, wie du es willst", sagte daraufhin mein Vater überraschend. Meine Oma hatte also schon mit meinen Eltern gesprochen. In der vergangenen Nazizeit hatten viele „Gottgläubig" in die Geburtsurkunde ihrer Kinder eintragen lassen. Das gehörte wohl auch zu der verschrobenen Ideologie der damaligen Machthaber, was aber noch zu den halbwegs harmloseren Auswüchsen in dieser Zeit zählen dürfte. Aber so manche Erwachsene gaben es immer noch als ihr Glaubensbekenntnis an. So auch meine Eltern. Bis zum heutigen Tag findet man in meiner Geburtsurkunde diesen Vermerk.

Doch so langsam besann man sich wieder auf die christlichen Werte, die von den Konfessionen übermittelt wurden. Auch so genannte „Unverbesserliche" traten wieder in die christlichen Kirchen ein. Mein Vater ist zwar nie mehr eingetreten und sprach hin und wieder, wenn es um die Kirche ging, verächtlich über die „Pfaffen", die nur die Leute an der Nase herumführen würden. Doch er ließ alle in ihrem Glauben. „Ich halte es wie der ‚Alte Fritz': Jeder soll nach seiner Fasson selig werden", meinte er dann immer lächelnd.

Der Besuch beim CVJM hatte mir an sich gefallen. Es wurde gesungen und diskutiert. Mit allerlei Spielen konnte man schon die Zeit vergessen. Ich erzählte Friedrich Richard von der Absicht, mich taufen zu lassen. „Das ist ja schön!" rief er aus.: „Du musst wissen, dass bei der Erwachsenentaufe, dazu zählst auch du, zunächst ein Pate neben den späteren Taufpaten zur Seite gestellt wird, um die christlichen Werte ein wenig näher zu bringen. Da würde ich mich gerne anbieten". So erfuhr ich von ihm einiges über Martin Luther, seine Bibelübersetzung, den Glaubenskriegen und die immer noch strenge Trennung zwischen der katholischen und evangelischen Kirche. „Da gibt es keine Gemeinsamkeiten", hatte er ausdrücklich erklärt.

Als er mich einmal bei einer intensiven Kirchenbesichtigung im Rahmen der Taufvorbereitung zum protestantischen Christentum fragte, was das Wichtigste in einem Gotteshaus sei, damit es auch so genannt werden dürfe – also Kirche -, antwortete ich spontan: „Die Bibel!" Eine große Bibel lag auf dem Pult des wunderschönen Altars aus den 18. Jahrhundert, eingefasst in einem Schutzumschlag aus Goldbrokat. „Genial!", rief erfreut Friedrich, den noch sein Freund Gunnar Ewald begleitete: „Du bist wie geschaffen, nicht nur endlich getauft zu werden, sondern auch aktiv am Gemeindeleben teilzuhaben."

Ein kalter Spätnachmittag

Der Tauftermin wurde an einem Freitag um 18 Uhr festgesetzt. Man wollte uns nicht, wie die Babys, an Sonntagen nach dem Gottesdienst taufen lassen. Ich hatte erfahren, dass noch drei weitere Personen mit mir und meiner Schwester getauft würden. Als Taufpate fungierten eine Freundin meiner Schwester und meine Oma. An dem Tag war es so kalt wie lange nicht mehr: Zweistellige Minustemperaturen in der Nacht und auch noch am Tag. Auf dem Weg zur Kirche hatten wir uns so warm angezogen wie nur möglich. Trotzdem froren alle unerträglich. In der Kirche angekommen, mussten wir – eine Frau mittleren Alters und deren Paten – auch noch auf eine zu taufende Person warten, was ebenfalls kein Vergnügen in der nicht geheizten Kirche war. Endlich erschien noch die dritte Person mit Anhang, die an dem Abend getauft werden sollte. Ich staunte nicht schlecht, denn es war eine ehemalige Mitschülerin in den ersten Grundschultagen: Uschi Taschner, die einzige Tochter von „Taschners Knöpfe und Hemdenherstellung". Ich hatte gehört, dass sie zu einer Privatschule gehen würde. Da konnte man sich auch zusammenreimen, warum sie nicht schon als Kleinkind getauft worden war. Wahrscheinlich spielte auch hier die „Gottgläubigkeit" eine Rolle. Doch als ich sie sah, vergaß ich ganz und gar, dass ich vor dem Taufengel, vor dem alle standen, ziemlich fror.
Uschi hatte ihre Mütze, die ihr über die Ohren ging, abgenommen und kam mit ihren großen braunen Augen und einer neckischen Ponyfrisur näher. „N'Abend," sagte sie nur kurz zu mir gewandt, um sich konzentriert dem Pfarrer zuzuwenden. Der evangelische Pfarrer, so hatte ich gehört, wäre ein ungezwungener, „alle Fünfe gerade sein" lassender und auf gutes Essen und Trinken eingestellter älterer Mann, der kurz vor seiner Pension stehen würde. Er hatte schon viel erlebt, auch als Militärpfarrer an der Ostfront, so dass er sich über nichts mehr aufregen konnte.

„Also", sagte er nun laut mit seiner rauchig-heiseren Stimme. „Machen wir es kurz, es ist schweinekalt – und auch der liebe Gott will wieder ins Warme. Ich hatte dabei nur Uschi angesehen, doch während alle Anwesenden über die Bemerkung des Pfarrers lachten oder schmunzelten, verzog Uschi keine Miene. Sie hielt den Blick immer ein wenig gesenkt. Die Zeremonie dauerte wirklich nicht mehr lange, und alle drei Täuflinge erhielten ihre Taufurkunde und gehörten nun der Evangelischen Kirche an. An sich war ich ein wenig enttäuscht. Ich fühlte mich nicht anders als vorher, und es lag auch nicht ein Hauch von etwas „Feierlichem" in der Luft, wie ich es mir vorher ausgemalt hatte.

Nur ein wenig Taufwasser war mir am Kragen in den Nacken gelaufen und störte mich bei dieser Kälte nun besonders. Beim Rausgehen wandte sich plötzlich Uschi zu mir: „Wenn du willst, kannst du zu meiner Tauffeier kommen, sie ist am nächsten Sonnabend um zwei." Ich war zunächst richtig erschrocken, dass sie mich überhaupt angesprochen hatte. „Ja klar", sagte ich beflissen. Denn sie hatte gar nicht erst meine Antwort abgewartet, sondern sich wieder zu ihrer Mutter gewandt. Dass es eine Tauffeier geben könnte, darauf wäre ich gar nicht gekommen, und sie war auch bei mir selber nicht vorgesehen. Aber so sind wohl die Reichen, dachte ich, immer etwas Besseres…

Früh erfahrener Gesellschaftsunterschied

Eigentlich hatte ich es mir schon wieder überlegt, als der betreffende Samstag der Tauffeier von Uschi Taschner kam, doch nicht hinzugehen. Denn was sollte ich mitnehmen? Einen Blumenladen gab es damals in Vienenburg noch nicht. Ein Geschenk zu kaufen, dafür hatten wir kein Geld. Auch spürte ich, dass ich in diese Gesellschaft vielleicht nicht „reinpassen" würde. Doch die Neugierde, und auch die Aussicht Uschi mit der kleinen Stupsnase wieder zu sehen, ließ mich meine Bedenken schließlich vergessen.
Angezogen mit meiner neuen, schicken, dunkelgrünen Cordjacke, die mir meine Mutter auf ihrer alten Nähmaschine genäht und die ich erst zu meinem Geburtstag bekommen hatte, dazu frisch gewaschen und gekämmt, stand ich schließlich vor der Villa der Unternehmerfamilie. Statt einem Geschenk hatte meine Mutter mir eine schöne Glückwunschkarte zur Taufe mitgegeben. Nach meinem Klingeln öffnete eine junge Frau mit schwarzem Kleid und weißer Schürze. Nicht gerade freundlich fragte sie mich sogleich, ob ich zur Tauffeier von Uschi kommen würde und ob ich überhaupt eingeladen worden sei. „Ja", sagte ich. Meine Stimme hörte sich leise an: „Sie hatte mich doch bei der Taufe in der Kirche eingeladen."
Da kam aber schon Uschi selber an die Tür. „Komm doch rein", sagte sie und zur offensichtlichen Haushälterin gewandt: „Den habe ich auch eingeladen." Wegen diesem „den" hätte ich schon gleich wieder das Weite suchen sollen, aber ich blieb. Es waren noch ein paar andere Kinder in meinem Alter eingeladen. Die Meisten hatte ich aber im Ort noch nie gesehen, bis auf die mir ja bestens bekannte Alma Meissner und Ingrid Mönig. Wir kamen in ein sehr großes Wohnzimmer, das eine Doppeltür hatte. Die Erwachsenen drehten sich noch nicht einmal zu mir um, als ich das Zimmer betrat. Nur Alma und Inge begrüßten mich, fragten aber: „Was machst du denn hier?". Das aber war wohl nicht abfällig gemeint. Vielmehr waren sie wohl erstaunt, dass Uschi mich überhaupt eingeladen hatte.

Viele Torten und Kuchen standen auf dem Tisch, und es wurde allgemein aufgefordert, sich ein Stück zu nehmen. Zum Trinken gab es Kakao und für die Erwachsenen Kaffee. „Nimm dir gerne auch gleich zwei Stücke Torte", sagte die Mutter von Uschi zu mir. So als wäre ich schon halb verhungert und würde so aussehen, dass ich solche „Feingebäcke" noch nie gesehen hätte. Aber ich legte mir, als wenn es ein Befehl gewesen wäre, tatsächlich zwei Tortenstücke und noch dazu einen Trockenkuchen auf den Teller. Vollkommen verunsichert suchte ich mir eine Sitzgelegenheit, damit ich mir ein Getränk holen konnte, um alles zu verspeisen. Doch an dem Tisch, der für die Kinder aufgebaut worden war, war schon alles besetzt. Also ging ich zu dem Tisch, an dem die Erwachsenen saßen. Die ganze Zeit hatte ich ein ungutes Gefühl, und es kam, wie es kommen musste. Kurz vor dem Tisch angekommen, stolperte ich über einen Teppichrand. Der Teller mit dem Kuchen fiel in einem kurzen Bogen rechts zur Seite und über die Schulter einer Dame, die dort saß!

„Was bist du denn für ein ungeschickter Tölpel?!", ging sie mich gleich an. Ihr Ehemann versuchte sie zu beschwichtigen, doch sie schlug ihm den Arm weg und rief nach Frau Taschner. Dabei stand sie etwas schwankend auf, was wohl an den ein bis mehreren Likören gelegen haben könnte, die sie schon getrunken hatte. „Schau dir das nur mal an, das Kleid kann ich wegwerfen!", keifte sie weiter. Frau Taschner streifte mich mit einem bösen Blick und führte die Dame zu den unteren Bädern und Toiletten. „Komm, wir versuchen das Malheur so gut es geht ein wenig zu beseitigen", sagte sie. Ich stand nur wie angewurzelt immer noch vor dem Tisch. Die Haushälterin war schon dabei, alles wieder in Ordnung zu bringen, da wanderte mein Blick auch auf die anderen Kinder. Die schienen sich köstlich zu amüsieren. Sie kicherten und flüsterten, während sie mich dabei das erste Mal so richtig musterten.

Uschi kam zu mir. Sie legte ihre Hand auf meine Hand. „Es ist nicht so schlimm", flüsterte sie mir ins Ohr: „Komm, wir sehen zu, dass wir erst einmal hier verschwinden." Sie führte mich aus dem Raum, eine großzügig gebaute Wendeltreppe hoch in den zweiten Stock. „Wir gehen erst einmal auf mein Zimmer, bis sich alles beruhigt hat", sagte Uschi. Ihr Kinderzimmer war größer als bei uns zu Hause unser Wohnzimmer. Gegenüber lag das Bad mit Toilette, nur für sie ganz alleine. Ich war beeindruckt, obwohl ich mich bisher nie arm gefühlt hatte. Schließlich hatte unsere Familie auch mal bessere Zeiten gesehen, wie ich es den Erzählungen nach vorstellen konnte.

Ein reetgedecktes Haus mit eigenem Bootssteg direkt am Schweriner See, wo unsere Familie damals wohnte – das alles musste nach dem Krieg zurückgelassen werden. Durch unseren Familiennamen waren wir, auch durch meine Großeltern väterlicherseits, in der ganzen Gegend nicht gerade als „arme Schlucker" bekannt. Was wir aber letzten Endes tatsächlich waren. Doch wurde mir nun der krasse Unterschied, wie wir im Gegensatz wohnten, jetzt deutlich vor Augen geführt. Es gab eben keinen Vergleich mit unseren gerade einmal zweieinhalb Zimmern und einem Plumpsklosett auf dem Hof. Das Aufsuchen dieses „Häuschens" kostete besonders im Winter jedes Mal eine starke Überwindung.

Andererseits hatte ich in dem großen Wohnzimmer bei Tachners keine Bücher entdecken können. Meine Eltern besaßen einen großen Bücherschrank, der sichtbar in dem Wohnzimmer stand, das auch gleichzeitig für sie als Schlafzimmer diente. Die vielen Bücher unterschiedlichster Schriftsteller und Themen wurden auch von den Nachbarn des Öfteren ausgeliehen. Vielleicht hatten die Taschners ein eigenes Bücherzimmer? Ich fragte Uschi unvermittelt danach. „Was für ein Zimmer?", fragte sie mit erstauntem Gesichtsausdruck. Sie verneinte es und fügte noch hinzu, dass ihre Eltern in ihren getrennten Schlafzimmern wohl ein paar Bücher aufbewahren würden. Interessanterweise fühlte ich mich durch diese Antwort schon allgemein etwas wohler. Ich ging auf die Toilette, um mich auch ein wenig sauber zu machen, denn auch ich hatte etwas von dem Kuchen auf meine Jacke abbekommen. Das warme Wasser aus der Leitung, das nun über meine Hände floss, genoss ich so richtig. Bei uns kam nur kaltes Wasser aus dem Wasserhahn. Ansonsten musste es erst in einem großen Kessel erhitzt werden.

Als ich wieder das Zimmer von Uschi betrat, saß sie auf ihrem Bett und bat mich neben ihr Platz zunehmen. „Hör mal, du bist ja ein ganz netter Junge, was hast du eigentlich später mal vor?", fragte sie. Ich verstand nicht gleich. „Na ob du noch weiter zur Schule gehen möchtest, studieren oder was sonst noch so...", sagte sie. Ich erzählte ihr, weil mir auch nichts Besseres einfiel, dass ich am liebsten nach Amerika, Texas, auswandern möchte – um dort vielleicht als Cowboy oder auch als Sheriff „anzuheuern". Sie lachte „gluckernd" auf. „Du bist mir schon so einer!", meinte sie nur, dabei kam sie näher und berührte meine Lippen.

Ich hatte noch keine Ahnung, was da zu machen sei, und ließ es nur geschehen. In diesem Moment flog die Tür auf. Uschis Mutter stand nun im Zimmer. „Aha!", rief sie: „Ich hatte euch schon vermisst. Und, Uschi: Das geht mir jetzt aber nun zu weit. Du wirst dich jetzt sofort ‚von dem da' verabschieden und begleite ihn gleich zur Tür." Zu mir gewandt sagte sie: „Ich möchte dich hier nicht wiedersehen." Irgendwie war ich erleichtert, dass es so gekommen war, obwohl ich mich doch benommen hatte und keiner Schuld bewusst war. Na ja, ich hatte durch ein kleines Missgeschick irgendein Kleid bekleckert. Doch jetzt konnte ich nun endlich diese Stätte, in der ich mich nur unwohl gefühlt hatte, verlassen.

Als ich mich von Uschi mit der lustigen Stupsnase verabschiedete und ihr artig die Hand gab, kam gerade Vater Taschner nach Hause. Er musste wohl noch in seinem Betrieb etwas erledigen, deswegen war er nicht von Anfang an bei der Feier seiner Tochter dabei gewesen. Er fragte beiläufig, wer ich denn sei. Als Uschi meinen Namen nannte, fragte er: „Ein Sohn von Karl ...?" Ich fiel ihm ins Wort: „Ja. Ich bin der jüngste Sohn der Familie". Er lachte: „Prima, bestell mal deinem Vater einen schönen Gruß, er kennt mich, ich habe auch mal Müller gelernt – und zwar noch bei deinem Großvater in der großen alten Wassermühle in Beuchte." In dem Dorf gab es nur diese einzige Mühle, deswegen wunderte ich mich, dass er es so formulierte, als hätte ich keine Ahnung von der Vergangenheit unserer Familie. Damit verschwand er in den vielen Räumen seiner Villa.

Dieses Erlebnis einer außergewöhnlichen Tauffeier von Uschi Taschner hatte sich bei mir eingeprägt. Es hatte mir die unterschiedlichen Gesellschaftsschichten schon früh vor Augen geführt. Ich lernte daraus, dass man, egal ob man arm oder reich ist oder nur ein mittelmäßiges Einkommen besitzt, immer seinen Stolz bewahren kann. Wissen, Ehrlichkeit und Aufrichtigkeit sind ein persönlicher Schatz. Diesen Schatz trägt man nie nach außen, und er wird auch von anderen nicht sofort wahrgenommen
Als ich nach Hause kam, wurde ich von meiner Mutter sofort befragt, wie es denn gewesen wäre. „Gut", sagte ich nur. Dann erzählte eilig ich von Herrn Taschner, den ich noch getroffen hatte und dass ich meinen Vater grüßen solle. „Ach der Albert", meinte mein Vater, als er dazu kam: „Der war doch ein ‚fauler Hund'. Beinahe hätte dein Großvater ihn rausgeschmissen." Er schüttelte mit dem Kopf und fügte noch hinzu: „Aber so kann es gehen im Leben. Der hat doch auch nur Glück gehabt, dass er im Krieg für die Wehrmacht produzieren durfte, sonst wäre er nie so zu seinem Reichtum gekommen."

Der besondere Film

Manchmal denke ich darüber nach, warum ich einige Personen aus meinem Leben viele Jahre später an irgendwelchen Plätzen oder banalen oder kuriosen Geschehnissen wiedersehe, aber manche nicht. Womit ich nie gerechnet hätte: Auch Uschi bin ich fast zwanzig Jahre danach wieder begegnet. Wegen eines Verkehrsunfalls, bei dem ich sehr schwer verletzt wurde, durfte ich ein Jahr danach in eine so genannte Reha-Aufbau-Kur zur Erholung nach Bad Salzuflen. An einem Sonntagnachmittag fiel mir ein, doch mal ins örtliche Kino zu gehen. Es gab einen Film mit James Bond. Ich war ein wenig zu spät dran, und der Kinosaal war schon abgedunkelt, als ich zu meinem Platz geführt wurde.
Neben mir saß eine offensichtlich junge Frau, die ihren Mantel, als ich mich setzen wollte, zu sich rüber zog. Nach einiger Zeit bemerkte ich, dass ein Bein näher zu mir gerückt wurde, so dass ich es an meinem rechten Bein deutlich spüren konnte. Ich

wagte einen Blick aus den Augenwinkeln. Ich konnte erkennen, dass sie unter anderem mit einem kurzen Rock und passenden Woll-Strümpfen bekleidet war. „Wird ja wohl auch nur Zufall sein", dachte ich. Außerdem war mir eine derartige Berührung ja auch nicht unangenehm. Doch ein Zufall konnte es jetzt nicht mehr sein, denn sie presste nun ihr Knie immer mehr zu mir rüber, sodass ich es genau spüren konnte.

Endlich fand ich den Mut, ihr auch ins Gesicht zu schauen. Sie bemerkte das wohl, guckte aber dabei wie unbeteiligt weiter auf die Leinwand. Neben ihr saß noch ein Mann, der etwas älter erschien. Die junge Frau kam mir irgendwie bekannt vor. Plötzlich erkannte ich etwas: Die kleine Stupsnase und die auffällige Ponyfrisur mit den fast schwarzen Haaren! Könnte es etwa Uschi sein? Wir blieben während der ganzen Vorstellung so sitzen, dabei wurde es mir abwechselnd heiß und kalt. Erinnerungen an die Handlung des Films habe ich nicht mehr – ich hatte wohl durch diese Situation nicht so richtig etwas davon mitbekommen. Als der Film endete und das Licht wieder anging, hatte meine Nachbarin schon ihren Rock in Ordnung gebracht und ihren Mantel ganz über ihre Beine gelegt.

Obwohl ich sie jetzt ganz offen anschaute, was wohl auch ihr Begleiter bemerkt haben müsste, schaute Uschi – denn nur sie konnte es sein – stur in Richtung Ausgang. Draußen angekommen, konnte ich es mir nicht verkneifen: „Auf Wiedersehen, Uschi!", sagte ich. Sie bekam einen roten Kopf, fasste abrupt, nachdem sie sich jetzt herabgelassen hatte, mich kurz zu betrachten, umgehend ihren Begleiter am Arm und ging mit schnellen Schritten weiter, ohne ein Wort zu sagen. Ich habe nie erfahren können, ob Uschi, nachdem ich im Kino neben ihr Platz nahm, mich schon erkannte, oder erst nach der Vorstellung. Womöglich aber überhaupt nicht – vielleicht war sie nur erschrocken, als ich sie bei ihren Vornamen nannte. Ich habe sie während dem Rest meines Kuraufenthaltes in Bad Salzuflen nicht mehr „entdecken" können.

Wie man sich täuschen kann

Zu den abendlichen Treffen beim CVJM ging ich immer seltener. Es fiel mir auf den „Wecker", dass Friedrich Richard immer so ein „Brimborium" machte, wenn ich mal später erschien. Ich hatte noch die Tür in der Hand, dann ging es schon los: „Ach, da kommt ja auch der Uwe! Wir haben gerade diskutiert über…" Und dann kam irgendetwas aus dem dreißigjährigen Krieg oder eine gewisse Weltanschauung, die irgendeiner vertreten hat und die mit dem protestantischen Glauben nicht vereinbar sei. „Uwe, was meinst du darüber?", hörte ich in den zwei Stunden des Treffs beim CVJM immer häufiger.
Ich merkte immer mehr, dass es mich zu sehr anstrengte, auf diese Weise im Mittelpunkt zu stehen. Auch meinte ich doch noch gar nichts für diesen „Verein" getan zu haben, dass ich jetzt so hervorgehoben werden sollte. Schließlich ließ ich es ganz bleiben dort hinzugehen, sagte aber meinen Eltern und auch meiner Oma und meiner Großtante nichts davon. Als ich nach ein paar Wochen doch noch mal den Wunsch hatte, mal wieder vorbeizuschauen, war Friedrich Richard nicht mehr da. Ein anderer junger Mann mit einer Hornbrille leitete den „Jungen Treff". Nach meiner Frage, wo denn Friedrich sei, druckste er zunächst ein wenig herum. Dann aber sagte er in die gesamte Runde: „Also, ich habe mich bisher nicht zu der Absetzung von Herrn Richards geäußert." Er dehnte seinen Namen beim Sprechen. „Aber, da er im Verdacht steht, ‚Unzucht' mit zwei Mitgliedern unseres CVJM getrieben zu haben, ist er für diese Aufgabe nicht mehr tragfähig. Außerdem wird das wahrscheinlich noch ein Nachspiel für ihn geben."
Ich schaute mich um, tatsächlich fehlten zwei Jungen, die an sich bei jedem Treff dabei waren. Komisch, dachte ich, mir war Friedrich nie zu nahegekommen. Selbst eine freundschaftliche Schulterberührung hatte er vermieden, wie mir in dem Moment einfiel. Deswegen konnte ich das Ganze auch nicht so richtig glauben. Zu Hause erzählte ich natürlich davon. „Da gehst du mir nicht mehr hin", war nur der lakonische Kommentar meiner Mutter, ohne weiterhin darauf einzugehen. Fragen, die ich in diesem Zusammenhang gerne gestellt hätte, blieben somit unbeantwortet. Friedrich soll wohl einer Strafe entgangen sein,

wie später meine Großtante erzählte. Aber die gesamte Familie hätte den Ort verlassen und wären nach Flensburg gezogen.

Wir sind wieder wer!

Irgendeinen Gesprächsstoff, mit dem sich die Leute auseinandersetzen oder über sie sich erregen konnten, gab es in dem Vorharz-Städtchen fast immer. Doch im Jahr 1954 wurde es, nachdem der Sommer ohne große Ereignisse begann, noch richtig spannend. Alle redeten davon. Auch die, die gar nichts vom Fußball verstanden, wie mein Onkel Heini sich beklagte. Die noch junge Bundesrepublik Deutschland hatte sich mit ihrer Nationalmannschaft unter 45 Bewerbungsländern für die Fußballweltmeisterschaft qualifiziert. Bei den 16 Nationen dabei zu sein, die ihre Nationalmannschaften entsenden konnten, wenn die ganze Welt auf diese Spiele schaut, das hätte damals keiner zu hoffen gewagt. So lautete auch übereinstimmend der Kommentar in den Zeitungen. Der Zweite Weltkrieg war noch keine zehn Jahre vorbei. Der Rest der Welt, so spürten wir Kinder es auch, war gerade nicht gut auf Deutschland – und alles was mit Deutschland zu tun hatte – zu sprechen.
Die Jungs in meiner Klasse wetteiferten aber nun um die Kenntnisse der Namen unserer Mannschaft. Auch in welchen Vereinen sie spielten, mussten auf jeden Fall alle wissen. Obwohl es zu Beginn der Wettbewerbe gar nicht so gut aussah für unsere Mannschaft, blieb doch die Spannung bestehen. Nun wurde erst recht im Schulsport für die Jungs nur Fußball gespielt. Auch entstanden plötzlich irgendwelche Straßenmannschaften. Da spielte das „Oberdorf" gegen das „Unterdorf". Oder man spielte gegen andere Schulklassen und angrenzende Dörfer wie Wiedelah. Auch ich konnte mich dem Ganzen nicht entziehen. Zwar wusste ich immer noch nicht, wer nun in der Nationalmannschaft spielt, ich hielt das für müßig, mir bei einer Sportart, der ich gar nicht so zugetan war, mir auch noch die Namen zu merken. Doch ob ich wollte oder nicht, Hans Klemmer aus meiner Klasse stellte mich für ein Spiel als Stürmer seiner Klasse auf.
Es gab Möglichkeiten, auf Plätzen wie dem Schützenplatz oder der Okerwiese solche Turniere auszutragen. Also sollten wir gegen eine Mannschaft aus dem Oberdorf und der Gegend um den Schützenplatz antreten. Richtige Fußbälle gab es nur we-

nige, die im Besitz von uns Jungs waren. Wenn überhaupt, musste gewöhnlich ein normaler Gummiball herhalten. An dem Nachmittag unseres „Turniers" waren nicht viele Zuschauer zu sehen. Ein paar Freunde der Mannschaften und drei Mädchen mit einem Mann, der sich auf einem Krückstock stützte, schauten zu. Der Gummiball sprang immer ziemlich hoch, wenn man ihn traf: Manchmal auch gefährlich nahe in Richtung der Fenster der anliegenden Häuser. Wir spielten so, dass immer eine Traube um den Ball herum war und wir Freund und Gegner nicht sofort unterscheiden konnten. Zur Erkennung hatten die Spieler der anderen Mannschaft sich lediglich eine weiße Binde, wahrscheinlich aus einem alten Bettlaken, um den rechten Arm gebunden.

Plötzlich rief der ältere Mann mit dem Krückstock: „Ihr spielt ja ohne Sinn und Verstand, da ist doch überhaupt kein System dahinter. Mit Fußball hat das aber nun gar nichts zu tun, was ihr da spielt!" Wir hörten auf zu spielen, und Hans Klemmer fragte ihn, was er denn genau damit meinte und ob er denn überhaupt Ahnung vom Fußball hätte. Er erklärte uns, dass er schon einmal in früheren Zeiten für den TUS Magdeburg gespielt hätte. Dann gab er uns ein paar Tipps, das Spiel großflächig zu gestalten, sich den Ball von den Seiten zuzuspielen und immer wieder auf das gegnerische Tor zu schießen. Viel besser wurde unser „taktisches" Spiel nach dieser Kurzanweisung auch nicht. Fast zum Schluss stand es 19 zu 18 Tore für die gegnerische Mannschaft. Bei einem erneuten Gerangel um den Ball bekam ich ihn auch vor die Füße und schoss ihn per Zufall in Richtung eines Mitspielers, der ihn dann zum Tor verwandeln konnte. Der Torwart wollte nach dem Ausgleich den Ball sofort wieder weit von sich „dreschen", aber er verfehlte ihn mit seinem Fuß um ein paar Zentimeter.

Ich weiß auch nicht, warum ich in diesem Augenblick so schnell reagieren konnte. Ich kam mit solcher Wucht angelaufen, dass der gegnerische Torwart hinfiel, ohne dass ich ihn berührt hatte – und ich mit dem linken Fuß den Ball zum erneuten Tor verwandeln konnte. Die Zeit war um. Jetzt war alles klar, Schlusspfiff, wir hatten gewonnen. Da ausgerechnet ich den Siegestreffer geschossen hatte, trug man mich unter lautem

Jubel auf dem Platz umher. „Kein schlechtes Gefühl", dachte ich, aber Fußballer würde ich deswegen wohl trotzdem nicht werden.

Rot-Blaue Jacke und Freundschaft

Als schon die Meisten den Platz wieder verlassen hatten, fiel mir eine rot-blaue Strickjacke auf, die dort am Rand lag, wo noch eben ein provisorisches Tor aufgebaut war. Ich fragte die noch Anwesenden, ob sie sie einem gehören würde, doch registrierte nur Kopfschütteln. Hans meinte: „Nimm du sie doch mit, ehe sie noch einer klaut oder ein Anderer sie mitnimmt." Zu Hause angekommen, zeigte ich sie meiner Schwester, die gerade zur Tür reinkam. „Da läuft immer so ein Junge, der etwas kleiner ist als du, mit rum. Das ist mir schon oft aufgefallen", sagte sie. Dann fügte sie noch hinzu, dass er sie bestimmt vermissen würde. Ich überlegte, wer es denn sein könnte, etwa einer der Spieler? Aus meiner Klasse konnte es keiner sein, die waren alle genau so groß oder noch größer als ich. Es musste also einer aus der gegnerischen Mannschaft sein. Ich legte sie erst einmal beiseite, um mich am anderen Tag auf die Suche in der Nähe des Schützenplatzes zu machen. Nach etlichem Befragen bei den Bewohnern, klopfte ich schließlich an einer Tür eines kleinen alten Hauses. Auf dem Türschild stand SÖNKE. Frau Sönke kam an die Tür, sie bemerkte sofort die Strickjacke und rief erfreut: „Elmar, komm mal sofort her, hier hat ein Junge deine Strickjacke, die du verschlampt hast, zurückgebracht." Elmar kam zögernd näher. Er war tatsächlich ein Kopf kleiner als ich und schmächtig anzusehen. Wenn ich damals schon gewusst hätte, wie Mexikaner aussehen, hätte ich ihn wegen seines dunklen Teints mit so einem Einwohner eines mir noch unbekannten Landes vergleichen können. „Komm doch rein", sagte jetzt Frau Sönke. Elmar hatte mich nur angeschaut und kein Wort gesprochen. „Der hat schon solche Schläge dafür bekommen, dass er so nachlässig war", sagte Frau Sönke in einem fröhlichen Ton. Mir wurde nach diesen Worten mehr als

nur unwohl. Viele Eltern verprügelten zu dieser Zeit ihre Kinder bei jeder Gelegenheit.
Der Rohrstock gehörte einfach zum Erziehungsritual. Ob in den Familien oder in der Schule. Es wurde stets drauf losgeprügelt. „Heute habe ich wieder tüchtig Dresche bekommen." – das waren Worte, die, in meiner Erinnerung, die am häufigsten von den Jungs geäußert wurden. Mädchen wurden im Allgemeinen nicht bei jeder Gelegenheit auf diese Weise „gezüchtigt". Auch noch später, wenn ich manchmal nicht so wollte, wie meine Eltern es meinten, hörte ich auch noch im so genannten „Halbstarken-Alter": „Du hast wohl nicht genug Schläge bekommen." Als wenn sie damit sagen wollten: „Haben wir dir deinen eigenen Willen nicht genug heraus geprügelt?!" Es gab allerdings auch schon Eltern und Lehrer, die der Auffassung waren, dass Prügeln nicht das „Rückgrat" von Erziehungsmethoden sein können. Leider gehörten sie noch lange zur damaligen Minderheit.
„Frau Sönke, hätte ich das gewusst, hätte ich die Strickjacke noch am gleichen Tag zurückgebracht", hörte ich mich sagen. „Ach, mach dir nichts draus, wie heißt du noch gleich? Dann bekommt er eben das nächste Mal weniger Schläge…" Bei dieser Antwort lachte sie einmal kurz und hell auf. Elmar war mir bei unserem Fußballspiel wegen seines unermüdlichen Laufpensums und „überlegten Konterns" aufgefallen. Er hatte auch bei der gegnerischen Mannschaft die meisten Tore geschossen. „Willst du mal Fußballer werden?", fragte ich ihn. Jetzt sprach er das erste Mal: „Möglich, wenn alles passt, warum nicht?" Mit ihrer fröhlichen Stimme meine Frau Sönke nun: „Geht doch noch ein wenig draußen spielen." Da ich aber nach Hause musste, verabredeten Elmar und ich uns für den anderen Tag nach den Schularbeiten.
Er kam mit einem verhältnismäßig neuen Fahrrad, um mich abzuholen. Ich durfte ein altes Damenfahrrad benutzen, mit dem ansonsten meine Mutter zum Einkaufen fuhr. Elmar meinte: „Wie wäre es, wenn wir mal zum ‚Weißen Ross' fahren würden, die sollen einen großen Fernseher haben?" Das Lokal zum „Weißen Ross" lag unmittelbar in der Nähe der Zonengrenze. Die Grenzposten der DDR gingen als Provokation des Öfteren

auf das westliche Gebiet und auf das ehemals gut besuchte Ausfluglokal zu, um dann plötzlich wieder hinter die Grenze zu verschwinden. „Ich habe gehört, dass dort am 4.Juli das Endspiel der Fußballweltmeisterschaft im Fernsehen übertragen wird", sagte Elmar weiter zu mir. Also fuhren wir los.
Unterwegs redete er nur von Fußball. Er wusste genau, wie es um unsere Nationalmannschaft stand. Im Viertelfinale hätte Deutschland gegen Jugoslawien 2:0 gespielt, aber die Ungarn hätten 4:2 gegen Uruguay gewonnen, sie wären wohl die Favoriten. Deutschland müsste nur noch Österreich hochschlagen, dann könnte es zum Endspiel mit Ungarn kommen. Ich hatte nur bedingt zugehört. Zum einen kannte ich mich nicht aus, und immer nur über Fußball zu reden, war mir doch zu viel. „Bekommst du eigentlich des öfteren Prügel?", unterbrach ich seinen Redeschwall über Fußball. „Nicht von meinem Vater", sagte er jetzt ernst, während er bei diesen Worten schneller in die Pedale trat, so dass ich Mühe hatte, auf gleicher Höhe mitzufahren. „Meiner Mutter scheint es Spaß zu machen, mich für jede auch nur kleinste Kleinigkeit durchzuprügeln", meinte er. „Aber sie machte auf mich an sich doch einen netten Eindruck", bemerkte ich. „Glaube mir, die ist verrückt", sagte Elmar darauf hin.
Wir hielten an einer alten Bank, die am Straßenrand stand, an. Auf unserem Weg hatten wir bisher keine Fahrzeuge oder Menschen gesehen, sodass wir die Räder einfach auf die Straße legten. Elmar schien froh zu sein, einmal darüber reden zu können. „Meine Mutter hält mich sogar mit ihren Beinen wie ein Schraubstock fest, um mich zu versohlen. Ich muss sogar vorher meine Hosen runterziehen." Ich fragte: „Was sagt denn dein Vater dazu?" Ganz ruhig meinte Elmar: „Der hat doch bei meiner Mutter nichts zu sagen: „Der wird doch auch nur von meiner Mutter angeschnauzt, und manchmal haut sie ihn, wenn ihr was nicht passt, einfach auf den Kopf." Plötzlich sprang er auf: „Eines Tages, ich schwöre es dir, werde ich mich an ihr rächen", rief er nun laut. Dabei hatte er seine Faust geballt und gen Himmel gestreckt. „Komm, wir fahren weiter", sagte ich daraufhin nur. Durch seinen plötzlichen Gefühlausbruch fühlte ich mich überfordert und wollte nur schnell weiter.

Am „Weißen Ross" angekommen, gingen wir sogleich in den Schankraum, trafen aber keinen Menschen an. „Hallo, ist hier keiner?!" Nach unserem Rufen kam ein untersetzter Mann mit spärlichem Haarwuchs und – was sofort auffiel – mit einer roten Knollennase „angeschlurft". Er schimpfte sofort drauf los: „Was wollt ihr denn hier? Zu Trinken oder zu Essen gibt es jetzt noch nichts, erst ab sechse". Ich antwortete: „Entschuldigen Sie bitte, wir wollten nur mal fragen, ob man bei ihnen in der nächsten Woche das Endspiel der Fußballweltmeisterschaft sehen kann." Er deutete mit dem Kopf in Richtung eines kleinen Saales, der mit einer Schiebetür zum Schankraum verbunden war. Er öffnete ihn jetzt ein wenig, und wir sahen auf einem Tisch einen großen Fernseher, wie wir ihn noch nie gesehen hatten. Auch im einzigen Fernseh- und Radiogeschäft der Stadt stand kein so großes Gerät im Schaufenster. Es waren schon Reihen von Tischen und Stühlen aufgestellt. „Ist alles schon vorbereitet", knurrte er: „Aber nur für Leute, die auch was verzehren wollen. Kinder ohne Begleitung kommen hier nicht rein. Und außerdem müssen sie stehen, die Sitzplätze sind den Erwachsenen vorbehalten."

„Danke", antwortete ich nur kurz und nahm Elmar bei den Schultern, um anzudeuten, dass wir uns nicht weiter mit diesem verhältnismäßig unfreundlichen Mann beschäftigen sollten. Auf dem Weg nach Hause machten wir uns lustig über die rote Knollennase des Wirtes. Nach seinem Namen hatte ich gar nicht gefragt, und außerdem war er mir auch egal. „Wir werden auf jeden Fall dort hingehen, entweder mein Vater oder Onkel wird sich das nicht entgehen lassen wollen", munterte ich nach einiger Zeit Elmar auf. Ich hatte beobachtet, dass er immer stiller auf seinem Fahrrad neben mir herfuhr. Er befürchtete wohl, dass es zu Hause wieder einmal Schwierigkeiten geben würde. Seine Mutter würde wohl seinem Vater, der ebenfalls Fußball begeistert war, einfach verbieten dort hinzugehen. So wie sie ihm fast alles verbot, was ihn noch ein bisschen Freude machen könnte.

Trotzdem verabredeten wir uns für den 4. Juli 1954, um ein Fußballspiel zu sehen, das als „Wunder von Bern" in die deutsche Sportgeschichte eingehen sollte. Brechend voll war es in dem Raum mit dem Fernseher. Es wurde so viel geraucht, dass eine Kellnerin darum bat, doch bitte das Rauchen besonders mit Zigarre oder Pfeife zu unterlassen, da man sonst nur sehr schlecht alles verfolgen könne, das auf dem schwarz-weißen Bildschirm zu sehen wäre. Endlich ging es los. Beide Mannschaften waren zu Ehren ihrer Länder zur jeweiligen Nationalhymne angetreten. Als die deutsche Hymne erklang, erhoben sich alle. Die meisten wussten wohl immer noch nicht, dass nur die dritte Strophe gesungen werden musste. Viele schwiegen oder sangen ganz leise mit, damit man nicht verstehen konnte, was sie da sangen.

Als alle sich wieder hinsetzten, waren wir im Vorteil, denn für Kinder gab es in dem vollbesetzten Raum ja keine Sitzplätze und so konnten wir prima das Spiel sehen, ohne links und rechts eine Person vor uns zu haben. Meine Blicke schweiften des Öfteren ins Publikum, das gebannt und mit „Ohs" und „Ahs" den Mannschaften zuschaute. An sich waren sich alle einig, dass wohl die Ungarn als Sieger hervorgehen würden. Schließlich hatten sie immer hervorragend gespielt. Auch International und wie man erfuhr auch bei den großen Wetten in England galt die „HUNGEREI" als Favorit. Es waren auch einige Männer in Uniformen unter den Zuschauern im „Weißen Ross" an diesem Tag: Ein paar Grenzschutzbeamte und auch ganz in der Nähe der Notausgangstür einige in Uniformen, die ich schon mal gesehen hatte, aber mir nicht sofort einfiel, wo das gewesen sein könnte.

Der damals jüngste Spieler im Mittelfeld in der deutschen Mannschaft war Horst Eckel. Er wurde auch neben zum Beispiel dem Spielführer Fritz Walter immer wieder wegen seines großen Einsatzes vom Moderator lobend erwähnt. Sicherlich konnte ich nicht ahnen oder hätte je im Traum daran gedacht, dass ich gerade diesen großartigen Sportler viele Jahre später bei einer Spenden-Aktion für die an Mittelmeeranämie erkrankten Kinder auf Sardinien einmal persönlich kennen lernen würde.

Die Ungarn gingen schon früh in Führung. Immer wieder sprangen die Leute, während des gesamten Spiels, trotz der Bitte nicht so viel zu rauchen, in dem mit viel Qualm versehenen Raum, immer wieder auf. Wir Kinder, die ja hinter den letzten Stuhlreihen stehen mussten, konnten dann oft das Spiel nicht mehr richtig verfolgen. Dann gab es wieder Jubel beim Ausgleich durch die Deutschen. Nach einiger Zeit hörte ich trotz der allgemein aufgeregten Zurufe, die unter den Zuschauern losgelassen wurden, von dem Sportmoderator – es war der legendäre „Herbert Zimmermann" – „Rahn müsste schießen, er schießt: Tor, Tor, Tor, Tor!!!" Jetzt stand es 3 zu 2 für Deutschland. Aber das Spiel war noch nicht zu Ende. Es waren wohl die letzten fünf Minuten angelaufen.

Alle in dem Lokal standen auf, nun sahen wir gar nichts mehr. Dann kam ein gemeinsames Stöhnen, Ungarn hatte noch ein Tor geschossen. Sollte es zum Elfmeter-Schießen kommen? Doch folgte wieder Erleichterung, der Schuss wurde wegen einer Abseitsstellung, wie ich jetzt nur hören konnte, vom Schiedsrichter nicht gegeben. Mit letzter Kraft verteidigte diese verschworene Mannschaft, trotz immer wieder gefährlichen Angriffen durch die Ungarn, ihre Führung. Endlich, es hatte für alle fast eine Ewigkeit vom Führungstor angedauert, der Schlusspfiff: „Deutschland war Weltmeister!" Jubel, Zuprosten, einer rief: „Fräulein, bringen Sie drei Pullen Sekt!" Ein anderer, der Großbauer Wrese, der sich schon damals selber einen Fernseher hätte leisten können, bestellte eine Runde für alle Anwesenden. Und, das fand ich besonders nett, für alle Kinder gab es eine Brause. Man fiel sich um den Hals und schrie immer wieder. „Jetzt sind wir wieder wer!" Auch ich, der sich ja an sich gar nicht so sehr für Fußball interessierte, war gepackt worden.

Die uniformierten Grenzschutzbeamten, die auch zugeschaut hatten, verabschiedeten sich von den „Anderen" in Uniform, die etwas hastig und „verstohlen", wie ich bemerken konnte, die Gaststätte verließen. Jetzt fiel es mir ein – das waren doch welche von „Drüben"! Ich erkannte sie an den Uniformen, die ich bei meiner eigenen Begegnung gesehen hatte, als ich einmal an der Zonengrenze von „einem von denen" angehalten wurde beim „Ausbüchsen" zu meiner Tante. Also hatten einfach einige der Grenz-Volkspolizei von „der anderen Seite" einfach das Fußballspiel beim Klassenfeind angeschaut. Weit hatten sie

es ja nicht gehabt, nur knapp vier Kilometer Richtung Osten war schon die Zonengrenze. Keiner schien es bemerkt zu haben. Wäre an diesem Tag die Presse im „Weißen Ross" anwesend gewesen, wer weiß, es hätte bestimmt einen innerdeutschen bis auch internationalen Konflikt gegeben. Aber vielleicht gönnte man ja auch den „Grenzern" der DDR diesen Spaß. Ihre Vorgesetzten waren aber wohl bestimmt nicht informiert.
Meine Augen suchten nach Elmar. Er hatte einen hochroten Kopf bekommen. Sein Blick ging ins Leere, als er sagte: „Ich möchte auch einmal Nationalspieler werden, das wird mein Ziel sein. Aber jetzt danke ich dir ganz besonders. Du hast dafür gesorgt, dass ich das hier erleben durfte. Das werde ich dir nie vergessen." Ich habe Elmar, als wir uns anschließend verabschiedeten, danach nie wiedergesehen.
Aber ich hörte von ihm. Bei einem meiner Besuche bei meinen Verwandten, in den 1990 Jahren. Durch Zufall kamen wir einmal auf die damalige Übertragung der Fußball-Weltmeisterschaft 1954 im Fernsehen, als besonderes Erlebnis, im „Weißen Ross" zu sprechen. Ich fragte in die Runde, ob einer wüsste, was aus Elmar Sönke geworden sei. Ich musste erfahren, dass er sich im Alter von 18 Jahren zum Bundesgrenzschutz gemeldet hatte. Stationiert war er in Norddeutschland. Bei einem Besuch in seinem Elternhaus sei es zum Streit mit seiner Mutter – sein Vater war schon längerer Zeit verstorben – gekommen. Er soll sie derart geschlagen haben, dass die Ärzte im Bismarck-Krankenhaus Bad Harzburg einiges aufbieten mussten, um sie am Leben zu erhalten. Elmar wurde daraufhin aus dem Grenzschutzdienst unehrenhaft entlassen. Er soll dann ein paar Jahre später und nach Absitzen einer Gefängnisstrafe wegen schwerer Körperverletzung für immer ausgewandert sein. Wohin, das wusste niemand.

Veränderungen

Irgendetwas lag in der Luft. Mein Vater hatte nach erneuten erfolglosen Versuchen, eine Anstellung zu bekommen, mit seinen etlichen Bewerbungen immer noch keinen Erfolg. Es lag wohl auch daran, dass er bedingungslos auch seine Tätigkeit für die Nazi-Organisation KDF und seine Mitgliedschaft in der NSDAP ungefragt erwähnte. Es wird wohl viele potentielle Arbeitgeber abgeschreckt, haben ihn einzustellen. Obwohl, wie man dann später mitbekam, doch gerade sogenannte Führungskräfte, die unter den Nazis große Karieren gemacht hatten, auch deswegen nahtlos wieder eine Anstellung in den höheren Etagen gefunden hatten. Bei meinem Vater schien seine Anstellung bei der Nazi-Organisation „Kraft durch Freude" nicht besonders hoch bewertet worden zu sein, und damit war er für zukünftige Führungsaufgaben nicht mehr geeignet.

Große Veränderungen gab es in Vienenburg weiterhin nicht. Einige Geschäfte schlossen, anderem kamen hinzu oder erweiterten sich. Ein Elektro-Geschäft in der Okerstraße führte mit einer „aparten" Werbedame den neuen elektrischen Rasierer von Phillips vor. Zwei junge Männer, die nicht aus dem Ort zu kommen schienen, machten dauern unflätige Bemerkungen. Die Propagandistin ließ sich aber davon nicht beeindrucken und fuhr mit ihrer Vorführung fort. Eine „Traube" von Menschen hatte sich mittlerweile gebildet und schaute sehr interessiert zu. So etwas war für die damalige Zeit noch sehr ungewöhnlich. Ich selber schien mich körperlich etwas zu verändern. Im Ganzen etwas ruhiger, las ich noch mehr als ich schon vorher gelesen hatte. Für mein Alter die richtige Körpergröße, bekam ich fast weißblonde Haare mit einem etwas dunkelblonden Mittelstreifen. Heute würde man davon ausgehen, als ob meine Haare gefärbt wären.

Mein älterer Bruder hatte geheiratet und mit seiner Frau zwei Zimmer in der Nähe unserer Wohnung finden können. Aus Langeweile besuchte ich jetzt auch schon mal mit meinen Eltern ein Fußballspiel, wenn sie Geld für die Eintrittskarten übrighatten. Außer den sonntäglichen Kinobesuchen in den Nachmittagsvorstellungen blieb es für mich wenig ereignisreich in der Stadt. Es wurde über einen angelaufenen Spielfilm englischer Produktion („Rommel der Wüstenfuchs") viel diskutiert. Vor dem Aushang am Kino stand eine Gruppe Männer und schaute sich die Fotos im Schaukasten des Kinos an, als ich gerade vorbeiging. Ein Mann aus der Gruppe sagte: „Das ist nie-

mals die wahre Geschichte unseres Feldmarschalls. Ich selber gehörte im Krieg dem Afrika-Korps an. Unglaublich, zu behaupten, dass die damalige Führung ihn aufgefordert haben soll, sich selber zu erschießen. Der hatte doch mit dem Widerstand nichts zu tun und war niemals ein Verräter. Aber wer weiß, was die uns jetzt alles noch ‚auftischen' wollen." Ein anderer meinte, dass jetzt plötzlich Filme gezeigt würden, die mit der Wehrmacht und dem Krieg zu tun hätten. Das liege daran, dass Westdeutschland wiederbewaffnet werden sollte, wahrscheinlich in einer Europa-Armee. Die Alliierten würden unbedingt die Deutschen brauchen gegen Sowjet-Russland, das womöglich auch noch den Westen überrennen wollten. Wieder ein Anderer zweifelte daran und meinte: „Es wird nie wieder eine regelrechte Armee in Deutschland geben. Außer dem bewaffneten Grenzschutz. Aber das haben wir ja schon."
In der Nachmittagsvorstellung am Sonntag hatte ich den Film gesehen. Ich fand ihn eindrucksvoll. Rommel wurde – und das vom ehemaligen Kriegsgegner – als ein großer Feldherr ohne Fehl und Tadel dargestellt: Nur für eine falsche Sache, so viel hatte ich schon mitbekommen. Aber weiterhin schien mir alles zu komplex zu sein, um die noch gar nicht so lange unselige Vergangenheit zu begreifen. Ich sehnte mich immer mehr danach, aus diesem Ort irgendwie rauszukommen, um etwas Neues, Zukunftgewandtes zu erfahren und zu erleben.
Eines Tages reiste mein Vater mit dem Zug nach Köln. Familie Wüst, die nach ihrer Rückkehr in ihre Heimatstadt immer Kontakt zu meinen Eltern hielt, hatte ein Telegramm gesandt. Darin stellten sie in Aussicht, dass mein Vater die Möglichkeit habe, bei einer Firma in Köln als Buchhalter anzufangen. Meine Eltern, meine Schwester und ich würden dann also, wenn dieses klappen sollte, nach Köln umsiedeln. Alle hofften, dass das gelingen sollte. Als mein Vater nach einer Woche zurückkam, hatte er leider eine nicht so gute Nachricht. Die Anstellung als Buchhalter in der Firma war schon angeblich besetzt worden, hatte ihn der Personalchef mitgeteilt. Aber man schlug ihm vor, in der Firma, die Steppdecken herstellte, nach einer Einweisung an einer der Maschinen zur Herstellung dieser Decken zu arbeiten. Das hatte er auch aus gesundheitlichen Gründen, wegen

seiner schweren Diabetes, zunächst abgelehnt: Obwohl Familie Wüst geraten hatte, doch ruhig die Arbeit anzunehmen, es würde sich später sicherlich etwas finden, was den Fähigkeiten und Ausbildung meines Vaters entsprechen würde. Sei es nun als Buchhalter oder Müllermeister. Auch als Reisefachmann konnte Herr Wüst sich meinen Vater vorstellen: „Karl, du hast bei ‚Kraft durch Freude' viele Menschen zur Erholung auf die Schiffe gebracht, Rechnungen überwacht, Künstler engagiert, organisiert und Auszahlungen getätigt. Da wäre es doch gelacht, wenn, sobald du in Köln bist, wir mit der Zeit nicht etwas Passendes für dich finden sollten."

Mein Vater behielt aber seine Bedenken. Was sich später noch als vollkommen richtig herausstellen sollte. Das sich die Familie Wüst so für unsere Familie so einsetzte, hatte wahrscheinlich seine Gründe. Während sie in Vienenburg wohnten, hatten meine Eltern ihnen stets geholfen und oft das Wenige, das sie hatten, mit ihnen geteilt. Außerdem hatte mein Vater sich den Rentenbescheid der Mutter von Frau Wüst, Gertrude Leinens, auf ihre Bitte hin näher angesehen. Er stellte Lücken und Berechnungsfehler fest. Nach einem erneuten Antrag gab es für sie eine Nachzahlung als Kriegerwitwe, dazu auch eine höhere Rente.

Viele Bewohner in Vienenburg kamen zur der Zeit mit ähnlichen Anliegen zu meinem Vater. Er hatte sich herumgesprochen, dass er „haarscharf" schriftlich formulieren konnte. Auch befasste er sich immer erst eindringlich und gewissenhaft mit der jeweiligen Sachlage. Schließlich hatte er damit vielen helfen können, wie auch der Mutter von Frau Wüst. Zu Hause gab es wegen der Weigerung meines Vaters, nach Köln zu gehen, doch etwas Streit. Auch meine Mutter wollte nun den „Tapetenwechsel.", wie sie es nannte. „Dann gehe ich eben mit den Kindern alleine nach Köln", meinte sie – doch wohl nicht ganz ernst gemeint! Nach einer weiteren Woche fuhr mein Vater erneut nach Köln. Er hatte nachgegeben und telegrafiert, dass, wenn die Stelle in Steppdeckenfabrik noch frei wäre, er dort gerne anfangen würde. Das Reisegeld hatte meine Oma vorgestreckt, denn es waren bei uns keinerlei Ersparnisse vorhanden.

Anfang eines neuen, anderen Lebensabschnitts

Mit Beginn des zweiten Quartals hatten wir einen neuen Klassenlehrer bekommen. Dieser hatte schon meine Schwester unterrichtet. Wegen seiner eigenartigen Aussprache verhöhnten ihn die Schüler, wo es nur ging. Lehrer Leitliek, führte ein, dass man sich nur mit gestrecktem Arm zu melden hatte. Ansonsten: „Geebbt ess was mit dem Schlaakstock, verrstanden", drohte er uns mit seinem komischen Dialekt an. Mit einer Körpergröße von 1,63 Metern, dazu noch einen Kneifer statt einer Brille auf der Nase, konnte ihn schon wegen seiner Erscheinung keiner der Schüler für voll nehmen.

Da er aber gerne Aufsätze aufgab und ich meine des Öfteren vorlesen musste, und sie ihm dabei offensichtlich gefallen hatten, ging er mit mir sehr vorsichtig um. Trotzdem wäre ich am liebsten wieder mal abgehauen, so sehr ging mir zu dieser Zeit der Schulunterricht in Vienenburg auf die Nerven. Es war gerade große Pause in der Schule, die mit der neuen Klasse wieder direkt gegenüber unserer Wohnung lag. Da sah ich meine Schwägerin aufgeregt auf mich zukommen. Sie gab mir einen Zettel, darauf hatte meine Mutter notiert, dass wir am Samstag alle nach Köln fahren würden, um für immer dort zu bleiben. Ich sollte, so meine Schwägerin, den Lehrer bitten, mir jetzt schon frei zu geben, da noch viel gepackt und vorbereitet werden müsse.

Bevor die Schüler wieder in ihre die Klassen mussten, fing ich Herrn Leitliek ab und gab ihm den Zettel meiner Mutter zu Lesen. Er gab ihn mir zurück, dabei schaute er mich eindringlich an. „Geh jetzt erst einmal auf deinen Platz", sagte er nur. In der Unterrichtsstunde behandelte er das Wort: „Parallel." Es sollten Beispiele genannt werden. Auch ich wurde aufgerufen, etwas dazu zu sagen. Ich brannte darauf nach Hause zu kommen, um mitzuhelfen, deshalb meinte ich fast ärgerlich: „Grundsätzlich sind Fahrspuren und auch Bahnschienen immer als parallel anzusehen". Erst dachte ich, dass ich für diese simple Antwort zurechtgewiesen werden sollte. Doch zu meiner Überraschung sagte Lehrer Leitliek: „Die Antworten, die bisher gegeben wurden, zeugen nicht von großen Geistesblitzen. Aber was so eben gesagt wurde, dass ist es – das macht eben den Unterschied aus!"

Dann bat er mich, nach vorne zu kommen. Er teilte der Klasse mit, dass ich die Schule verlassen müsse, da die Familie nach Köln umziehe. Ein Raunen ging durch die Bänke. Denn ich hatte davon nichts verlauten lassen. Viel zu groß war meine Angst, dass der Umzug nach Köln nicht klappen sollte. Er sprach weiter und sagte etwas von der schönen Umgebung und dem Harz, wo ich aufgewachsen sei und die ich so bald nicht wiedersehen würde. Weiterhin würde ich meine Freunde und Klassenkameraden bestimmt vermissen. Da hatte ich schon einen großen „Kloß" im Hals. Während er weitersprach, erinnerte ich mich auch an die nicht so schönen Begebenheiten, die ich schon ein wenig verdrängt hatte. Da war der Verkehrsunfall, als ich von einem Pferdefuhrwerk, auf dem wir Kinder verbotenerweise hinten draufsaßen, beim Absprung von einem Auto erfasst wurde. Als ich nach einiger Zeit aus dem Koma erwachte, lag ich auf einem Sofa im gegenüberliegenden Hotel Schwarzbender. Ich verspürte starke Schmerzen am ganzen Körper, die von den starken erbittenden Prellungen herrührten. Von meinen Spielgefährten war keiner mehr zu sehen. Auf die Frage des Unglücksfahrers, der nervös eine Zigarette rauchte, ob alles in Ordnung sei, wurde ich, nachdem ich ein Glas Wasser trinken durfte, einfach zu Fuß nach Hause geschickt. Aschfahl und mühsam gehend, kam ich schließlich zu Hause an. Einen Notarztruf oder Ähnliches gab es wohl noch nicht in dieser Zeit. Also schleppte mich meine Mutter, nachdem ich unter Tränen erzählt hatte was und wie mir dies passiert war, zu unserem Hausarzt. Ein eventuelles Röntgen, das in diesem Fall geboten wäre, fiel mangels eines Röntgengeräts aus. Nach Abtasten und den Fragen: „Tut es hier oder dort weh?", konnten wir wieder gehen. Es wurde für mich lediglich ein Tag Bettruhe empfohlen.

Und da war auch noch ein schwerer Unfall auf dem Hof von Meiners, als ich beim Herumtoben mit Alma und meiner Cousine vom Heuboden fiel und hart auf Betonboden aufschlug. Damals bangten meine Eltern um mein Leben. Ich wurde zu

Hause gesund gepflegt, und unser Hausarzt kam jeden Tag mindestens eine Stunde zu mir, um weiter nichts zu tun als abzuwarten, denn die schwere Gehirnerschütterung brauchte wohl ihre Zeit um zu vergehen. Dass ich später als Erwachsener noch viel schlimmere Unfälle erleiden sollte, konnte ich damals, Gott sei Dank, noch nicht ahnen.

In der Klasse hörte ich plötzlich Lehrer Leitliek sagen: „So, wir erheben uns alle und sagen im Chor: ‚Auf Wiedersehen…'!" Jetzt brach es aus mir aus. Ich heulte bitterlich. Gleichzeitig musste ich mich darüber ärgern, denn ich wollte doch nur weg von dieser Kleinstadt und allem, was damit zu tun hatte. Schnell wandte ich mich zur Tür. Bei einem Blick zurück in die gemischte Klasse mit Jungen und Mädchen, konnte ich erkennen, dass einige Mitschülerinnen auch mit den Tränen zu kämpfen hatten.

Eine Bahnfahrt in ein fast anderes Land

Jetzt ging das große Aufräumen los. Das Meiste wurde entsorgt. Was noch einigermaßen brauchbar erschien, konnte zum Teil mein erst kürzlich verheirateter Bruder übernehmen. Einiges wurde in der Scheune bei meiner Tante untergestellt. Es war nie möglich, diese Sachen noch abzuholen, und so verschwanden sie einfach eines Tages – auch eine ziemlich alte Geige, deren Wert zwar nie festgestellt wurde, die aber eben einen großen Verlust bedeutete. Mit nur drei Koffern auf einem kleinen Handwagen meines Onkels gingen meine Mutter, meine Schwester und ich zum Bahnhof in Vienenburg. Als wir durch die Straßen gingen, fiel mir erneut auf, wie menschenleer der Ort erschien. Lediglich drei Personen waren uns begegnet, die nur kurz meine Mutter grüßten.

Die anschließende Eisenbahnfahrt, kam mir sehr lange vor. Zweimal mussten wir umsteigen und dabei immer die schweren Koffer die Treppen herauf und herunter schleppen. Nach dem letzten Umsteigen in Hannover meinte ein Bahnschaffner, der die Fahrkarten erneut kontrollierte, der Fahrpreis würde nicht stimmen, die Fahrkarten wären für die Strecke nach Köln viel teurer. Meine Mutter, die durch das plötzliche Aufbrechen aus

Vienenburg mit all den Umständen sichtlich genervt war, schnauzte den verdutzten Schaffner an: „Was ist das für ein Unsinn, wir haben die Karten doch ordnungsgemäß gelöst?! Ob der Preis richtig ist oder nicht, ist nicht meine Sache. Ich hätte mal gern Ihren Namen, damit ich mich darüber beschweren kann, wie Sie hier mit Fahrgästen umgehen." Der Schaffner sagte nun lieber gar nichts mehr und schlich sich schnell aus dem Abteil. Ich fand die Reaktion von meiner Mutter prima. So forsch hätte ich sie gern des Öfteren erlebt.

Es wurde schon etwas „schummrig", als der Zug schließlich langsamer wurde und Köln-Deutz erreichte. Über die Eisenbahnbrücke, unter uns der Rhein, wo gerade sich zwei gut beleuchtete Fracht-Binnenschiffe kreuzten, fuhr er weiter in den Hauptbahnhof Köln ein. Der Messeturm mit der Leuchtreklame eines berühmten „Eau de Cologne" wurde sichtbar. Es sah für mich schon sehr imposant aus. Angekommen, wurden wir von Frau Wüst und ihren beiden Stieftöchtern empfangen. Wir mussten erst einmal noch drei Wochen bei ihnen wohnen, ehe wir eine viel zu kleine Wohnung, bestehend aus einem Zimmer, in einem Vorort von Köln beziehen konnten.

Am Bahnhofsvorplatz befand sich auch eine Straßenbahnhaltestelle. Jetzt erst bemerkte ich so richtig das Wahrzeichen von Köln: Den Dom von „Kölle"! Er war spärlich angestrahlt, aber sehr groß und fast unheimlich, so kam er mir damals vor. Von nun an sollte Köln, mit einigen Unterbrechungen in anderen Wohnorten in Deutschland und dem benachbarten Ausland. für immer meine neue Heimat werden.

Aber damals bekam ich nach einer Woche seit unserer Ankunft in Köln, ein ungeheures Heimweh! So etwas hätte ich bei mir nie für möglich gehalten. Ich wollte doch immer weg von diesem Harzer Vorstädtchen! Es gab noch Trümmergrundstücke in der Stadt, auf denen Kinder spielten. So etwas kannte ich nicht, und ich war beeindruckt, dass überhaupt noch Menschen in diesen Trümmern überlebt hatten. Bomben wurden von den Alliierten in der Gegend von Goslar, Vienenburg und Bad Harzburg nicht viele abgeworfen. Lediglich zwei sollen „aus Versehen" im benachbarten Goslar „runter" gegangen sein.

Da ich hochdeutsch sprach und kaum die „Kölsche" Sprache verstand, wurde ich von manchen Kindern, als „Pimock" beschimpft. Das hörte sich schlimm an. In der Übersetzung, wie ich später erfuhr, bedeutet dieses Wort aber weiter nichts als Fremder. Nur wie es von den „Pänz", wie man auf Kölsch Kinder nennt, gesagt wurde, hörte es sich für mich doch sehr verletzend an. Viele Kölner Familien waren während der schweren Bombardierungen der Stadt in ländliche Gegenden, auch von Niedersachsen, Thüringen oder Sachsen, evakuiert worden. Nachdem sie nach dem Krieg, manchmal auch ein paar Jahre später, wieder in ihre Heimatstadt Köln zurückgekehrt waren, sprachen nun aber einige von ihrer ehemaligen Zufluchtsstätte als „kalte Heimat". Das konnte nur wenig mit Demut, Dankbarkeit oder auch der angeblichen Toleranz der Rheinländer zu tun haben. Auch deswegen sehnte ich mich anfangs in Köln wieder nach meinem Vorharz, mit dem Höhenzug Harly, den Flüssen, den Wiesen und meinen Spielkameraden. Ich vermisste es einfach, mich frei und weitläufig bewegen zu können. Mein Vater hatte in Köln nur noch knapp sieben Jahre zu leben. Eine Arbeitsstelle, die seinem Können und Fähigkeiten entsprochen hätte, konnte er auch wegen seiner gesundheitlichen Einschränkungen bis hin zur Arbeitsunfähigkeit nicht mehr bekommen – obwohl das ja eigentlich der Grund war, weswegen wir aus seiner Heimat nach Köln gezogen waren.

Auch eine gerechte, annehmbare Wohnung konnten meine Eltern, Schwester und ich als Rest der Familie in Köln nie bekommen. Bis Anfang der 1960er Jahre waren es daher keine besonders „fetten" Jahre für uns. Im Gegenteil, wir mussten mit vielen Entbehrungen leben. Aber an ein „Zurück", das wollte keiner. Nach und nach richteten wir uns in der rheinischen Metropole ein.

Auf mich selber warteten noch so manche Abenteuer, aber auch interessante Menschen, denen ich begegnen sollte. Nicht immer nur Gutes sollte mir widerfahren. Aber ich durfte auch glücklich sein. Meine Tierliebe zu Hunden hatte ich nicht vergessen. Zu meinen schönsten Erlebnissen zählt, dass ich mit meiner Frau eine Hündin fast 16 Jahre an unserer Seite haben durfte.

Der Schmerz, als sie gehen musste, hält bis zum heutigen Tag an.
Die Zeit, die nach meiner Ankunft im Rheinischen anbrach, musste auch mit so manchen „Talfahrten" und schlimmen Erlebnissen überstanden werden. Ich lebte in verschiedenen Standorten in Deutschland. Wie zu Beginn meiner Zeitreise erwähnt, unter anderem auch in Goslar und damit wieder in der Nähe meiner Kindheit, wie hier aufgeschrieben. Aber auch in Hamburg oder den Niederlanden hatte ich zeitweise ein Zuhause. Es ist möglich, dass ich zu „Papier" greife und das alles aufschreibe, wenn mich mal wieder eine unbekannte Sehnsucht und Melancholie übermannt, mein Blick wieder in den Himmel gerichtet ist und meine Erinnerungen seit meiner Ankunft in Köln mich überwältigen.
Nach Köln aber kam ich letzten Endes immer wieder zurück. Diese Stadt war von dem Moment meiner Ankunft aus dem Harz an auch zu meiner Stadt geworden. Doch meine Erlebnisse und Erfahrungen, Anfang der 1950er Jahre im Städtchen Vienenburg am Harz, habe ich nie vergessen können. Auch wenn sie nicht unbedingt zu meinen schönsten ERINNERUNGEN im Leben zählen, so sind sie doch ein Stück von mir und werden es für immer bleiben.

Die Autoren

Uwe Pook, geboren am 1. Januar 1943 in Schwerin/Mecklenburg, als viertes und jüngstes Kind. Schon als Kind fühlte er sich zu allem, was mit Schauspiel, Show und Unterhaltung zu tun hatte, hingezogen. Nach einer Ausbildung zum Postbeamten meldete er sich 1961 zunächst freiwillig für zwei Jahre zur Bundeswehr, Teilstreitkraft Luftwaffe. Nach seiner Grundausbildung kam er nach Goslar. 1969 wurde er bei einem privaten Verkehrsunfall schwer verletzt. Sein ehemaliger Regiments-Kommandeur aus Goslar, der davon erfahren hatte, holte ihn zu sich nach Aachen zum Verteidigung-Bezirkskommando. Von dort aus wurde er zum Luftwaffenausbildungsregiment nach Budel (Niederlande) berufen, wo sich bereits seine Gabe zeigte, Unterhaltungs-Veranstaltungen zu organisieren und zu moderieren. Ab 1975 wirkte er in Köln-Wahn bei den „Höheren Kommandobehörden" der Luftwaffe. In den letzten Jahren seiner Dienstzeit war er als Chef vom Dienst für die Truppenzeitschrift Luftwaffe tätig. Zugleich widmete er sich der Betreuung deutscher Soldaten im Ausland, etwa beim legendären, jährlichen „German Hangar Fest" in Goose Bay Kanada. Als nebenberuflicher Moderator moderierte Pook auch einige Jahre lang den Ball der Luftwaffe in der Beethovenhalle in Bonn. Er spielte in verschiedenen TV- Serien und Spielfilmen mit und moderierte bei einem deutschsprachigen Radiosender im Ausland. Heute ist Uwe Pook im „Unruhestand" und aktiv unterwegs- als Moderator, Gestalter von werbeträchtigen Veranstaltungen oder „Macher" von Projekten. Er ist verheiratet und lebt mit seiner Frau in der Nähe von Köln. Im Internet findet man ihn unter www.pook-promotion.de.

Dr. Frank Überall, geboren am 15. April 1971 in Leverkusen, wuchs in Köln auf, wo er heute noch lebt. Nach Stationen bei einer Schülerzeitung und bei einem Anzeigenblatt leistete er seinen Grundwehrdienst im Pressezentrum der Luftwaffe in Köln-Wahn sowie im Bundesministerium der Verteidigung ab, wo er als Redakteur für die Zeitschrift „Luftwaffe" sowie den

Mantelteil der Truppenzeitschriften eingesetzt war. Hier lernte er Uwe Pook als Kollegen kennen und schätzen. Während seines Studiums der Politikwissenschaften, Pädagogik und Mittleren/Neueren Geschichte in Köln begann der zweifache Vater seine Tätigkeit als Reporter für WDR und ARD. Als freier Journalist berichtete er mehrere Jahre lang unter anderem auch für die Deutsche Presse-Agentur, die „tageszeitung" und die „Welt am Sonntag". Überall promovierte an der Universität Tübingen über den „Klüngel in der politischen Kultur Kölns". Nachdem er an der Fachhochschule Düsseldorf im Fachbereich Soziales als Lehrbeauftragter tätig war, wurde er 2012 zum Professor an der HMKW Hochschule für Medien, Kommunikation und Wirtschaft berufen. Dort lehrt er am Standort Köln Journalismus und Sozialwissenschaften. Der Autor mehrerer politischer Sachbücher ist Mitglied in der deutschen Schriftsteller-Vereinigung PEN-Zentrum. Seit 2015 ist er Bundesvorsitzender des Deutschen Journalisten-Verbands (DJV). Im Internet findet man ihn unter www.politikinstitut.de.

Aus unserem Verlag:

Klaus Lüderssen
Kein Gershwin mehr in Wernigerode
220 Seiten gebunden,
ISBN 978-3-416-03281-0
€ 24.90

"Gerade die Skepsis des Autors gegen einen unbedingten Wahrheitsanspruch macht diese Lebensgeschichte so authentisch. Die Kunst, in der Schwebe zu halten, was als Erinnerungsfluss zur Sprache geronnen ist, erreicht hier ein Niveau, wie man es ganz selten in zeitgenössischen Autobiographien antrifft."
(FAZ 30.11.10)

"Klaus Lüderssens Erinnerungsbuch „Kein Gershwin in Wernigerode" beschwört Kindheit und Jugend eines 1932 Geborenen herauf. Wie bewusst wurde die Pogromnacht erlebt? Präsent die Erinnerung an die Ablehnung der Nazis durch eine kühle Mutter, den am 1. September 1939 im Wagen stehenden Vater. So rückt er ein zum Polenfeldzug. Der Abschied, Episode und Katastrophe, fordert auf zur Rekonstruktion, ob der Vater, kein Parteigänger, unpolitisch wie Hunderttausende, sich schuldig gemacht hat an Kriegsverbrechen in Polen. Quälende Recherchen lieferten erst in den letzten Jahren erdrückende Beweise.
Für seine Erinnerungen hat Lüderssen die Bewusstseinsstromversorgung der Literaturmoderne angezapft. Mitreißend ist das Ergebnis..."
(Frankfurter Rundschau 09.02.11)